## Sophie Coignard

Journaliste au *Point*, Sophie Coignard a publié divers ouvrages, parmi lesquels : *Les bonnes fréquentations* (Grasset, 1997) avec Marie-Thérèse Guichard, et *La nomenclatura française* (Belfond, 1986) avec Alexandre Wickham.

## Alexandre Wickham

Éditeur chez Albin Michel, Alexandre Wickham est l'auteur de plusieurs enquêtes, dont *Les carriéristes* (Ramsay, 1984), et *La nomenclatura française* (Belfond,1986), ainsi que de deux romans : *Salarié matricule 1437* (Calmann-Lévy, 1997), et *La secrétaire* (Albin Michel, 2001).

SOPHIE COIGNARD
ALEXANDRE WICKHAM

# L'OMERTA FRANÇAISE

ALBIN MICHEL

22, rue Huyghens, 75014 Paris

ISBN : 2-266-12412-9

# AVANT-PROPOS

Il existe en France une loi qui n'a jamais été votée par le Parlement et encore moins publiée au *Journal officiel*. Et pourtant, c'est peut-être la seule qui soit vraiment respectée dans ce pays : la loi du silence.

« Vous savez, je ne vois vraiment pas ce que je pourrais vous dire. J'ai peur de vous faire perdre votre temps. Bon, si vous insistez, je veux bien vous voir mais ce n'est pas la peine de citer mon nom dans votre livre. » Cet homme brusquement si discret est un intellectuel reconnu. Il a peur de la réaction que susciteraient ses propos chez ses pairs.

« Je vais vous dire ce que je sais. Mais si vous mentionnez mon nom ou si on peut me reconnaître derrière une phrase, même anonyme, j'aurai évidemment les pires ennuis. » Celui-ci est un juge qui a suivi de près plusieurs affaires délicates. Parce qu'il a résisté aux pressions, sa hiérarchie n'attend qu'un faux pas pour le sanctionner.

« On est d'accord sur les règles du jeu ? Je réponds aux questions mais vous me protégez. C'est bien d'accord ? » Journaliste, il nous parlera de ses confrères avec une grande liberté. Si on l'identifie, il est « grillé ».

« On se voit parce que je te connais, lance ce spécialiste de l'opinion dans un grand parti à l'un des auteurs. Mais en cas d'imprudence, je me retrouverai dans le collimateur. Et je m'en souviendrai. »

En commençant cette enquête il y a deux ans, nous étions loin d'imaginer ce qui nous attendait. Par comparaison, l'exploration des « pouvoirs et privilèges » de *La Nomenklatura française,* publiée en 1986, nous est apparue, avec le recul, comme une promenade de santé. Car *L'Omertà française,* à sa façon, est une suite. Pourquoi ? D'abord parce qu'on y retrouve, pour l'essentiel, les mêmes protagonistes. Il s'agit toujours de l'élite, de ceux qui dirigent ou font semblant de diriger la France : hauts fonctionnaires, hommes politiques, journalistes, avocats et conseillers en tout genre.

Ensuite, parce que l'accueil suscité par *La Nomenklatura française* nous avait surpris. Beaucoup de lecteurs bien informés notaient, non sans une certaine satisfaction, qu'une dimension essentielle du fonctionnement de la société française nous avait échappé. Comparer les élites nationales à la nomenklatura soviétique leur semblait certes caricatural, mais sauvegardait finalement l'essentiel.

Qu'avions-nous donc manqué ? L'idée de poursuivre cette exploration en empruntant d'autres chemins nous venait de temps en temps sans qu'aucun de nous, pris par son métier — journaliste au *Point* et éditeur chez Albin Michel —, se décide à replonger dans les eaux troubles de ce marécage auquel ressemble trop souvent, en France, le pouvoir. Peut-être aussi étions-nous légèrement dissuadés par l'accueil frais qui risquait d'être réservé à un tel livre.

Un jour, l'un de nous, frappé par le commentaire d'un célèbre éditorialiste — le lecteur le reconnaîtra peut-être au fil du livre — sur un scandale des années Mitterrand, lâche dans une conversation : « C'est vraiment l'omertà. » « Loi du silence, imposée par une mafia », nous dit le *Dictionnaire Hachette encyclopédique* (édition 1998). « Dans les villages de la Sicile occidentale et dans une ville comme Palerme, lorsque a lieu un crime de mafia, on sait pourquoi, comment, et par qui il a été commis, explique l'écrivain Leonardo Sciascia[1]. Mais personne ne le dit à la police. La fameuse *omertà*, ou loi du silence, se met à fonctionner. »

Et en France ? Pas de terreur orchestrée par une poignée de parrains à la sicilienne. Ce serait trop simple. Dans notre démocratie, l'omertà fonctionne le plus souvent de manière

1. Leonardo Sciascia, *La Sicile comme métaphore*, Stock, 1979.

tacite. Mais elle régit dans le moindre détail tout ce dont il est impossible de parler.

Après tout, pourquoi pas, s'il s'agissait de normes et de règles librement consenties par tous ? Il n'est pas certain que ce soit le cas. Car, pour choisir, il faut savoir. Or, la France n'est pas menacée par un excès de transparence. Les hauts murs du non-dit font, en effet, que les Français s'accommodent volontiers de la situation. Sagesse ou ignorance ? Choix assumé ou peur du vide ?

En tout cas, l'édifice tient bon. Premier pilier : la perspective de représailles qui ne sont pas toujours imaginaires. On a d'abord droit à des conseils « amicaux ». Les menaces ou les tentatives d'intimidation suivent. Une administration se réveille, un contentieux qu'on croyait oublié resurgit, un supérieur fait état de l'inquiétude de la hiérarchie. Parfois — rarement ? —, les choses vont encore plus loin.

La menace donc, mais aussi la solidarité. Un noble sentiment qui est le second pilier de l'omertà française. Ce pays, plus qu'un autre, manifeste, héritage monarchique oblige, un goût prononcé du secret. Le secret comme nerf de la guerre. Le secret que l'on détient, que l'on protège comme une arme offensive ou dissuasive. Fort naturellement, ceux qui savent n'ont aucune envie d'accueillir de nouveaux membres dans le club fermé des informés. Le pouvoir n'est jamais à partager.

Les difficultés rencontrées pour écrire ce livre, dans un pays qui exalte les droits de l'homme et la liberté d'expression, n'ont pas manqué. On peut en recenser au moins quatre catégories.

Le plus facile fut de trouver un éditeur qui acceptât le sujet et ses risques. Que le nôtre soit ici remercié.

Il fallut aussi définir notre champ d'étude. La loi du silence frappe-t-elle toutes les professions, tous les secteurs d'activité, bref, tous les Français ?

Se posait également une question de méthode : comment cerner des faits que l'État s'efforce de dissimuler ou que les médias ignorent ?

Dernier obstacle, et pas le moindre : comment raconter au lecteur ce que nous avions découvert sans enfreindre la loi mais sans pour autant user de ce langage codé dont les initiés, en petit comité comme dans leurs articles ou leurs ouvrages, usent et abusent parfois ?

Pendant deux ans, nous avons essayé de comprendre cette névrose qui consiste à refuser toute information susceptible de détruire les images pieuses ou de menacer tous les Yalta, petits ou grands, qui fondent l'immobilisme de la société française.

Le sang contaminé ? Une fatalité, de fâcheuses coïncidences, des responsables débordés, rien de plus. Le financement de la vie politique ? Quelques cas, assurément regrettables, d'enrichissement personnel mais pas de quoi s'affoler. L'Occupation ? Puisqu'on vous dit qu'il y a eu les bons d'un côté et les méchants de l'autre ! L'Afrique ? Un continent sur lequel la France déverse des milliards par pure philanthropie. M. et Mme Mitterrand ? Un couple solide, ça ne se voit pas ? M. et Mme Chirac ? La même chose. La justice ? Elle fonctionne enfin en toute indépendance : vous n'étiez pas au courant ? Les archives de certaines affaires qui disparaissent un peu trop souvent ? Paranoïa ! Les fonctionnaires trop curieux ou les journalistes trop acharnés ? Chacun le sait : ce sont les premiers promus. Rien n'est mieux récompensé chez nous que la liberté d'esprit et le goût de l'initiative.

La réalité est pourtant bien différente. Mais nous n'aimons pas la regarder en face. Il y a dans ce pays une résistance collective aux faits qui dérangent les habitudes de pensée. Une défiance endémique à l'égard des documents qui fissurent les mythes.

Et pourtant, les archers anglais nous ont bien mis une sacrée raclée à Azincourt. Mitterrand a été un collaborateur de Vichy. Les experts comme les commentateurs ont minimisé pendant plus de quinze ans l'ampleur de la corruption dans ce pays. Quant au népotisme ou aux intrigues d'alcôve qui jouent, parfois, un rôle non négligeable dans les affaires publiques, il n'est pas convenable de les analyser, au nom d'une merveilleuse « exception française ».

Le Général avait confié un jour à Alain Peyrefitte, alors jeune ministre[1] : « Toute ma vie j'ai fait comme si... Comme si nous avions gagné la guerre. Comme si les Français aimaient les Allemands... » Nous vivons dans une république d'apparences. L'essentiel est de continuer à jouer la comédie, pour mieux détourner l'attention dès qu'apparaît un dysfonctionnement ou un scandale. Les volontaires ne manquent pas pour s'acquitter de cette noble tâche.

Des magistrats et des ministres se sont ainsi déshonorés en entravant l'action de la justice et en couvrant de hauts policiers auxquels ils avaient, il est vrai, donné des instructions illégales. Les carrières des uns et des autres n'en ont été qu'exceptionnellement altérées.

Des journalistes se sont abstenus de révéler ce qu'ils voyaient tous les jours. Avec toutes les bonnes raisons du monde — ne pas réveiller le poujadisme, ne pas faire le lit de l'extrême droite... —, ils ont favorisé ces dérives dont ils sont devenus les complices. Certes, les médias révèlent un certain nombre d'affaires. Mais combien peuvent aller jusqu'au bout ? Quel journaliste ne s'est pas heurté, un jour ou l'autre, à ce plafond de verre[2] qui l'empêche d'aller plus loin ? Quant aux intellectuels, ils ont su, sur des sujets graves, garder le silence.

1. *C'était de Gaulle,* Fayard, 1994 et 1997.

2. Expression utilisée par les féministes américaines pour définir les obstacles invisibles qui leur interdisent l'accès aux plus hautes fonctions.

Évidences ? Pas pour une partie du microcosme parisien. « Angélisme », « populisme », répondent les grandes consciences, plus sensibles à la fatalité du mal qu'au respect des règles que suppose toute vie en société. Mais, parfois, le vernis craque : « Nous appartenons au même monde, confie avec satisfaction cet éditorialiste qui a négocié lui aussi l'anonymat, pourquoi voulez-vous que nous crachions dans la soupe ? » Ces propos dévoilent un aspect de l'omertà française que nous avons mis un moment à cerner : la course au cynisme. C'est à qui franchira le premier la ligne d'arrivée de cette compétition originale dont il n'est jamais question dans les gazettes. Et chacun de porter avec ostentation sa médaille comme une croix de guerre conquise sur le champ de bataille. Une affaire habilement enterrée ? Une citation et un poste de directeur de cabinet ! Deux décennies d'articles complaisants ? Un grade d'officier dans l'ordre de l'Omertà et une chronique à la radio qui résistera longtemps à un taux d'écoute désastreux ! Des dossiers importants escamotés ? Vous voilà fait chevalier de l'ordre des sourds-muets de l'ENA et promu directeur dans le ministère de votre choix !

D'où vient cette propension nationale au burlesque ? Le premier réflexe, l'air du temps y incite, consiste à incriminer les élites. Les chefs. Les responsables. Tout le mal résulterait d'un complot de bien-pensants. Bref, l'omertà française viendrait d'en haut, d'une coalition de privilégiés. Ces tristes sires seraient bien sûr au service de l'État, qui orchestrerait l'opacité et le mensonge face à une société civile avide d'informations et adepte de la transparence.

Pourquoi ne pas l'avouer ? Nous avons, au début de cette enquête, cru à cette vision des choses. Au fur et à mesure que nous progressions, nous découvrions de nouvelles lignes de partage.

Une fameuse journaliste politique réputée pour son franc-parler semblait tout à fait prête à nous rencontrer. Elle nous fixa deux rendez-vous avant de nous poser en définitive un « lapin » au troisième en inventant une explication un peu embrouillée où il était question d'un « problème domestique très urgent ». Plus de nouvelles depuis. En revanche, ce chef de service dans un ministère prestigieux, que nous ne connaissions pas, accepte de nous voir. Et, sur l'un des dossiers les plus délicats évoqués dans ce livre, scandalisé par ce qu'il voit depuis des années, il nous parle. Et nous remet même le double d'un rapport confidentiel transmis en son temps à son ministre de tutelle. Si celui-ci l'identifie, sa carrière est brisée.

L'omertà n'est pas une chape de plomb qui descend des hautes sphères et afflige des citoyens désespérés. C'est une tentation qui traverse toute la société. Il n'y a pas une administration, une entreprise, un tribunal, une maison d'édition, un parti, un corps de contrôle, un journal qui ne soit coupé en deux. Certains, les plus nombreux en général, ont fait le pari de l'ombre. D'autres voudraient en finir avec ces comportements infantiles et archaïques. La lâcheté des institutions — et des hommes — les exaspère de plus en plus. C'est à eux que nous avons pensé en écrivant ce livre. Sans eux, rien n'aurait été possible.

Arrivés au terme de cette expédition, nous sommes bien placés pour les comprendre. Car le club des étouffeurs veille. À quoi ? À faire croire au bon peuple que tout va bien, que l'argent circule dans la transparence. Que l'actualité est définitivement heureuse.

Comment réussir à accomplir cette tâche monumentale ? Une censure invisible s'est installée d'autant plus paisiblement que les *happy few* ne se portent pas de mauvais coups entre eux. Pour plus de précautions, des « lois du silence », très officiellement votées, punissent ceux qui ne jouent pas le jeu de la discrétion. Grâce à des traditions bien établies de secret et d'enterrement des affaires, enfin, l'État apporte une contribution décisive à l'action souterraine des étouffeurs.

# CHAPITRE 1

# DERRIÈRE L'ACTUALITÉ HEUREUSE

Elle est la maîtresse de l'un des trois hommes forts du Consulat, Barras. Mais Barras s'est lassé. Et, justement, un jeune homme avide de succès la désire follement. Barras ne fera donc rien pour empêcher Joséphine de Beauharnais de tomber dans les bras de Bonaparte qu'elle a rencontré en octobre 1795 chez Mme Tallien, épouse d'un autre dignitaire du régime qui reçoit beaucoup. Bientôt le général corse l'épousera. Dans les salons comme dans les lits de la capitale, Joséphine exercera une réelle influence politique dont la presse de l'époque se fera l'écho.

Marie-Antoinette a eu moins de chance que l'impératrice. L'impuissance présumée de Louis XVI et ses frasques, réelles ou imaginaires, passionnent les courtisans puis les polémistes et, finalement, le pays. Au début des années 1780, les premiers pamphlets apparaissent. On y parle en termes encore voilés des amants de la reine. À la Cour, on s'inquiète. Des émissaires sont envoyés à Londres pour acheter le silence des aristocrates ruinés qui jouent, loin de la mère patrie, les imprécateurs. La police a — déjà — des fonds spéciaux pour rémunérer leur discrétion. Mais les brûlots se multiplient. Les Français se persuadent que Versailles est un lieu de débauche. C'est d'ailleurs en partie vrai. Même si elles ont un tirage encore limité, quelques milliers d'exemplaires, les gazettes ne se privent pas de relayer les bruits de la ville et les médisances des dames d'honneur et des petits marquis qui font l'ordinaire de la vie de cour. Les tabloïds de la grande presse britannique n'ont rien inventé. Un comte suédois, Axel de Fersen, est chargé de fréquentes missions diplomatiques à Paris. Les courtisans, jaloux, remarquent son assiduité auprès de la reine. La majorité des historiens pensent qu'il est devenu son amant à la veille de l'effondrement de la monarchie. À l'époque, les libelles ne se privent pas d'évoquer cette liaison et de s'en prendre à la moralité de la famille royale bien avant la Révolution à laquelle ils contribuent de façon souterraine mais fort efficace. Ils traitent Marie-Antoinette de femme frivole, de catin, d'agent des Autrichiens.

Ce temps où l'impertinence se transformait vite en outrage n'est plus qu'un lointain souvenir pour les successeurs du couple royal. Cette menace est-elle toujours présente à l'esprit de nos dirigeants ? En tout cas, ils se sont depuis construit une solide muraille de papier pour abriter leurs mœurs. Certes, ce n'est plus Versailles mais on est encore loin du couvent des Oiseaux. Du népotisme au libertinage, la politique hexagonale a une lourde hérédité derrière elle. Comme l'argent, les affinités électives qui orientent souvent le cours de la vie publique jouent un rôle trop important pour que l'on vende la mèche. Ce silence pratiqué par consentement mutuel, à droite comme à gauche, béni par le haut clergé médiatique — et pour cause —, est au cœur de l'omertà française. Paradoxalement, la monarchie absolue de la fin du XVIIIe siècle tolérait souvent mieux l'impertinence ou l'information qui dérange que notre démocratie moderne. De ce point de vue, ce que Marie-Antoinette n'a pu obtenir, Alain Delon l'a réussi. Il a, indirectement, été à l'origine d'une loi votée en 1970, dont l'objet avoué consiste à protéger la vie privée. Depuis, il est difficile de parler d'Alain Delon ou d'un autre sans prendre quelques précautions.

Que s'est-il donc passé en 1970 ? Cette année-là, le nouveau président de la République, Georges Pompidou, fait approuver par l'Assemblée une nouvelle législation à laquelle il tient beaucoup. Deux ans avant, sa réputation a souffert d'un scandale retentissant. Sa femme en a été très blessée. Et cela a failli lui coûter son élection.

L'affaire commence le 1er octobre 1968. Ce jour-là, le corps d'un petit truand yougoslave est retrouvé dans une décharge de la région parisienne, à Élancourt, dans les Yvelines. L'assassinat de Stephan Markovic, garde du corps d'Alain Delon, suscite une vague de rumeurs. Pompidou subit une disgrâce depuis les événements de 68 que le Général lui a fait payer en le remplaçant à Matignon par Couve de Murville. Mais il reste tout de même un personnage d'envergure nationale et, demain, peut-être un candidat à l'Élysée.

Un gaulliste fervent, qui n'aime guère Pompidou, René Capitan, est ministre de la Justice. Brusquement, la presse commence à publier des papiers qui font parler. Au fil des semaines, il est question d'affaires de drogue, de chantages et de parties fines auxquelles l'épouse de l'ancien premier ministre aurait participé. Des photos compromettantes circulent dans les rédactions, à l'initiative, dit-on, de certains agents du SDECE membres de la milice gaulliste, le SAC, le Service d'action civique dont les gros bras ont souvent peuplé la rubrique des faits divers. Pompidou ne découvrira que plus tard ce torrent de boue. Même ses proches n'osent pas l'avertir. Pour lui, aucun doute : la presse n'est pas directement en cause, même s'il juge qu'elle s'est laissé trop facilement manipuler. Ce qui l'indigne, c'est le complot. Le complot d'un petit groupe de fidèles du Général relayé par des hommes de main qui travaillent dans la police ou le renseignement. Sa rage est telle qu'il ira un jour jusqu'à mettre directement en cause Couve de Murville en se confiant à Georges Suffert[1] alors au *Point*. L'accusé, premier ministre au moment des faits, invoquera seulement, pour sa défense, un regrettable « malentendu ».

Cette conjuration minable, suivie d'un déballage sordide, pèse depuis trente ans sur l'information, dès lors qu'une affaire un peu sensible éclate. Car le respect de la vie privée est devenu un formidable alibi pour cacher des dérives qui n'ont plus rien à voir avec l'intimité.

Ses foucades amoureuses passionnent la presse qui en fait de gros titres. Il est vrai qu'il est président. Mais ses électeurs ne lui en veulent guère puisqu'ils l'ont réélu. Cela se passe en Argentine, que Carlos Menem dirige depuis dix ans.

Il était ministre des Finances. Il avait la réputation d'un séducteur et mélangeait parfois les affaires d'État et ses liaisons. La pression médiatique a finalement eu raison de sa résistance : il a dû quitter son poste à la demande

1. *Le Point*, 29 septembre 1975.

du chef du gouvernement, son ami Felipe González.

Ils sont une dizaine. Tous ministres de Major ou de Blair. Tous mêlés à ce que la presse a appelé un « scandale sexuel ». Les médias les ont contraints à démissionner. Qu'il s'agisse d'un prêt amical, et non déclaré, entre deux ministres ou d'une virée homosexuelle qui tourne mal, c'est la règle du jeu en Grande-Bretagne.

En mars 1996, un homme politique allemand divorce. Les médias dévoilent avec une férocité nouvelle les difficultés de sa vie conjugale. Certains journaux comme l'hebdomadaire *Stern* publient des photos d'une charmante journaliste, Doris Köpf, trente-deux ans. Deux ans plus tard, Gerhard Schröder est tout de même élu chancelier après l'avoir épousée. Quant au journal *Bild*, il affirmait que le chef des services secrets était le père d'un enfant né d'un adultère. Même Kohl y est passé : *Der Spiegel* a repris des rumeurs suggérant qu'il était plus proche de sa secrétaire que de sa femme.

Dans tous les pays du monde, de l'Allemagne à la Suède — où le ministre des Finances et sa collègue chargée de l'Éducation ont rendu publique leur liaison en rédigeant un communiqué commun —, de la Russie à l'Italie, la presse publie ce qui lui semble de nature à intéresser les lecteurs.

Rien de tout cela en France. Grâce aux soirées animées d'Alain Delon et au coup bas infligé à un ancien premier ministre devenu président, la loi de 1970 a accouché d'une invention géniale. Cela s'appelle « la distinction entre la vie privée et la vie publique ». Cette trouvaille unique au monde va loin. Les tribunaux ont en effet eu une interprétation extensive d'un texte déjà très sévère dès l'origine. Cela donne le résultat suivant. Vie publique ? Les conférences de presse, les déclarations officielles, les déplacements des autorités, les projets de réformes. Vie privée ? Tout le reste ou presque. Les maîtresses bien sûr. Mais aussi les épouses et les enfants. Et puis, la religion et même, jusqu'à un arrêt récent de la Cour de cassation, le patrimoine des élus ou des grands patrons.

Cette coupure archaïque arrange évidemment beaucoup le monde politico-médiatique. Elle est pourtant tout à fait artificielle. Entre vie publique et vie privée, il existe en effet une sorte de zone grise. Un no man's land dont il n'est jamais question nulle part. Ou plus exactement dont on ne parlait pas jusqu'à la belle et romantique histoire de Roland et Christine. Pour simplifier, ce qui arrive à Mme Dumas et à ses enfants, ce qu'ils pensent, la manière dont ils ont réagi à l'affaire relèvent strictement de la vie privée et à ce titre ne regardent pas les médias. Les maîtresses de Roland non plus d'ailleurs. Sauf lorsqu'elles intriguent dans les couloirs d'un ministère ou quand elles distribuent par millions notre argent pour des usages indéterminés, du recyclage de commissions occultes à l'achat de statuettes ou de chaussures.

Cette zone grise, ce sont donc les aventures, les complicités, les haines aussi qui tournent autour du pouvoir, orientent le fonctionnement de l'État. En masquant cet aspect des choses, l'information se transforme en communication. Ce sont alors les apparatchiks du microcosme et les stratèges en manipulation des médias qui, de fait, tiennent la plume des journalistes. Ils autorisent, voire parfois encouragent, la publication d'informations — vraies ou fausses — mettant en scène la vie privée des personnalités publiques à condition que cela les arrange.

Jean-Philippe Moinet, journaliste au *Figaro,* a longtemps travaillé au service politique du quotidien. Il connaît bien Léotard auquel il a consacré une biographie[1]. Il avoue craindre ce qu'il appelle, comme la majorité de ses confrères, les dérives de la presse anglo-saxonne. Mais il reconnaît que l'hypocrisie qui règne en France n'est pas plus satisfaisante. « Je savais pas mal de choses sur sa vie privée mais je ne considérais pas que cela entrait dans le cadre de mon bouquin. » Autocensure ? « Si on veut, mais je crois franchement que c'est une bonne chose de préserver la vie privée des gens, qu'ils soient hommes politiques,

1. Jean-Philippe Moinet, *Léo et les siens. Du monastère aux affaires,* Le Seuil, 1995.

moines ou journalistes. » Peut-on toujours s'en tenir à cette position de principe face à des situations où amour, argent et carrière sont aussi imbriqués ? « C'est vrai qu'il y a des moments où ça devient difficile, admet le journaliste. Par exemple Ysabelle, qui allait devenir sa seconde femme, jouait un rôle indéniable à Fréjus. Elle s'est occupée pour lui un moment des relations avec la région. J'ai dû laisser entendre dans le livre qu'ils étaient ensemble avant leur mariage mais je ne me rappelle plus en quels termes. » Alors, où passe la frontière entre ce qui peut être écrit et ce qui ne regarde pas le lecteur ? « J'ai estimé que ça ne relevait pas de la vie privée puisque Léotard lui-même avait parlé d'Ysabelle dans une interview. À peu près au même moment, le fait que Rocard ait évoqué publiquement son divorce m'avait marqué. » C'est, de fait, tous les jours que la classe politique met en scène son intimité.

Le traitement dont bénéficie le clan Chirac illustre jusqu'à la caricature cette mise en scène qu'on inflige quotidiennement aux Français.

*Match* a consacré pas moins de six papiers émouvants d'avril 1996 à avril 1998 à cette sympathique famille. La plupart faisaient la « une » de l'hebdomadaire.

Ces articles, qui ont fait l'objet avant leur publication de savantes tractations menées notamment par Claude Chirac, évoquent-ils le côté hussard du président qui portait autrefois à la cantonade de bruyants toasts, « À nos chevaux, à nos femmes et à ceux qui les montent » ? Pas vraiment. Racontent-ils ces déplacements à l'étranger où le futur président brandissait volontiers au moment d'aller se coucher les clés de sa chambre d'hôtel devant les femmes qui l'accompagnaient ? L'une d'entre elles se souvient d'un congrès mouvementé du RPR. Après le dîner, elle reçoit trois coups de téléphone dans sa chambre. Le premier vient d'Alain Juppé qui veut lui donner de vive voix quelques éclaircissements sur les débats de la journée. Le deuxième de Toubon, qui lui demande si elle a besoin d'un poste de radio. La troisième fois, c'est Chirac qui, plus direct, lui propose de boire un dernier verre.

Lorsqu'il était premier ministre, en 1974, Chirac adorait la compagnie d'une autre consœur, très charmante, Jacqueline Chabridon. L'ex-femme de Charles Hernu travaillait alors au *Figaro* — elle s'est depuis recyclée comme directeur de la communication dans plusieurs entreprises publiques — et rencontrait souvent le premier ministre rue de Varenne, à deux pas de l'hôtel Matignon. À l'époque, elle avait l'œil à tout, n'hésitant pas par exemple à rayer les noms de certaines consœurs des listes de presse de Matignon. Pas de voyage avec Chirac sans son imprimatur !

Pas plus que ses concurrents, *Match* ne relate des idylles connues seulement d'une poignée d'initiés à Paris. Celles-ci relèvent-elles de la « zone grise » ? Assurément oui. Un exemple. Une journaliste travaille à l'AFP, agence d'État. De quoi est-elle chargée ? De couvrir l'actualité de la Mairie de Paris. Qui est le maire ? Chirac. Comment s'entendent-ils ? Très bien. Et alors ? Rien. Si ce n'est que cette bonne entente a longtemps permis d'occulter les aspects négatifs de la gestion très particulière de l'ancien maire. À l'AFP, tout le monde s'était habitué aux appels d'un certain « M. Nicolas ». Le scénario était immuable. Le téléphone sonnait. Un journaliste prenait l'appel et reconnaissait évidemment la voix du maire malgré ses efforts pour la déguiser. Il lançait alors à la cantonade : « C'est Chirac pour toi sur la deux ! »

Les années passent. En 1996, Jean Miot, jusque-là administrateur du *Figaro,* est nommé P-DG de l'AFP. Il fait le tour de la rédaction et termine par le service politique, le plus sensible de l'agence. Le chef du service fait alors allusion à ceux qui ne sont pas là : les journalistes de l'Élysée, de l'Assemblée nationale et puis celle qui suit la Mairie de Paris. « Vous savez qui elle est ? » lui dit-il. Et Jean Miot, inspiré : « Ah, Mme Nicolas... » On se comprend à demi-mot dans la grande famille de l'information.

Dans les dîners en ville, on s'amuse de ces mœurs bien éloignées des images pieuses relayées par la presse : « Après la mort de

Diana, raconte ce notable du RPR, l'Intérieur a appelé Chirac à l'Élysée en pleine nuit. Impossible de mettre la main dessus. Il paraît que Bernadette, interrogée, aurait répondu : "Si vous croyez que je sais où est mon mari !" »

Toutes ces vérités bien innocentes aux yeux du microcosme relèvent du secret d'État. Pour mieux le préserver, on amuse les foules, on fabrique une image vendue clé en main aux médias. Celle d'un président qui est d'abord un homme simple à la vie familiale transparente.

Travaux pratiques dans *Paris-Match.*

4 juillet 1996 : « Le président heureux : Claude Chirac, sa fille et sa conseillère privilégiée, fait du chef de l'État un grand-père euphorique qui ne cache pas sa joie. » C'est l'annonce de l'arrivée de Martin Rey-Chirac, un petit-fils qui va beaucoup servir.

29 août 1996, en couverture : « Chirac, grand-père heureux. » Premières photos avec Martin déjà hissé, à moins de deux mois, sur le front médiatique : « Les vacances à Brégançon avec sa fille Claude et Thierry Rey. »

6 mars 1997 : « Le Depardieu nouveau est arrivé. » Quel rapport avec les Chirac ? L'acteur-viticulteur a suivi le président lors d'un voyage en Roumanie. Cette fois, l'hebdomadaire, à grand renfort de photographies et de légendes ambiguës, lève un coin du voile : « Gérard Depardieu et Claude Chirac [...] ont affiché une camaraderie de tous les instants. » Camaraderie : au lecteur de décrypter la pen-

sée du rédacteur des légendes. Dans son choix d'illustrations, *Match* a d'ailleurs écarté un cliché de la série proposée par le photographe où l'on apercevait un tendre baiser dans le cou. C'eût été de mauvais goût.

14 août 1997. La liaison *Match*-Chirac s'installe. En couverture : « Chirac au bout du monde avec son petit-fils Martin », un an et demi et toujours sur le pont. On découvre les membres du clan, père, fille et petit-fils sur une plage de l'île de la Réunion (celle de Margie Sudre que le président fit entrer dans le gouvernement Juppé), en six clichés qui montrent les joies de la famille : baisers, regards et cavalcades dans le sable. Malgré la désastreuse dissolution, le message est clair : l'homme est toujours vivant.

Et ça continue. 9 octobre 1997. En couverture : « Le triomphe de Claude Chirac : à Moscou, rayonnante, elle sort enfin de l'ombre. Avec son père, les liens sont plus forts que tout. » Les Chirac sortent le grand jeu : Claude à cinq ans avec ses parents ; Claude en Suisse avec papa et maman ; la même à New York, en 1989, avec son père...

Six mois plus tard, après le reportage sur la fille du président, nouvelle séquence en avril 1998 du plan médias : Martin, le retour. Le voici cette fois, en compagnie de maman et grand-père, en vacances dans le Tyrol. Les photographies ne sont pas très « posées », pour laisser planer l'hypothèse de clichés volés par les horribles paparazzi.

Ce bon usage du rôle de grand-père, pas inutile pour donner du rassurant, du patelin, du solide, a été savamment cogité à l'Élysée. Dans un premier temps, il fallait bien réserver une petite place au père, le judoka Thierry Rey. Mais voilà que Claude Chirac et lui se séparent, à l'automne 1996. Encore des soucis à l'horizon : comment empêcher les médias de se montrer trop curieux ? Réunis en séance plénière, les conseillers en communication trouvent la réponse : ils décident que l'annonce de cette rupture se fera dans *Le Point,* journal sérieux, dans le cadre d'un long portrait de Claude Chirac. Cette annonce, dans l'esprit des « communicants », déblaiera le terrain. On pourra passer à la séquence suivante : le retour du patriarche de la Nation, prenant en douceur la place de Thierry Rey. Claude Chirac elle-même ne considère pas que cette séparation relève de sa stricte vie privée. Lorsqu'elle apprend que *Gala* s'apprête à évoquer le sujet, elle finit, après quelques réticences, par appeler le rédacteur en chef depuis l'Amérique latine, où elle est en voyage officiel avec son père. Elle tient à donner sa version des choses et demande que ses propos, dans l'article, soient attribués à « des proches », ce qui sera fait.

La Sainte Famille s'était montrée moins expansive du temps où Nicolas Sarkozy, alors jeune espoir du RPR, comptait dans la vie de la jeune femme. En passant dans le clan d'Édouard, Sarkozy avait cumulé affront politique et trahison.

Lorsqu'ils évoquent à la radio ou dans leurs papiers cet aspect des choses, les journalistes politiques se contentent d'allusions, incompréhensibles pour les non-initiés, sur le caractère passionnel de la rupture entre les Chirac et l'ancien ministre du Budget de Balladur. Si Jacques, dissolution oblige, a fait mine de pardonner, Bernadette, plus digne, n'a rien oublié.

Quant à l'ancien ministre, il ne répugne pas à laisser les médias entrer dans sa « vie privée » dès lors que cela l'arrange. En 1997, Nicolas Sarkozy posait ainsi dans *Gala* avec sa nouvelle femme, Cécilia, et son chien, Indi. Un peu plus tard, il montrait au grand public son fils Louis dans un cadre champêtre. Oubliée l'époque dont parlait avec une prudence de serpent Françoise Giroud dans son *Journal*[1] : l'auteur du *Bon plaisir* racontait sur un ton badin la façon dont un ministre présentait dans les dîners en ville une très proche amie comme sa femme, ce qui faisait jaser.

Sexe et pouvoir vont bien ensemble. On peut s'en offusquer mais c'est ainsi. En France, la tradition est pour le moins solide.

Ce jour-là, le président a peur de décevoir la femme qui l'attend dans une antichambre de l'Élysée. Il avale une ration d'aphrodisiaques qui lui permettra, espère-t-il, d'être au mieux

1. *Journal d'une Parisienne*, Le Seuil, 1995.

de sa forme. Mais la dose est trop forte, et Félix Faure va succomber dans les bras d'une demi-mondaine bien connue des salons parisiens, Marguerite Steinheil. C'était le 16 février 1899. Fiction : si un président, demain, passait de vie à trépas dans de semblables circonstances, faudrait-il invoquer la vie privée et rédiger un communiqué mensonger ?

Le mélange des genres, entre intimité et vie officielle, ne date donc pas d'aujourd'hui. Ce qui est nouveau, c'est que les éditorialistes de la presse, qui se sont cooptés comme professeurs de vertu, et une poignée d'intellectuels hurlent à l'Inquisition et au totalitarisme quand on prétend s'inquiéter de ces dérives.

Valéry Giscard d'Estaing a quarante-huit ans lorsqu'il entre à l'Élysée. Sans être un fin juriste, il a bien compris l'esprit de la loi de 1970. Menant une vie très libre, il ne veut pas être enfermé dans son palais. Il sort donc beaucoup. Or, une nuit de l'automne 1974, il a un accrochage place de l'Étoile. La situation est délicate. La voiture ne lui appartient pas : c'est une Ferrari empruntée à l'issue d'une soirée chez le réalisateur Roger Vadim. Sa passagère est une personnalité du Tout-Paris mondain. Malaise. On enterre vite l'incident dans les salles de rédaction, à l'exception notable du *Monde*.

Cette indulgence est presque une incitation à persévérer. « Par la suite, écrivait Thomas Vallière — pseudonyme collectif auquel est associé Stéphane Denis de *Match* — dans un article impertinent de *Marianne*[1] —, on apprit que Giscard aimait rencontrer des actrices et qu'un de ses collaborateurs se chargeait des présentations. Les rendez-vous se donnaient parfois dans une auberge de campagne au nom prédestiné : Le Petit Coq aux champs. » L'auteur de l'article évoque ensuite la sulfureuse héroïne d'*Emmanuelle*, film érotique qui venait de faire l'actualité : « Il se lia [...] à Sylvia Kristel qu'il emmena en voyage avec lui. » Il conclut avec les confidences perfides d'une comtesse, ancienne camarade de classe : « Valy est un sentimental. C'est charmant mais ce n'est pas torride. »

Il reste que la vie clandestine du président a de sérieuses conséquences. L'une des proches de Giscard, la photographe Marie-Laure de Decker, qui réalisa des portraits de lui pendant la campagne de 1974, fit ainsi un voyage au Tchad. Il s'agissait de réaliser un reportage sur une ethnologue qu'Hissène Habré, un potentat local, avait enlevée. À l'occasion de ce voyage, des poèmes de Giscard circulèrent ainsi que, dit-on, des enregistrements, réalisés à son insu, de certaines de ses conversations. Le dictateur libyen Kadhafi eut vent de l'affaire et le fit savoir. Devenu l'ennemi public numéro un, il fut dès lors l'objet de toutes les attentions des services secrets français. On ne peut évidem-

1. *Marianne*, 2 février 1998.

ment s'empêcher de faire un lien entre ces différents événements.

Séducteur, Giscard l'était indéniablement à l'époque. Il en jouait pour gouverner ou pour se détendre. Il se sentait intouchable et d'ailleurs il l'était. Cela allait lui faire perdre sa légendaire prudence et contribuer à sa chute. Le détonateur ? Ce fut précisément l'Afrique.

L'homme qui pensait que son entrée à l'Élysée coïncidait avec « une ère nouvelle de la politique française » aimait ce continent. Les chefs d'État ne reculaient, il est vrai, devant aucun moyen pour qu'il garde de son séjour le plus agréable souvenir.

Ces liaisons dangereuses ont fait pendant sept ans des relations franco-africaines un sujet de scandale pour initiés. L'un de ces dictateurs est particulièrement zélé : c'est Bokassa, qui s'est lui-même couronné empereur de Centrafrique. On jase beaucoup dans le milieu politique sur les aventures exotiques du président. Mitterrand, que ces affaires passionnent, se tient informé, ne serait-ce que pour disposer, si le besoin s'en fait sentir, de moyens de pression sur son futur adversaire.

Le ministère de l'Intérieur finit également par s'intéresser à ces safaris très spéciaux. Le patron des Renseignements généraux — les fameux RG — autorise un commissaire à suivre le dossier. Celui-ci rédige même une note confidentielle où il franchit la sacro-sainte frontière de la vie privée en relatant quelques soirées animées dans la capitale de l'empire, Bangui. Il ne recommencera pas : la seule existence de ce document explosif est une menace pour tous ceux qui l'ont lu. La hiérarchie lui ordonne donc de n'en garder aucune copie.

Après avoir gagné les élections législatives de 1978, Giscard résiste de plus en plus mal à une certaine mégalomanie. Au cours de ses périples africains, il a alors la légèreté d'accepter des cadeaux compromettants : des diamants. Leur valeur ? Lui a parlé « d'environ 100 000 francs ». Beaucoup d'observateurs de plusieurs millions. On a écrit qu'il les avait gardés pour lui. Ce n'est pas tout à fait vrai : il en distribue beaucoup aux jolies femmes qui l'entourent. La rumeur commence à circuler et atteint les salles de rédaction. Mais les caciques du journalisme politique veillent. Le secret est bien gardé. C'est *Le Canard enchaîné* qui rompt l'omertà. Bien après, un homme qui a longtemps conseillé Giscard à l'Élysée raconte comment son destin a finalement basculé : « La connerie est venue de l'un de ses cousins qu'il emmenait souvent dans ses voyages et qu'il aimait bien. Contrairement à la rumeur, ce n'est pas Giscard mais lui qui, un jour, a séduit Catherine, la femme de Bokassa. Ça a rendu l'empereur furieux. C'est là qu'il a décidé de se venger et qu'il a pris un baroudeur, journaliste à ses heures perdues, Roger Delpey, pour confident. À partir de là, tous deux ont consacré leur énergie à faire connaître l'affaire des diamants et à accuser Giscard de toutes les turpitudes... » Cet aspect du scandale n'est évidemment jamais apparu dans la chronique officielle de l'affaire. « Trop sordide », n'est-ce pas ?

Elle vient de publier un livre. Pour qui sait lire, la vie de son ancien protecteur est exposée sans précautions particulières : « Au fil des ans, j'en ai vu tant se mobiliser pour lui, vies détruites, sacrifiées à la raison d'État [...] ». Cynique — à son contact ? —, elle ajoute : « Il ne les abandonnait pas mais n'avait pas la force de prendre en charge tous ces destins. Il les tenait pour responsables de leur propre malheur, les laissait faner sur la toile de fond de sa vie. » Mais, omertà oblige, la presse va faire semblant de voir dans ces confessions le récit anodin d'une « amie ». Jacques Amalric, journaliste qui côtoie depuis longtemps le personnel politique, est un familier du Quai d'Orsay. Il est plus averti que beaucoup de ses confrères de la duplicité ambiante. En rendant compte de l'ouvrage dans les colonnes de *Libération*[1], il écrit avec une fausse candeur : « Nous n'en saurons pas plus, de sa plume, sur la nature exacte de la relation qui a existé pendant près de quinze ans entre la jeune journaliste suédoise et l'ancien premier secrétaire du parti

1. *Libération,* 29 avril 1997.

socialiste qui allait devenir président de la République. » Correspondante à Paris du journal *Göteborg Pastel* puis de l'Agence FLT, Christina Forsne aurait-elle été la maîtresse de François Mitterrand ? Si Amalric le suggère, très prudemment, l'immense majorité de ses confrères s'en tient à la version lénifiante de la « quatrième de couverture ». D'ailleurs, l'intéressée le dément avec un remarquable aplomb. Le président lui parlait — à l'Élysée — des mensonges de son vieil ami Hernu lors de l'affaire Greenpeace ? Rien d'extraordinaire, paraît-il. Mitterrand lui expliquait que Françoise Castro, la femme de Fabius alors premier ministre, était en relation avec le journaliste du *Monde* Edwy Plenel pour faire tomber le ministre de la Défense ? Des propos sans conséquences. Ces confidences montrent cependant que l'ancien président se sentait en confiance avec son amie Christina.

Pendant trente ans, les Français ont eu droit à une tout autre version. Ils y ont longtemps cru, à en juger par les tirages du livre de Danielle Mitterrand publié peu après la mort de son mari. Le scénario ? Une épopée familiale plus proche de *La Petite Maison dans la prairie* que de la réalité. La plupart des journalistes politiques savaient, bien sûr, à quoi s'en tenir mais répugnaient à partager avec leurs lecteurs ces anecdotes qu'ils étalaient dans les dîners. Pourquoi se fâcher avec Mitterrand pour si peu ? Et se faire mal voir d'une hiérarchie depuis toujours au parfum ? Sans compter les reproches des confrères : « Mais qu'est-ce qui te prend ? Tu veux entrer à *Voici* ? » Beaucoup de femmes ont ainsi traversé la vie de l'ancien président sans faire parler d'elles.

Les festivités qui se déroulaient pendant les vacances dans la bergerie landaise excitaient particulièrement la curiosité du cercle des intimes. « Qui vient cette année ? » Et chacun d'y aller de sa petite histoire. Le bref séjour d'une ex-journaliste politique défraya une année la chronique mondaine de Latché. À sa femme qui le suivait alors qu'il infligeait à sa visiteuse sa rituelle description de la végétation de la propriété, Mitterrand avait lancé : « Danielle, si tu t'occupais de nos invités pendant que je montre le soleil couchant à notre amie ? » Et les autres invités de se raconter l'anecdote avec des airs de comploteurs, le soir, en riant sous cape.

Quelques années plus tard, le scénario s'enrichit avec l'apparition de nouveaux personnages. Fin 1994, *Match* révéla à l'opinion ce que le Tout-Paris connaissait depuis des années : l'existence de la belle, de l'intelligente, de la discrète Mazarine, fille d'Anne Pingeot. Avec, on le sait aujourd'hui, l'accord tacite de son père prévenu par l'hebdomadaire avant la publication. Après la séquence « Danielle, ma femme adorée », la France eut droit à « Danielle et Anne, mes deux épouses ».

Dans ce contexte, un nouvel épisode — « Danielle, Anne et Christina » — eût été de mauvais goût. Les femmes de l'Élysée restaient un sujet interdit à la presse, même lorsqu'une héroïne levait un coin du voile. Une telle obstination à éviter de s'aventurer dans la « zone grise » relève de l'exploit collectif, de la part du monde politique et des médias.

Dès 1985, la plupart des journalistes qui comptent n'ignoraient cependant pas grand-chose de Mazarine. Un brûlot de Jean-Edern Hallier, que l'écrivain faisait circuler frénétiquement dans les rédactions depuis 1984, révélait tout de l'histoire. Pourtant, ils se sont tus, au nom du respect de la vie privée. Des années après la révélation publique de son existence, certains d'entre eux, comme le rédacteur en chef du *Figaro Magazine*, Henri-Christian Giraud, ont même soutenu sans rire qu'ils avaient appris l'existence de la jeune fille... en découvrant ses photos dans *Paris-Match*. Quant à Pierre Favier, chargé de couvrir l'Élysée pour l'AFP, il a réussi l'exploit d'ignorer avec constance, pendant plus de dix ans, l'existence de Mazarine et des dérives qui en ont résulté. En fait, il savait presque tout, comme l'atteste une note rédigée par la cellule élyséenne du commandant Prouteau et publiée dans *L'Express*[1] : les limiers y ont consigné une planque réalisée par le journaliste devant

1. « Les notes secrètes de Mitterrand », in *L'Express*, 25 septembre 1997.

l'immeuble du quai Branly appartenant à l'État, où résidaient la jeune fille et sa mère.

Mitterrand, il est vrai, savait jouer de ce secret qui n'en était plus un pour les journalistes du sérail. À la fin de son premier septennat, il reçoit en tête à tête plusieurs éditorialistes influents. Thème des entretiens, informels bien sûr : se représenter ou pas pour un nouveau mandat. Mitterrand minaude : « Ah ! les enfants ! On les perd à quinze ans, on les retrouve à vingt-cinq. Mais quand ma fille aura vingt-cinq ans, je serai mort. » Et de conclure que cela l'incite à ne pas se représenter. En France, quand le président évoque devant un journaliste sa vie privée, cachée de surcroît, pour justifier sa stratégie politique, c'est une confidence, pas une information.

En novembre 1994, le second septennat mitterrandien tire à sa fin. Un journaliste politique pourtant, et non des moindres, a décidé de briser le tabou. Philippe Alexandre, chroniqueur tonique sur RTL, s'apprête à publier un *Plaidoyer impossible pour un vieux président abandonné par les siens*[1]. « En vérité, écrit-il, le président dispose, sans interruption depuis quatorze ans, de la presse la plus docile, révérencieuse, disciplinée jusqu'au mutisme qui se puisse trouver dans le monde, dès lors que la *Pravda* n'est plus la *Pravda* [...]. Dans quel pays le chef de l'État peut-il être doté d'une

1. Albin Michel, 1994.

famille morganatique, sans se cacher, mais sans que l'opinion publique en soit avertie ? »

Bonne question. Dans *Le Point*[1], Denis Jeambar salue à cette occasion « l'“omertà” violée ». C'est bien de cela qu'il s'agit. D'une connivence si forte, d'une dépendance si puissante, d'une consanguinité si étroite que rien n'a transpiré, auprès du grand public, de ce qu'un petit milieu connaissait par cœur.

Pour quelques journalistes qui se félicitent que l'abcès soit enfin crevé, combien de récriminations ! C'est que ceux qui ont pour métier d'informer doivent bien justifier dix ans de silence. Un silence difficile à expliquer, car la fille naturelle du président évolue depuis toujours dans la « zone grise », où se confondent intrigues privées et argent public, passion intime et raison d'État.

À quel instant quitte-t-elle la sphère de l'intimité ? À partir de quand la vie privée s'imbrique-t-elle avec la marche de l'État ? Par exemple quand Mme le recteur de l'Académie de Paris, Hélène Ahrweiler, reçoit plusieurs coups de téléphone de sommités différentes pour « pistonner » une jeune fille au lycée Henri IV, le meilleur de la capitale, et qu'elle ne comprend que tardivement que ces appels concernent une seule et unique enfant ? Mazarine Pingeot, le secret le mieux gardé de France depuis le Masque de fer !

1. *Le Point*, 5 novembre 1994.

Intimité toujours quand le président déplace un conseil des ministres pour fêter à Venise un examen réussi de la jeune fille ? Quand il la promène dans les avions officiels du GLAM ? Quand il l'invite à un dîner d'État offert en l'honneur de l'empereur du Japon ? Quand la petite princesse et sa mère emménagent dans un appartement d'État du quai Branly ? Impératifs de sécurité, répondra-t-on. On justifie de la même manière que toute une cohorte de gendarmes aient servi de nounous à la jeune fille, l'accompagnant au lycée, chez le médecin... Ainsi François Mitterrand avait-il demandé à son médecin personnel, le Dr Gubler, de bien vouloir suivre une jeune fille prénommée Marie. Le Dr Gubler découvrit assez tard la qualité de sa jeune patiente. L'escorte de gendarmes qui lui était dévolue lors de ses visites attendait la jeune fille devant le porche de la clinique. Ces hommes, membres du fameux GSPR — Groupement de sécurité de la présidence de la République —, avaient-ils enchaîné sauts en parachute et stages commandos pour finalement porter le cartable princier ? La vérité est beaucoup plus simple. Le GSPR avait été largement créé pour cacher et gérer Mazarine et la « seconde famille ». C'était une sorte de « brigade d'élite » de l'omertà.

Et qui connaissait pendant les deux septennats le délicieux manoir de Souzy-la-Briche ? Cette résidence d'État était dédiée aux week-ends de la deuxième famille.

L'enfant aime les chevaux ? Le monde est bien fait. Le président du Turkménistan a offert à son homologue français un magnifique cheval akhal-téké d'une très grande valeur qu'elle montera à sa guise. D'ailleurs, n'a-t-elle pas à sa disposition un écuyer personnel, ancien fonctionnaire au ministère de la Jeunesse et des Sports promu et détaché à cette haute fonction ?

Et lorsque, fin 1988, les bruits sur l'existence de Mazarine sont ravivés par la naissance, à la clinique du Belvédère, du fils de Christina Forsne, dont certains soupçonnent la présidentielle filiation, qui gère le problème ? La famille Mitterrand, réunie dans sa précieuse intimité ? Non : le cercle rapproché du président, notamment ses deux conseillers en communication, Gérard Colé et Jacques Pilhan. Ce duo réputé commande à l'institut IPSOS — aux frais du contribuable comme d'habitude — un sondage sur le thème : « Et si vous appreniez qu'un haut personnage de l'État a un enfant caché ? »

Le commandant Prouteau et ses gendarmes, par ailleurs, ne se limitaient pas à un maternage musclé. L'Élysée déclencha une vaste campagne d'écoutes téléphoniques. Qui écoutait-on ? Ainsi que l'ont révélé Jérôme Dupuis et Jean-Marie Pontaut[1], des milliers de personnes, journalistes, avocats, mais aussi des

1. Jean-Marie Pontaut, Jérôme Dupuis, *Les Oreilles du Président*, Fayard, 1996.

voisins de la fille et de sa mère avant qu'elles n'emménagent quai Branly.

Alors, Mazarine, affaire d'État ? Une partie des journalistes parisiens feignent pourtant, aujourd'hui encore et en toute bonne conscience, de la considérer comme un des exemples de « l'intimité bafouée ».

D'autres femmes sont protégées de la curiosité populaire, même quand l'appareil de l'État est mobilisé à leur profit. Lorsque le département de la Nièvre rachète ses terrains à Jacqueline Bernigaud, personne ne s'interroge. Pierre Bérégovoy, alors ministre des Finances, veut installer un circuit de Formule 1 sur ses terres d'élection et justement sur la propriété de cette femme charmante et rude à la tâche qui a accueilli à bras ouverts depuis vingt-cinq ans celui qui n'était alors que député de la Nièvre. Son mari, éleveur, a dès 1959 aidé Mitterrand à être élu au Sénat en lui présentant les maires du département. Ce soutien était d'autant plus amical que la lamentable affaire de l'Observatoire avait fait de l'ancien ministre de la IVe République un pestiféré. Beaucoup de ses proches prenaient alors leurs distances avec un homme qui venait de participer à un faux attentat monté contre lui dans l'espoir de se construire l'image d'un martyr persécuté par le pouvoir gaulliste. Mitterrand n'oubliera ni Jean Bernigaud ni Jacqueline. Les habitants de la Nièvre paieront très cher l'hectare lorsque cette femme méritante vendra ses terres au département. À ce tarif, on a presque le droit de parler de cadeau. L'un de ses conseillers l'avait déjà confié à Catherine Nay : « Pour les veuves de ses amis, il est incomparable[1]. »

Une autre brigade d'élite intervient à Paris lorsqu'un danger apparaît : ce sont les étouffeurs qui veillent — entre autres tâches — à ce que ces dames ne soient pas importunées. Avocats et éditorialistes-vedettes se donnent la main pour éviter toute allusion fâcheuse à la vie de la Cour. En ignorant avec constance cette zone grise qui façonne la vie politique, les gardiens de la loi du silence sont à la hauteur de leurs honoraires ou de leur réputation.

Les initiés connaissent, eux, le fonctionnement du système et s'en amusent. Quant au bon peuple, il a droit à une langue de bois dont on ricane dans les couloirs des ministères et des partis.

La carrière d'Édith Cresson illustre jusqu'à la caricature les méfaits de cette autocensure. Ce sentiment d'impunité a poussé la volcanique Édith à la faute. Son imprudence a fini par bloquer le fonctionnement de l'État — à Matignon —, puis par provoquer l'explosion du système — à Bruxelles. Il y eut un incident — regrettable — dès sa nomination comme premier ministre en avril 1991. Faisant allusion à la favorite de Louis XV, le député François d'Aubert commit un crime de lèse-majesté en évoquant « Mme de Pompadour » à Matignon.

1. *Le Noir et le Rouge*, Grasset, 1984.

L'histoire de France était bien commode pour faire passer un message codé à l'opinion. Mais l'investigation sur les relations exactes entre François et Édith n'ira pas plus loin. Lorsqu'elle succède à Michel Rocard à Matignon, c'est la surprise totale. Les socialistes sont effondrés. Tous les barons du parti lui sont hostiles. Du côté des hauts fonctionnaires, pas plus d'enthousiasme. Et les médias ? « J'étais à *Libé,* raconte ce politique, le jour de sa première intervention télévisée au 13 heures. Elle n'était pas très bonne, ce qui peut arriver. Mais les journalistes qui connaissaient le contexte étaient pliés de rire. Cela ne s'est pas vraiment vu dans leurs papiers du lendemain. » Les défenseurs d'Édith insisteront, après sa chute, sur les résistances qu'elle a rencontrées au sein de l'État à se faire obéir. C'est parfaitement exact. Mais comment expliquer cette mauvaise volonté ? Les énarques ont beaucoup de défauts : sont-ils plus misogynes que la majorité des Français ?

Mitterrand, en imposant Édith Cresson au sommet du pouvoir, s'est, comme à son habitude, comporté en sultan indifférent aux réactions de sa cour. Cette fois-là, il a eu tort. Car son image de courtisane a été fatale à un premier ministre qui débordait pourtant de projets de réforme souvent iconoclastes et précurseurs. Cette femme courageuse a manqué de discernement. En reproduisant elle-même les pires aspects du système Mitterrand, elle s'est condamnée à échouer. Son principal conseiller, Abel Farnoux, présent à toute heure dans son bureau, lui a ainsi beaucoup nui. Le président lui-même l'avait incitée à s'en débarrasser. Mais Édith et Abel étaient inséparables. Or, celui-ci la traitait avec une incroyable désinvolture. « À Matignon, elle se laisse appeler "cocotte" par son conseiller principal sous les yeux d'un groupe d'agriculteurs médusés », rapportait récemment Françoise Giroud[1], que l'on sait pourtant attachée à un strict respect de la vie privée. « Un jour, je participais à une réunion en petit comité à Matignon, raconte ce haut fonctionnaire. Farnoux était là. Non seulement il ne connaissait rien aux dossiers, pas grand-chose aux mécanismes financiers et budgétaires, ce qui est tout de même ennuyeux à ce poste, mais en plus il était insupportable. Il coupait la parole à tout le monde. Mais le pire, c'est la façon dont il lui parlait. À un moment il lui a lancé : "Édith, tu veux bien fermer la fenêtre ?" Nous étions tous sidérés, y compris les membres de son cabinet ! » Lorsque la direction de l'État vacille, la presse a-t-elle le droit d'expliquer à ses lecteurs pourquoi ? Peut-elle légitimement ou non enquêter sur les causes de cette impotence ? L'autorise-t-on, comme dans tous les autres pays du monde, à décrire les relations qu'entretiennent ministres et conseillers ? Non.

1. *Le Nouvel Observateur*, 25-31 mars 1999.

Ces mésaventures ont-elles au moins instruit Édith Cresson des risques qu'on prend à mélanger les genres ? Non. Pour la consoler de ses malheurs à Matignon, François Mitterrand avait réussi à convaincre le gouvernement Balladur de l'expédier à Bruxelles en 1994. Son poste ? Commissaire chargée des questions d'industrie et de formation. Elle se retrouve au sommet de la hiérarchie qui dirige l'Europe. Là, elle va réussir un exploit : faire sauter la commission. Ses foucades font en effet scandale. Le détonateur, cette fois, est un dentiste. Il exerce à Châtellerault, ville dont elle a été maire de 1983 à 1997. Elle connaît depuis longtemps ce septuagénaire qu'elle apprécie. « Ce proche de l'ancien premier ministre socialiste habitait chez elle lorsqu'il se rendait à Bruxelles et avait libre accès à son bureau[1] », écrivait Jean Quatremer qui a sorti l'affaire dans *Libération,* provoquant des réactions de réprobation de la part de certains de ses confrères comme lui chargés de l'Europe. Pendant trois ans, l'ami dentiste va être payé d'abord par les services de la Direction générale XII (Science et recherche), placée directement sous l'autorité de sa protectrice, ensuite par une société privée de lobbying qui vit uniquement de ses contrats avec la bureaucratie européenne. À la DG XII, comme toute l'Europe le sait aujourd'hui, l'ami d'Édith avait le statut de « visiteur » et devait rédiger des rapports. Le

1. *Libération,* 28 septembre 1998.

problème ? « Les notes et les études que nous avons consultées, poursuit Jean Quatremer, sont d'une pauvreté effarante et [...] ne semblent pas justifier un salaire mensuel de 24 400 francs (à partir de mars 1996, René Berthelot a été augmenté). » Pour faire bonne mesure, Édith avait aussi fait embaucher le fils de René, « actuaire en assurances », par la même DG XII, décidément très conciliante.

Tout cela fait beaucoup. Dans certaines rédactions, des journalistes ont envie que l'on explique enfin au lecteur la vraie nature des relations entre Édith et son dentiste. Le débat est vite tranché. Au *Monde,* il dure un peu plus longtemps qu'ailleurs. « Nous étions quelques-uns à vouloir décrire leurs relations, raconte un journaliste. On nous répondait : "Mais ça ajouterait quoi ? Quelle est la différence avec du népotisme classique ?" Le silence l'a emporté... » Les cinq sages chargés d'évaluer l'action de la commission européenne feront, eux, de ce cas ubuesque le symbole des dérives de l'institution.

Mais ce genre d'affaires ne filtre qu'exceptionnellement dans les médias. La règle générale, c'est une exquise discrétion. Danielle Mitterrand en sait quelque chose. Comme Édith, elle mène depuis longtemps sa vie « en toutes libertés » (titre de l'un de ses ouvrages[1]). À la fondation France Libertés qu'elle a créée, elle avait elle aussi fait engager un proche. Cet

1. *En toutes libertés,* Ramsay, 1996.

homme, Raphaël Doueb, qui se révéla assez envahissant, donna du souci à son auguste époux. Le confident de Danielle avait dans sa jeunesse commis quelques imprudences heureusement oubliées. Les comptes de la fondation provoquèrent aussi des remous. À l'Élysée, on jugea injustifiées certaines dépenses de cette association qui a d'abord pour objet d'agir dans le tiers monde. Il fallut, délicate mission, y remettre de l'ordre pour éviter tout scandale. Un préfet ami, Georges Abadie, fut propulsé secrétaire général de la fondation, et apporta une aide décisive. François Mitterrand montra, une fois de plus, que l'ingratitude n'était pas dans son caractère. Le préfet zélé fut nommé au Conseil constitutionnel.

Deux personnes de qualité auront cependant contribué à dissiper l'opacité ambiante et à fissurer le consensus qui faisait jusque-là la force de l'omertà dominante. Il s'agit bien sûr de Christine et de Roland. Grâce à eux, plus personne ne peut désormais nier l'existence d'une zone grise où se mêlent coucheries d'État, népotisme et argent liquide à l'origine incertaine.

Au début de l'affaire, rien ne laisse cependant penser que les usages en vigueur vont exploser. La presse évoque d'abord avec tact « une amie proche » de l'ancien ministre à l'occasion de l'enquête de Mmes Joly et Vichnievsky. À un journaliste du *Parisien*, Laurent Valdiguié, qui rédige, fin 1997, l'un des premiers articles, Dumas commence par mentir avec un culot qui force l'admiration. À son interlocuteur qui, au téléphone, lui cite le nom de sa maîtresse, il répond :

— Ce nom me dit vaguement quelque chose.

— Vous la connaissez ?

L'ancien avocat est tout à coup frappé d'une semi-amnésie :

— Je crois qu'elle a travaillé pour moi pendant quelque temps à mon cabinet (il s'agit de son cabinet d'avocat).

— Mais quelles ont été vos relations ?

— C'était une collaboratrice, ni plus ni moins.

Quel sens de l'euphémisme pour décrire une liaison dont on sait aujourd'hui qu'elle a coûté, via Elf, au moins 45 millions de francs au contribuable ! Pendant près d'un an, Christine resta dans les colonnes des journaux une « amie proche » de Roland. Pourtant, comme le dit Hervé Gattégno, journaliste au *Monde,* qui a largement contribué au dévoilement du scandale, « si on ne dit pas ça, on renonce à expliquer l'affaire ». Il y eut d'ailleurs débat, sur ce point, au sein du quotidien, la hiérarchie laissant au journaliste la responsabilité de le trancher. Il ne fut finalement pas question de cette romance dans *Le Monde,* mais Hervé Gattégno a transgressé le tabou dans son livre sur Dumas[1] avec l'accord de son éditeur, Claude Durand, saisi de cette délicate question dès la signature du contrat.

Rien de tout cela n'a sorti en revanche la classe politique de sa léthargie. Au contraire, elle a fait bloc autour de Roland au-delà du raisonnable.

Philippe Séguin avait déjà expliqué au nom du RPR sur France 2 que cette affaire ne regardait que « M. Dumas » et sa conscience. Silence radio à droite — Madelin, Bayrou, Pasqua, Sarkozy, Debré et consorts —, mais également au PS et au sein du gouvernement Jospin.

Le scandale tourne à la farce. C'est Guignol au Conseil constitutionnel. La France se ridiculise. Seul Alain Peyrefitte, ancien ministre du Général et académicien, ose poser dans *Le Monde*[2] la question du maintien de Roland Dumas à ses fonctions à l'occasion de la parution du témoignage de Christine. Car c'est son livre qui oblige les commentateurs à mettre un pied dans la zone grise. Alain Peyrefitte constate que le livre révèle « entre elle et lui un type de relation cynique qui est incompatible avec l'idée que les Français se font de la morale publique ». Après tout, résume-t-il, « la "putain de la République", comme elle se

1. *L'Affaire Dumas,* Stock, 1998.
2. *Le Monde,* 8-9 novembre 1998.

nomme elle-même[1], affirme qu'elle a été "entretenue" par une entreprise publique pour influencer, manipuler et contrôler le ministre des Affaires étrangères ».

Quelques jours auparavant, le ministre de l'Intérieur par intérim Jean-Jack Queyranne avait expliqué dans une tentative désespérée de sauver les apparences : « Les Français font bien la différence entre la vie privée et les responsabilités publiques. » À cet argument, rituel, l'ancien ministre du Général répond : « Le problème c'est que cette distinction n'apparaît pas, en l'occurrence, comme ayant été faite aussi rigoureusement par M. Dumas. » Il ajoute cette flèche empoisonnée : « La conscience du président du Conseil constitutionnel sera-t-elle plus scrupuleuse que la conscience du ministre [...] ? » Cet article a son histoire. Il n'est pas anodin. Car c'est l'occasion pour Alain Peyrefitte de régler quelques comptes. N'a-t-il pas été l'une des cibles de choix, lorsqu'il était garde des Sceaux, du *Canard enchaîné,* l'hebdomadaire dont Roland Dumas était à la fois l'avocat et l'un des meilleurs informateurs ? La vengeance est un plat qui se mange froid.

Ce choix d'Alain Peyrefitte de publier sa diatribe dans *Le Monde* est instructif. Il n'aime pas *Le Monde,* qu'il a d'ailleurs attaqué en justice pour diffamation, en qualité de garde des Sceaux, lors de l'affaire des diamants. Il préside le comité éditorial du *Figaro*. Pourquoi,

1. *La Putain de la République,* Calmann-Lévy, 1998.

alors, publier dans les colonnes de la concurrence ?

Depuis plusieurs mois, Alain Peyrefitte trouve que son journal, sous l'impulsion de Franz-Olivier Giesbert, alors directeur de la rédaction, épouse de trop près la ligne de défense de Dumas. C'est d'ailleurs au *Figaro,* où il compte un ami en la personne dYves de Chaisemartin, le patron du titre, que Dumas a donné[1] sa première interview pour essayer de se justifier. Il est vrai que Dumas et Giesbert ont beaucoup de centres d'intérêt communs. Le plus affriolant s'appelle Nahed Ojjeh. Elle est la veuve d'Akhram Ojjeh, richissime marchand d'armes bien connu des exportateurs français d'armes au Moyen-Orient. Son père est le général Mustapha Tlass, qui fut ministre de la Défense et patron des services de renseignement du dictateur syrien Hafez el-Assad. Nahed, plus compromettante encore que Christine ? Il est vrai qu'un ministre de la Défense a dû démissionner pour avoir eu la même maîtresse qu'un agent du KGB. Il s'appelait John Profumo. Mais cela se passait en Angleterre. En 1963.

Nahed Ojjeh s'est finalement éloignée de Roland Dumas pour se rapprocher de Franz-Olivier Giesbert. Le directeur du *Figaro* recevait en sa compagnie le Tout-Paris des affaires et des médias dans l'hôtel particulier de la jeune femme, place des États-Unis. On y par-

1. *Le Figaro,* 9 mars 1998.

lait librement des affaires du moment. Mais « Franz » est un garçon discret : il ne publie pas ce qui pourrait gêner les amis. Quelques jours après le début de la polémique, en ce mois de novembre 1998, l'*International Herald Tribune*[1] titre « à la une » : « Malgré les pressions, Roland Dumas refuse de démissionner. » Dans n'importe quel autre pays démocratique, la question aurait déjà été réglée. Pas chez nous, malgré la pression inhabituelle de la presse et particulièrement du *Monde*.

Ce scandale du maintien de Roland Dumas à ses fonctions — puisqu'il s'est contenté de se « mettre en congé » de la présidence — doit en vérité beaucoup à ses collègues du Conseil constitutionnel. Leur incroyable mutisme s'explique par la situation explosive qu'ils ont à gérer. Qu'y a-t-il en effet derrière l'actualité heureuse ? Des renvois d'ascenseur bien souvent. L'impunité accordée dans des conditions effarantes à Chirac par le Conseil constitutionnel illustre à merveille le fonctionnement du système. À ce titre, le 22 janvier 1999 devrait figurer parmi les dates à retenir de l'histoire de France. Ce jour-là, la haute juridiction délivre au président de la République un « permis de délinquant », puisque celui-ci ne peut être inquiété par la justice durant tout son mandat. « C'est un scandale. Ça ressemble à un accord dans une arrière-salle entre malfrats. » Qui parle aussi sévèrement ? Un dénonciateur

1. *International Herald Tribune*, 11 novembre 1998.

obsessionnel des mœurs politiques françaises ? Un agent de l'étranger ? Un extrémiste ? De droite ? De gauche ? Non. Un cacique socialiste, député-maire de Montpellier depuis 1977, dont les propos sont — curieusement ? — passés inaperçus[1] : Georges Frêche. Le 23 mars 1999, soit deux mois après l'arrêt protecteur du Conseil, Roland Dumas se « met en congé » de la présidence de l'institution, dont il ne démissionne donc toujours pas. Il est contraint à cette fausse sortie par les attaques soudaines de la classe politique, et plus spécialement des chiraquiens. Ceux-ci ne voient plus l'intérêt de soutenir avec ferveur l'encombrant Roland, qui a déjà servi. Les accords d'arrière-salle n'engagent que ceux qui y croient.

Une rapide chronologie des événements éclaire bien les mécanismes politiques à l'œuvre. 1) L'affaire Dumas éclate. 2) Le Conseil constitutionnel, tout en reconnaissant l'existence d'une fraude électorale lors des législatives de 1997, confirme en février 1998 l'élection de Tiberi, successeur de Chirac à la Mairie de Paris, au lieu de l'invalider. 3) Jacques reçoit Roland à l'Élysée en mars 1998. Roland, en sortant, fait comprendre que Chirac le soutient. 4) Le 14 juillet, Chirac, à la télévision, se montre satisfait du fonctionnement de la « haute autorité morale » présidée par Dumas. 5) Le Conseil constitutionnel refuse de communiquer l'ensemble des documents qui

1. *France-Soir*, interview du 26 janvier 1999.

lui ont permis de statuer sur l'élection de Tiberi au juge Stéphan chargé de l'instruction judiciaire portant sur les fraudes constatées dans la circonscription du maire de Paris. 6) Roland est toujours président du Conseil constitutionnel. 7) Jacques est toujours content. 8) Il a raison : en janvier 1999, Roland et ses amis, à l'occasion d'une bataille d'experts[1], décident que Jacques, pendant toute la durée de son mandat, ne peut être inquiété par un juge. 9) Jacques explique dans le parc de l'Élysée à Martin que tout va bien pour grand-père[2].

Mais, comme l'écrivait excellemment Christine à propos de ses relations avec son illustre amant : « L'amour est-il toujours gratuit ? »

« Le devoir de savoir s'impose partout, saccage les vies privées, remplace les œuvres des écrivains par le scandale de leur biographie, détruit le secret de l'instruction. » L'émotion d'Alain Finkielkraut était à son comble lorsqu'il écrivait dans *Le Monde*[3], à l'automne 1998, un article intitulé : « Sauver l'innocence et le secret ». À le lire, on peut penser que le

1. Il s'agissait de savoir si le traité de Rome sur l'instauration d'une cour pénale internationale qui permet de traduire en justice un chef d'État pour crimes contre l'humanité et crimes de guerre était compatible avec la Constitution française.

2. Seul le neuvième point est une extrapolation des auteurs, plausible dans la situation actuelle.

3. *Le Monde*, 18 septembre 1998.

philosophe s'est ému de voir « saccagée » l'existence jusque-là paisible de Christine et Roland qui, à part quelques apparitions publiques — à Roland-Garros par exemple ou lors de « premières » à l'Opéra — et certains voyages officiels — notamment en Chine —, distinguaient scrupuleusement amour, argent et travail. « Le rêve d'un nouveau Watergate hante toutes les salles de rédaction, poursuivait, fiévreux, le philosophe. Les hommes publics sont jetés en pâture au citoyen. » Les auteurs de ce livre, malgré des recherches acharnées, n'ont pas trouvé trace des spectaculaires procès intentés par des personnalités persécutées par les hyènes avides de sensationnel qui selon lui peuplent les services politiques des journaux parisiens. Mais Alain Finkielkraut soulève aussi un débat trop longtemps occulté : « Les gens célèbres payent leur notoriété par une exposition permanente à tous les regards. Et s'ils veulent fuir les paparazzi, ces voleurs d'intimité, c'est au péril de leur vie. »

Le système, unique au monde, de protection des élites françaises ne suffit donc pas au philosophe. Il n'est pas le seul.

« Ce métier file un mauvais coton. Le journalisme d'aujourd'hui a tort de se prendre pour la police, pour la justice [...] », expliquait Jean Lacouture à *Télérama*[1] à l'occasion de la parution de sa biographie de Mitterrand. Longtemps journaliste de renom, historien traité avec défé-

1. *Télérama*, 9 novembre 1998.

rence, l'homme qui a nié l'existence du génocide cambodgien — ce qu'il appelle une « erreur » de sa part — a une position tranchée qui doit réjouir Roland, Jacques et leurs amis. « La transparence, c'est la barbarie », assène le grand biographe. Une opinion qui a le mérite de la franchise. Sa conséquence logique serait d'éradiquer définitivement tout ce qui ressemble à du journalisme d'investigation.

Ce serait d'autant plus désolant que la zone grise entre la vie privée et la marche de l'État explique en réalité presque toutes les affaires. Combien de chantages, de menaces adressées à des personnalités mêlées à un scandale dont on n'entend jamais parler ? Quand une affaire surgit, la violence en effet n'est jamais très loin. Le coup de sang qui saisit un jour le futur président, alors jeune secrétaire d'État du gouvernement Couve de Murville, en est un exemple éclairant. Une radio qu'il écoute dans sa voiture officielle annonce que le juge en charge du dossier Markovic va entendre comme témoins « M. et Mme Pompidou ». Chirac voit dans cette annonce un nouvel épisode du complot qui s'amplifie contre son mentor. Il fait arrêter sa voiture, raconte dans sa biographie Thierry Desjardins[1], « se précipite dans un bistro » et appelle le secrétaire d'État auprès du premier ministre chargé de l'information : « fou de rage [...] », il « exige que cette campagne orchestrée cesse sur les ondes nationales et il

1. *Un inconnu nommé Chirac,* La Table ronde, 1983.

va jusqu'à déclarer à son collègue, célèbre jeune célibataire, [...] que si ça ne s'arrête pas tout de suite, il va y avoir des pédés qui vont le regretter ». Chirac a toujours été très bien renseigné sur la vie de ses adversaires comme de ses partisans. Rien ne le choque. Libéralisme ? On aimerait le penser. La réalité, c'est que, comme Mitterrand, il laisse faire jusqu'au moment où une affaire lui explose en pleine figure. La seule consolation, c'est lorsque ces malheurs arrivent à un notable qui s'est éloigné de lui.

L'affaire Carignon est, de ce point de vue, exemplaire de ce que la vie politique a de plus opaque. Alors que l'ancien maire de Grenoble avait été condamné pour corruption à quatre ans de prison, aucun journal, aucune chaîne de télévision n'a pris le risque d'évoquer les liens qui unissaient cet ancien espoir du RPR à Me Dutaret, un avocat d'affaires. Ce dernier était le créateur et l'animateur de la société Whip (fouet en anglais) qui a bénéficié des largesses d'une filiale de la Lyonnaise des Eaux, laquelle avait obtenu la concession de la distribution d'eau dans la ville de Grenoble. Parmi les cadeaux, un grand appartement de 170 $m^2$ boulevard Saint-Germain à Paris, qui servait d'antenne politique, mais aussi de pied-à-terre parisien.

La vie privée, c'est sacré ! Sauf quand Alain Carignon décide de raconter ses tragédies intimes dans un livre intitulé *Une saison dans la nuit*[1]. L'ancien ministre de la Communication d'Édouard Balladur y raconte sa plongée désespérée dans l'univers carcéral. Après tout, pourquoi pas ? Passer du ministère à la cellule est encore une expérience rare en France. Donc instructive, et qui peut attirer la compassion de ceux qui ont autrefois voté pour vous. Mais était-il nécessaire, pour donner toute sa dimension à ce « vécu » quotidien, de narrer méthodiquement, sans omettre le moindre détail sordide, la manière dont le coiffeur de la prison, un jeune détenu arabe, exécute sa tâche tout en se masturbant contre l'épaule d'Alain Carignon ? Ce passage — ahurissant — a été vendu par Mme Carignon elle-même à *Paris-Match* qui l'a publié en exclusivité. Il est vrai que le produit de la vente devait servir à régler la caution de son époux, alors en détention préventive.

Les « chaînons manquants », ces facteurs intimes explicatifs de certaines affaires politico-financières, ne sont donc jamais exposés. Seuls, jusqu'à présent, Roland et Christine ont eu droit à ce traitement de choc. Lorsqu'on songe à ce qu'ils savent des coulisses, on peut comprendre leur amertume !

La langue de bois n'est pourtant plus ce qu'elle était. Un honnête homme comme François Bayrou reconnaît que ses pairs ont franchi la ligne jaune. L'heure est à une autocritique certes encore timide mais bien

1. *Une saison dans la nuit*, Alain Carignon, Grasset, 1995.

réelle. « Il faut que les hommes politiques s'interrogent, déclarait-il au moment de l'affaire Lewinsky[1]. Ils ont tant mis en scène leur famille, leurs enfants qu'ils ont presque invité, justifié cette mise en cause. Personnellement je plaide pour la réserve. »

Le député UDF Charles de Courson a résumé[2] en peu de mots la nature de la « zone grise » : « La vie privée du président, c'est son problème, à moins qu'elle n'ait eu une incidence sur le fonctionnement de la vie politique. » En cela, cet élu va beaucoup plus loin que la quasi-totalité des journalistes politiques. Ceux-ci ne brisent la loi du silence que lorsqu'ils ont envie de s'en prendre à une personnalité qu'ils n'aiment guère. C'est ce qui est arrivé récemment à Nicolas Domenach, commentateur habituellement muet sur le sujet, qui a fait allusion à Philippe de Villiers — dont le nom est cité — au détour d'un article intitulé « Vies privées, vertus publiques[3] ». Le journaliste décrivait un type d'homme politique frappé du syndrome de Don Juan qui le condamne à « d'incessantes conquêtes pour ne pas perdre confiance en son pouvoir d'être aimé ». Il précisait pour ceux qui n'auraient pas bien compris : « Qui lui jetterait la pierre ? Personne. Du moins tant que ce volage ne fait pas commerce de sa prétendue exemplarité fami-

1. *Le Monde*, 17 septembre 1998.
2. *Ibid.*
3. *Marianne*, 2 février 1998.

liale pour les besoins de sa campagne électorale. »

La même indignation n'a pas saisi Domenach et ses confrères lorsque Alain Juppé exhibait femme et enfant pour sauver sa popularité de premier ministre. Deux mois après sa nomination, le voilà dans *Gala* enlaçant sa deuxième femme, Isabelle, sur la plage, en maillot de bain. En septembre, *Elle*[1] présente « les amoureux de Matignon » : « On prêtait au premier ministre la froideur d'un ordinateur... Mais non, c'est un sentimental. » Un sentimental qui préférerait toutefois n'être pas empêtré dans cette navrante histoire d'appartements de la Ville de Paris qu'il occupe ainsi qu'un de ses fils et que vient de révéler *Le Canard enchaîné.* Ce petit arrangement pourrait se solder par une mise en examen pour « prise illégale d'intérêt ». Attendant la décision du procureur, Alain Juppé reprend l'initiative sur le terrain médiatique. *L'Événement*[2] publie son album intime : Juppé à cinq mois en barboteuse. Juppé enfant sage dans les bras de son père. Juppé, enfant toujours, à une fête foraine avec sa sœur. Juppé grand garçon avec son neveu sur la plage. Juppé jeune papa moderne, son bébé dans les bras.

Quelques jours plus tard, le 11 octobre 1995, le procureur de la République de Paris, Bruno

1. *Elle,* 18 septembre 1995.
2. *L'Événement,* 5 octobre 1995.

Cotte, reconnaît le délit mais classe le dossier sans suite.

Soulagement. D'autant qu'un mois plus tard paraît l'enfant, Clara, fille d'Alain et d'Isabelle. On n'aurait su rêver plus belle diversion. Premières photos. Puis, à Pâques 1996, le baptême est l'occasion de six pages de photos de famille dans *Match.*

Plus la popularité baisse, plus on enchaîne. Il faut à la fois vendre et cacher. Vendre son image intime pour mieux faire oublier les courbes des sondages. Isabelle et Alain flânent maintenant main dans la main au Québec (*Match*, juin 1996), puis s'encanaillent sur une plage surpeuplée d'Hossegor (*VSD*, un mois plus tard).

Les courbes ne remontent toujours pas ? En décembre 1996, Alain Juppé publie *Entre nous*[1], un livre que la romancière Annie Ernaux compare à un roman rose. Résultat : dix pages dans *Match*[2] où l'on voit Clara dans le bureau de papa, Clara, papa et maman dans la chambre d'enfant, papa et maman au restaurant, et la petite famille qui prépare le sapin de Noël dans le bureau de maman, à Matignon.

Catherine Nay a sûrement jugé très touchant ce tableau familial idyllique. Elle connaît les talents de séducteur de Juppé même si elle n'en fait guère état dans ses articles.

1. Alain Juppé, *Entre nous*, NiL, 1996.
2. *Paris-Match,* 26 décembre 1996.

La célèbre journaliste a pourtant un jour abordé ce tabou en des termes sans ambiguïté. Réagissant au scandale des écoutes téléphoniques posées à l'Élysée par les gendarmes du président et à leur rôle dans la protection de celle qui était alors la fille cachée du président, Catherine Nay écrivait dans *Le Figaro Magazine*[1] : « Cette révélation pose aussi à la presse un problème déontologique : a-t-elle eu raison de faire le silence sur une vie privée dont elle n'ignorait rien ? » Elle continuait, avec des relents d'autocritique : « Longtemps j'ai pensé que notre honneur était de ne rien dire parce que la vie privée c'est sacré [...]. Seulement, quand cette vie privée a des incidences fâcheuses sur la vie publique, le secret doit-il être maintenu ? La réponse est non quand on sait ce que l'on sait aujourd'hui. » Catherine Nay est une femme pleine de bon sens.

On entre ici dans une autre dimension de l'omertà française. Tout a commencé à la fin des années 60. Jean-Jacques Servan-Schreiber a installé à la tête de son journal, *L'Express*, Françoise Giroud, dont il est très proche. Celle qui entrera dans la légende dorée de la presse française recrute alors une jeune génération de journalistes, parmi lesquelles Catherine Nay et Michèle Cotta. Leur mission ? Monter à

1. *Le Figaro Magazine*, 12 avril 1997.

l'assaut des hommes politiques. Comme l'a écrit un jour avec délicatesse Alain Duhamel — jaloux ? — à propos de certaines de ses consœurs : « Je ne sais pas si ça aide ou non mais je constate qu'elles sont toutes jolies. » Le service politique de l'hebdomadaire devient vite en tout cas très recherché par le Tout-Paris politique. Catherine Nay raconte cette glorieuse tranche de vie dans *Match*[1] : « C'était l'époque où j'osais débarquer en minijupe au Palais-Bourbon. On m'avait affectée à la surveillance du cheptel gaulliste. Je me suis rapidement avisée des dangers d'être accréditée trop longtemps auprès d'un seul parti. » Dans la même interview, elle admet d'ailleurs ne restituer au lecteur qu'une partie de ce qu'elle apprend : « Si l'on continue de me parler après vingt ans de ce petit jeu, c'est parce que je ne rends public qu'un tiers de ce que je sais en mettant un mouchoir par-dessus tout ce qui est personnel, calomnieux ou qui ferait battre des montagnes. » Pour ne pas tarir ses sources aussi. Encore Catherine Nay joue-t-elle la carte d'une certaine transparence, puisqu'elle ne fait pas mystère d'avoir longtemps partagé la vie d'Albin Chalandon, baron éminent du gaullisme et ancien garde des Sceaux. Cette familiarité entre le milieu politique et certaines journalistes laisse cependant songeur. Comment informer le public sur les agissements d'hommes pour lesquels on a forcément de

1. *Paris-Match*, 28 décembre 1984.

l'indulgence ? Comment évoquer le financement de la vie politique et le rôle des patrons lorsqu'on les fréquente aussi assidûment ? Catherine Nay peut-elle écrire librement un papier sur Jean-Claude Decaux, P-DG d'une prospère société d'affichage en excellents termes avec beaucoup d'hommes politiques — Chirac et Tiberi en tête —, alors qu'elle le voit souvent en dehors de sa profession de journaliste ? Comment raconter aussi objectivement que possible la vie politique si on est à la fois juge et partie ? À l'évidence, le mieux est de s'abstenir. C'est d'ailleurs, sur ce sujet, ce que fait Catherine Nay.

Certes, ces relations peuvent aussi se révéler utiles. Le 9 septembre 1965, François Mitterrand donne rendez-vous à midi sur le pont des Arts à sa copine, Michèle Cotta, qui vient d'entrer elle aussi à *L'Express.* Ce jour-là, il lui annonce sa candidature à l'élection présidentielle qui va bientôt avoir lieu. Pourquoi une telle confiance ? Michèle Cotta elle-même l'a raconté à deux de ses confrères, Patrick et Édouard Chatenay[1] : « Je l'ai connu avant même de faire du journalisme politique en 1960. J'étais à *L'Observateur* à l'époque de l'affaire de l'Observatoire. Disons que nous vivions dans le même monde et que j'étais très proche de lui de 1961 à 1967. » Cette proximité ne l'a-t-elle pas contrainte à pratiquer une certaine autocensure ? « C'est quelqu'un que

1. *Les Divas de l'information,* Le Pré-aux-Clercs, 1987.

j'aime beaucoup, répondait-elle, mais cela ne m'a jamais empêchée d'écrire ce que je devais écrire sur lui. » Peut-être.

Mais que penser de cette journaliste qui s'est retrouvée dans de curieuses conditions au cœur des tractations sur l'actualisation, en 1977, du Programme commun de la gauche ? Les discussions sont menées par Roland Leroy du côté communiste et par Pierre Mauroy pour les socialistes. Un soir, Leroy l'appelle chez elle pour lui raconter la dernière séance de négociations. La jolie journaliste est bien informée. Elle tend l'écouteur à Pierre Mauroy qui passait par là et se trouvait à ses côtés. Si le camarade Leroy avait su ça !

« Si les journalistes transgressaient le tabou de la vie privée, beaucoup devraient commencer par se dénoncer », s'amuse un observateur iconoclaste du microcosme : « Il y avait ce couple de journalistes de l'audiovisuel qui accompagnaient Jacques Chirac, premier ministre de 1974 à 1976, dans d'étranges conditions. Alors qu'ils étaient à l'arrière de l'avion, avec leurs confrères, Madame était appelée à rejoindre le premier ministre pour de longs entretiens dans le nez de l'appareil. Tout le monde regardait son mari, cloué sur son siège, et à qui on infligeait cette incroyable humiliation... »

François Mitterrand, lui, a congédié sentimentalement une jeune journaliste politique d'une drôle de façon. Alors qu'elle assiste, privilège que ne partage aucun de ses confrères, aux réunions du secrétariat national du PS, le premier secrétaire arrive un jour en retard, comme d'habitude, et lance sèchement à la jeune femme : « Madame, cette réunion n'est pas ouverte à la presse. »

Lorsque ses confrères de *L'Express* lisaient, notamment lors du premier septennat, les articles de Sylvie Pierre-Brossolette, ils regardaient toujours avec attention en quels termes elle parlait du président. Entre indulgence et admiration, cette journaliste fascinée par le pouvoir relayait en général fidèlement les arguments de l'Élysée. Parfois, il faut bien le dire, jusqu'à la caricature. Bien sûr, la connivence n'est pas l'exclusivité du microcosme. Mais la vie politique, avec ses palais, son cirque médiatique, ses petits ou grands privilèges, excite forcément plus l'intérêt de la presse que l'agroalimentaire ou la machine-outil.

Faute de pouvoir décrire franchement le paysage politique dans leurs médias respectifs, certains s'essaient au roman à clés. Un genre bien français qui démontre, s'il en était besoin, que même ceux, ou celles, qui la pratiquent éprouvent parfois le besoin de secouer la loi du silence. Du *Bon plaisir* de Françoise Giroud — qui révélait dès 1983 à qui savait lire entre les lignes la double vie de Mitterrand et celle d'un de ses anciens premiers ministres — à l'*Histoire de France*[1] de Stéphane Denis, sans

1. *Histoire de France*, Fayard, 1995.

compter les nombreux ouvrages sous pseudonymes, le lecteur peut alors pénétrer dans les alcôves de la République. Mais seul l'initié mettra des noms réels sur les personnages fictifs, des références sur les situations décrites.

À qui la faute ? Question impossible. Le poids de l'histoire et des traditions n'explique pas tout. Pendant longtemps, les élites parisiennes ont cru sincèrement à la légitimité du combat pour le respect de la vie privée. À juste titre : seuls les voyeurs et les magnats de la presse « people », qui exploitent ce penchant de leurs contemporains, pensent le contraire. Mais les temps ont changé. Certains personnages publics diffusent sans réserve des clichés de leur intimité pour nourrir l'image qu'ils veulent donner d'eux-mêmes. En faisant de leur jardin secret un élément de communication, n'autorisent-ils pas l'investigation ?

L'histoire récente, surtout, a montré la porosité de la frontière entre vie publique et vie privée. Mazarine Pingeot a révélé la dimension de cette zone grise où se mêlent intimité et argent public. Roland et Christine en ont consciencieusement élargi le périmètre, entre *love story* et valises de billets.

## CHAPITRE 2

# CET ARGENT QUI N'EXISTE PAS

Donc, ils ne savaient pas. Pelat, son ami intime depuis quarante ans, se faisait un petit pactole à chacun de ses boursicotages ? Mitterrand tombait des nues. Urba collectait de l'argent noir en pratiquant des chantages à peine voilés sur les entreprises ? Incroyable ! L'un des trésoriers du PS, André Laignel, faisait, après 1981, des voyages d'affaires à Genève ? Et alors ?

Chirac n'était pas plus malin. La Direction de l'architecture de la Ville de Paris incitait — de manière musclée — artisans, PME et autres fournisseurs à participer aux bonnes œuvres du RPR ? « Ça m'en touche une sans faire bouger l'autre », dirait sans doute dans son langage imagé l'actuel président de la République. Le directeur de ce service, aujourd'hui inquiété par la justice, était un préfet pour lequel il avait une réelle estime ? Ça prouve quoi ? Rien, rien, naturellement. Jean-Claude Méry, faux-facturier — encore un innocent mis en examen —, a été impliqué dans l'affaire des HLM de la capitale. Il se trouve que ce brave homme avait été nommé membre du comité central du RPR avec l'accord de Chirac. Conclusions ? Aucune. Une simple bavure sans doute. Jean-Eudes Rabut, son chef de cabinet lorsqu'il était maire de Paris, a mené plusieurs négociations délicates avec des entreprises avant d'être recasé, non sans amertume, après la victoire de 1995, chez Air Charter, une filiale d'Air France, puis de s'exiler à la MEA (Middle East Airlines), la compagnie aérienne du Liban. Le pays dont l'ancien premier ministre, Rafic Hariri, est un ami personnel de Chirac. Où est le crime ? Après tout, un chef de cabinet voit qui il veut, non ? Quant à Michel Roussin, son directeur de cabinet à la mairie, il a toujours nié catégoriquement avoir eu le moindre rendez-vous avec Jean-Claude Méry[1] ? Les vrais chefs comme Chirac ne s'occupent pas de l'agenda des collaborateurs. D'ailleurs, Michel Roussin a obtenu un non-lieu dans cette affaire. Quant à Jean-Pierre Quéré, secrétaire général adjoint de la ville, il entretenait d'étroites relations avec des sociétés candidates à des marchés publics ? Ce genre de contact fait partie de la fonction, figurez-vous ! Pourtant, Chirac en voyait passer, de l'argent liquide, il en avait

1. Décédé en juin 1999.

même souvent sur lui. Mais il ne se posait guère de questions.

Et Roland Dumas ! Voilà un homme qui n'est pas réputé être d'un tempérament endormi. Eh bien, il avait certes remarqué que sa maîtresse, Christine Deviers-Joncour, habitait « un bel appartement », rue de Lille. Mais de là à imaginer qu'elle avait gagné 45 millions de francs — il lui en resterait 22 d'après elle[1] — rien que pour le rencontrer de temps en temps de cinq à sept, il y a un monde. D'ailleurs, le président du Conseil constitutionnel mis en examen est forcément un homme intègre. Il sort peu et ne va à Genève que pour rencontrer l'ambassadeur de France, connaît à peine « M. Le Floch-Prigent », le patron d'Elf, qui a embauché — à « son insu », paraît-il — la précieuse Christine. Il n'a, bien sûr, jamais entendu parler de tous les gens cités dans cette lamentable affaire à laquelle il n'est en rien mêlé. S'il s'entend bien avec Pasqua, l'homme de l'argent africain du RPR, c'est que Paris est tout petit. D'ailleurs, si Dumas était reçu régulièrement par Chirac, ce n'était pas pour évoquer des bakchichs partagés entre le PS et le RPR : les deux hommes ne s'intéressent qu'au droit constitutionnel.

Pierre Joxe ? C'est tout pareil. Comme trésorier du PS avant 1981, il faisait rentrer de l'argent dans les caisses. Des commissions ? Un pourcentage prélevé sur les budgets des

1. Déposition du 17 mars 1999 devant les juges Joly et Vichnievsky.

villes et des départements au profit de son parti ? Oh, certes, il lui est arrivé de concéder qu'il fallait s'arranger puisqu'il n'y avait pas de législation, n'est-ce pas ? Mais de là à parler de corruption endémique, non ! D'ailleurs, l'extrême droite dit la même chose, alors attention...

En France, ce qui compte, ce qui est noble, c'est le débat d'idées. Il est vulgaire et inintéressant de parler de l'intendance. L'explosion des affaires a cependant obligé le Tout-médias à aborder cette délicate question du financement de la vie politique française. Comment concilier cette contrainte nouvelle avec les règles de l'omertà ?

Le principe est simple : on pare au plus pressé en suivant les dossiers brûlants. Car au-delà des circuits de corruption sur lesquels la justice commence à faire la lumière, un système bien français permet la distribution d'enveloppes au sommet de l'État. Avec la complicité active de l'ensemble de la classe politique. Cela s'appelle les fonds spéciaux. L'expression semble mystérieuse. Mais, ce qui l'est vraiment, c'est l'usage que font certains de nos ministres des sommes considérables mises à leur disposition par Matignon.

La scène se déroule une fois par mois. Rue de Varenne, les voitures officielles se succèdent. Réunions de travail ? Pas tout à fait. Ce jour-là, les chefs de cabinet des différents ministres viennent prendre le magot. Après une attente brève en général, ils pénètrent dans le bureau du chef de cabinet du premier ministre. Celui-ci leur tend leur part. En liquide, bien sûr, puisque les hommes politiques français ont inventé ce système unique au monde. À l'étranger, les fonds secrets sont en effet réservés aux services d'espionnage et ils font de surcroît l'objet d'un contrôle exercé par une commission spéciale où siègent quelques élus dignes de confiance. En Allemagne, le président de la République et le chancelier — aujourd'hui Schröder — disposent en tout et pour tout de 5 et de 3 millions de francs dont ils peuvent disposer de façon discrétionnaire. Chez nous, on est beaucoup plus généreux. Matignon distribue chaque année à sa guise environ 200 millions de francs. Cet argent noir de l'État, légalisé lors des sessions budgétaires par le Parlement, est un scandale. Parce qu'il profite à l'ensemble de la classe politique, c'est le dernier tabou sur lequel les Français n'ont pas le droit d'être informés.

Dans un pays où chacun doit pouvoir justifier précisément l'origine de ses ressources en cas de contrôle fiscal, où tout versement en liquide est jugé suspect au point que les banquiers sont désormais invités à signaler à une cellule du ministère des Finances tous les mouvements d'argent présumés douteux, hauts fonctionnaires et ministres se sont accordé le droit de déroger à toutes ces règles. Que devient en effet cet argent liquide ?

Une « dotation fixe » est tout d'abord affectée à l'Élysée : un peu plus de 2 millions de francs par mois qui servent essentiellement à payer les primes, en liquide, des conseillers à la présidence. Elle permet aussi de subvenir à quelques menus besoins. Car voilà une autre hypocrisie française : l'Élysée dispose officiellement d'un budget très modeste. Résultat : le président vit aux crochets de tout le monde. Les voyages officiels sont financés par le Quai d'Orsay, les avions sont fournis par le ministère de la Défense tandis que les travaux électriques et l'entretien courant sont assurés par la Culture.

Vient ensuite un second financement, la « dotation supplémentaire » : environ 6 millions de francs par mois. L'usage veut qu'elle se répartisse en trois tiers : un pour l'Élysée, un pour Matignon, un autre cogéré par les deux têtes de l'exécutif. En période de cohabitation, ces petits arrangements sont évidemment un peu bouleversés.

Le reste ? Une grande partie est versée aux chefs de cabinet des ministres. Les poids lourds se voient octroyer, chaque mois, plus de 100 000 francs, les autres doivent se contenter d'enveloppes moins épaisses. Mais certains ministres bénéficient d'autres cagnottes. Le ministère de l'Intérieur dispose de substantiels « frais de police », les Douanes, sous la houlette de Bercy, gèrent leurs propres liasses de billets et la Défense dispose de fonds secrets attribués aux opérations spéciales de la DGSE. Au total, le liquide coule donc à flots aux sommets de l'État.

Il paraît que ce système est nécessaire pour échapper aux principes un peu trop draconiens de la comptabilité publique qui distingue ordonnateurs (ceux qui décident) et comptables (ceux qui payent). Concrètement, la mise en application de ce principe — décrit dans tous les manuels comme un des symboles de l'excellence de l'administration française — se traduit par une série de procédures assez lourdes. Dans n'importe quel autre pays, on aurait adapté le système aux nécessités de l'époque. Pas en France. Chez nous, les gouvernants sont plus intelligents que ça. Il leur suffit de mettre sur pied une organisation qui leur évite de supporter les inconvénients qu'ils infligent aux autres. Et le tour est joué.

Ce sympathique trésor d'État existe depuis une loi peu connue du 27 avril 1946. Première destination des fonds secrets ? Les conseillers, chefs et directeurs de cabinet — sans oublier le personnel moins gradé — qui entourent le ministre. Il s'agit, plaident les intéressés, de compenser le rythme terriblement éprouvant de la vie à ces hauteurs. Mais ouvrier en usine, c'est aussi éprouvant. Peut-être même plus. Pourtant, ceux-ci n'ont pas droit, jusqu'à preuve du contraire, à des primes en liquide.

Alors, pourquoi les énarques parisiens et les militants ministériels seulement ? Pourquoi cette opacité dans la distribution ? Le bon plaisir.

Cet arbitraire est d'autant plus grand qu'une fois servis par Matignon, les ministres bien en cour passent la Seine pour réclamer, en cas de besoin, un petit complément. C'est alors le directeur de cabinet du président en personne qui ouvre son coffre et donne les enveloppes. Prudent, il consigne l'affectation de cet argent sur un cahier, qu'il fait signer à chaque remise de fonds par le bénéficiaire. Du temps de François Mitterrand, les « abonnés » à la distribution, comme on les appelait autour du président, allaient du PS à la Fédération des villes jumelées, en passant par des quémandeurs moins avouables. À la veille des campagnes électorales, les demandes se faisaient plus pressantes. Mais le président dissuadait avec constance son directeur de cabinet de distribuer trop généreusement ses faveurs aux abonnés. « Pour ce qu'ils en font », soupirait-il en s'adressant à Gilles Ménage.

Les sommes distribuées dans les ministères sont curieusement jugées souvent symboliques par les hauts fonctionnaires qui en profitent. Pensez donc, 5 000 à 15 000 francs par mois : à peine des miettes ! Il est vrai qu'elles ne sont pas déclarées au fisc. Mais si elles sont à ce point négligeables, elles ne rétribuent pas à sa juste valeur le travail supplémentaire des infortunés membres de cabinet. Alors, pourquoi ce système immoral s'il n'exerce aucun effet stimulant sur les élites ? Voilà un vrai mystère.

Personne, de plus, n'est en mesure de contrôler l'emploi de cet argent. Le chef de cabinet d'un ministre, avant de quitter le bureau de son homologue à Matignon, chaque mois, muni de son précieux viatique, signe certes lui aussi un reçu, si l'on peut dire. Mais il s'agit d'un simulacre de régularité dans un océan d'opacité : on fait semblant d'être rigoureux quand c'est l'arbitraire qui a force de loi.

Car, ensuite, le ministre dispose. Il ordonne ou non de partager la galette avec ses conseillers. Dans les dîners en ville parisiens, certains noms ont longtemps provoqué des sourires entendus. On disait volontiers que quelques ministres se réservaient une grosse part des fonds secrets qui leur étaient attribués. Jack Lang, par exemple, a veillé sur le ministère de la Culture et manifesté le dynamisme que l'on sait pendant dix ans : il cumulait à la fin du deuxième septennat de Mitterrand cette fonction avec l'Éducation nationale, ce qui donnait droit à une deuxième tournée. Une préision : ces fonds étant secrets, ils ne font, par définition, l'objet d'aucune déclaration officielle et ne sont donc pas assujettis à l'impôt sur le revenu.

Encore un détail : cette distribution est légale. Parfaitement légale. Certes, conserver pour son usage discrétionnaire l'essentiel des fonds secrets est inhabituel. La tradition, c'est de les partager entre les membres du cabinet sur lequel s'appuie le ministre pour gouverner. Le ministre, lui, est censé se contenter d'une somme symbolique.

Par exemple certains collaborateurs de Lang — rétrogrades sûrement — s'étaient émus de ne pas participer à la fête. Ils avaient discrètement manifesté leurs états d'âme auprès de leur entourage, et parfois de Lang lui-même. Un ancien magistrat, l'un de ses chefs de cabinet, aujourd'hui décédé, avait exprimé à plusieurs reprises des réserves dont il a laissé des traces. Un autre, issu de la Cour des comptes, s'était plaint de ne pas être assez écouté du ministre. Aujourd'hui, Jack et Monique n'ont que faire de ces mesquineries de fonctionnaires.

Le ministre a cependant toujours contesté avoir profité du système. Après avoir perdu en première instance le procès intenté aux auteurs à propos de l'usage de ces fonds secrets — supprimés depuis le 1er janvier 2002 —, le ministre de l'Éducation nationale du gouvernement Jospin a finalement gagné en appel. Un franc de dommages et intérêts (il en réclamait... 500 000 !). Il n'y a pas de petits profits.

Une fois toutes ces distributions effectuées, il reste encore quelques fonds dans la caisse de Matignon, *Le Point*[1], qui a consacré une couverture à ce sujet, mentionnait parmi les destinations de ces sommes ce qui était de nature à

1. *Le Point*, 25 septembre 1998.

« pacifier les relations en Nouvelle-Calédonie, quel que soit le gouvernement ». Traduction : on a acheté la paix sous la gauche puis sous la droite dans cette île lointaine. Voilà un aspect des « accords de Matignon » sur le statut des territoires dont on ne nous avait guère parlé !

Le gouvernement Rocard ne disposait pas, en effet, lorsqu'il fut formé en mai 1988, d'une majorité absolue. Il lui fallait chaque fois mobiliser des députés de droite ou réputés « indépendants » pour pouvoir faire passer les textes auxquels il tenait. Certes, à entendre les acteurs de cette période, ces manœuvres n'avaient rien de répréhensible. Pas de dessous-de-table, pas de corruption, juste des « coups de pouce » accordés à des projets méritants : centres d'étude dans les coins les plus reculés de la République, « équipements sportifs », routes et rocades en tout genre. Mais souvent cet arrosage a été très sélectif : certaines réalisations, certaines associations peuplées de permanents amis ont eu plus de chance que d'autres.

D'ailleurs des spécialistes du sujet ont fini par l'admettre. Ce régime des fonds spéciaux est « une aberration purement française. Il est plus que temps qu'elle disparaisse ». L'un d'eux, professeur de droit public, soulignait ainsi[1] qu'en dehors des services de renseignement et des dépenses de fonctionnement de l'Élysée, de Matignon et des ministères, « il y a le reste, dont on ne sait rien ; dont on ne peut

1. *Ibid.*

rien savoir et que cela seul suffit à disqualifier quel que soit le montant en cause ». Les remèdes pour atteindre « cet assainissement élementaire » ? « Trois fois rien. Un simple amendement au projet de loi de finances suffit au titre de l'amélioration du contrôle des dépenses publiques. » On saluerait volontiers cet esprit réformateur si sa lucidité n'était bien tardive. Inconnu du grand public, l'auteur de cet article n'est autre en effet que Guy Carcassonne. Conseiller très proche de Rocard du temps de Matignon, celui-ci est modeste lorsqu'il parle de cet argent « dont on ne sait rien ». Lui sait. À ce stade, impossible d'en dire plus. Par un jugement du 10 novembre 2000, le tribunal de Paris, présidé par M^me^ Catherine Bézio, a condamné les auteurs — et leur éditeur — à 170 000 F d'amendes et de dommages et intérêts pour avoir évoqué un aspect de la vie politique en des termes jugés « diffamatoires » pour Guy Carcassonne. La XI^e^ chambre de la Cour d'appel, présidée par Dominique Charvet, a confirmé cette peine le 7 novembre 2001. L'affaire est actuellement en cassation, les auteurs et l'éditeur contestant l'impartialité de la Cour d'appel.

C'est peut-être contrariant mais, au-delà des procès intentés dès que l'on aborde cette dimension de l'omertà, il faut bien l'écrire : la politique française doit — devait ? — beaucoup à cet aspect des choses. Dès les débuts de la IV^e^ République, la distribution des portefeuilles obéissait à ce principe où les compétences des uns et des autres jouaient un rôle modeste. En mars 1952, le président Vincent Auriol confiait à Antoine Pinay qu'il venait de désigner comme président du Conseil et à qui il incombait de composer le futur gouvernement : « J'ai peur que le MRP [les démocrates-chrétiens de l'époque] ne tienne aux Affaires étrangères. Car, disons les choses comme elles sont, c'est un ministère qui a des fonds... » Après 1956, la situation financière de la SFIO se redressa avec une vigueur étonnante. Le socialiste Guy Mollet était entre-temps devenu président du Conseil. Les fonds secrets alimentent donc les partis depuis longtemps. C'était à qui s'attribuerait la plus grosse part du gâteau ! Pendant une vingtaine d'années, après le retour de De Gaulle au pouvoir en mai 1958, ces mœurs ont pris moins d'importance à défaut de disparaître complètement. L'émergence de rivalités de plus en plus meurtrières à droite depuis vingt ans n'a pas arrangé les choses.

Pendant l'été 1976, un psychodrame nourrit la chronique. Chirac démissionne de Matignon. Giscard, surpris, est furieux. Brève crise politique mais longue haine entre les deux hommes. En coulisse, l'Élysée accuse l'ancien premier ministre de tous les crimes. On lui reproche même d'avoir embarqué les fonds secrets pour financer la naissance du RPR créé, en grande pompe, quatre mois plus tard, en décembre 1976. Le nerf de la guerre devient un enjeu qui justifie tous les coups bas. Chirac ne disposant plus de cet argent officiel qui n'existe pas, il se tourne vers les grandes entreprises. Mais celles-ci ont été menacées par l'Élysées : pas question de verser un franc aux traîtres du RPR. Des propos très allusifs recueillis par *Le Monde*[1] témoignent de la vigueur de cette sordide bataille qui opposera les deux camps de la droite jusqu'à la défaite de mai 1981. « Le sujet reste tabou, écrivait l'un des journalistes politiques du quotidien, Jean-Yves Lhomeau, mais on en parle tout de même à demi-mot. » « Nous avons eu des problèmes avec le patronat, dit M. Charles Pasqua pour le compte du RPR. Mais la situation s'est débloquée. » Comment ? Celui qui conseillait alors Chirac et gérait l'intendance — comprenez : les financements illicites — ne l'expliquait pas. Il se contentait d'ajouter, sibyllin : « Le patronat n'aime pas mettre tous ses œufs dans le même panier. »

À l'époque, la gauche s'indigne, bien sûr. « Avant 1981, raconte Claude Weill du *Nouvel Observateur*[2], l'un des premiers à avoir enquêté sur les fonds secrets, Henri Emmanuelli, député socialiste des Landes, s'était fait une spécialité de dénoncer cette pratique. “Nous savons bien, déclarait-il en 1980, qu'en fait il s'agit là de la caisse électorale du pouvoir.” Ironie de l'histoire, trois ans plus tard, Henri Emmanuelli se

1. *Le Monde,* 18 février 1981.
2. *Le Nouvel Observateur,* 6 novembre 1986.

retrouvait secrétaire d'État au Budget. » Que fit le nouveau ministre qui avait si longtemps tempêté contre ces pratiques scandaleuses ? Sous la gauche, les « dépenses spéciales » ont prospéré : 82 millions de francs en 1981 et 131 millions de francs en 1986. Soit 58,8 % d'augmentation en cinq ans.

Depuis 1981, le pouvoir passe de la droite à la gauche et réciproquement. Les gouvernements se succèdent. Mais rien ne change. L'argent secret soude les titulaires de ministères et entretient les amitiés. On en parle entre soi ou avec des journalistes amis qui sauront tenir leur langue. En 1993, Édouard Balladur est premier ministre. L'Élysée est à portée de sa main. Bernard Bosson, l'un de ses soutiens du moment chez les centristes, a une double casquette : il est à la fois ministre de l'Équipement et des Transports — administration qui distribue des marchés rémunérateurs aux entreprises du BTP et donc lieu stratégique pour amasser un peu d'argent — et pilier du CDS, le parti centriste alors présidé par le garde des Sceaux Pierre Méhaignerie, qui sera rebaptisé « Force démocrate ».

Bernard Bosson profite donc des fonds secrets comme ministre. Mais pas seulement. Car il est aussi l'envoyé spécial de son parti pour récolter sa part du gâteau. En dehors des sommes dont disposent les différents ministères, chaque parti de la majorité au pouvoir a droit en effet à sa dotation mensuelle. Cette contribution — occulte — au financement de la vie publique est une réalité niée depuis toujours par les responsables de tous les partis.

Sono des meetings pour les militants et relais et châteaux pour les chefs, les dépenses plus ou moins utiles ne manquent pas, là comme ailleurs. Et comme le CDS aime Édouard, celui-ci le lui rend bien. Mais jusqu'où va l'affection du premier ministre pour ce parti ? Et comment celui-ci s'assure-t-il du bon emploi de ces dons ? Difficile, étant donné l'opacité ambiante, de se faire une opinion précise.

Or, en 1995, les cartes changent de main. Chirac a été élu et Bernard Bosson, qui n'est plus ministre, est remplacé dans son rôle de porteur de valise. C'est un des trésoriers du CDS qui prend le relais. Matignon, maintenant, est occupé par Juppé, l'homme qui a mis sept ans à « régulariser », comme il dit, les sources de financement du RPR.

Le nouveau trésorier arrive donc à Matignon. On lui donne 400 000 francs. Il est ravi et se félicite de cette augmentation inattendue. On s'étonne de son étonnement. Où est passé le reste ? Malaise dans le bureau. On se sépare sans chercher à éclaircir l'affaire. La boîte de Pandore doit rester fermée.

Les fuites dans les circuits ne datent certes pas d'aujourd'hui. Edgar Faure, ancien président du Conseil sous la IV<sup>e</sup> République et ministre de Pompidou, fut longtemps réputé dans le milieu politique pour son train de vie extravagant. Étienne Dailly, intermédiaire avisé et sénateur influent, avait lui aussi amassé un coquet patrimoine en trente ans de carrière politique. À droite, on jasait dès 1984 sur la liste codirigée aux élections européennes de cette année-là par Brice Lalonde. Fabius avait ouvert les cordons de la caisse noire de Matignon pour permettre à cet écologiste jusque-là très marginal de prendre son envol. Le candidat mélangea d'ailleurs allégrement, dit-on, dépenses personnelles et dépenses de campagne, ce qui suscitait jusqu'à la présidence des sourires entendus. À l'Élysée aussi, les billets de 500 francs servaient parfois à favoriser les ralliements. Le virage de l'ex-secrétaire d'État aux Universités de Giscard, Jean-Pierre Soisson, vers la gauche, doit ainsi beaucoup à cette curieuse tradition politique française. Nommé ministre de Rocard en 1988, cet énarque bon vivant et cordial créa un éphémère mouvement, France Unie, alors suivi de près par le conseiller de l'Élysée Jacques Pilhan.

Lorsque Giscard décida de donner un concurrent au RPR en février 1978 en inspirant la naissance de l'UDF, que se passa-t-il ? Les élections législatives avaient lieu quelques semaines plus tard. Impossible de faire appel à ces P-DG désintéressés qui aiment tant rendre service à leurs amis. C'est donc le scrupuleux professeur Barre, alors à Matignon, qui dota ce parti méritant : environ 200 000 francs par mois pour payer le loyer, les permanents et les premières dépenses de la campagne. Cette fois-là, Giscard remporta la victoire. Mais, trois ans plus tard, arrive la terrible défaite. Que fait alors Raymond Barre ? Méthodique, il calcule le nombre de jours passés à Matignon et prend un gros morceau des fonds secrets de Matignon qui, juge-t-il, lui revient. Cela représente tout de même 10 millions de francs en liquide. Il fallait penser à l'après-Giscard, à l'avenir, aux futures campagnes électorales.

La gauche, qui vient à peine d'arriver aux affaires en ce mois de mai 1981, pourrait dénoncer ces mauvaises manières. Elle n'en fait rien. Et transforme ainsi ce qui était une vague complaisance entre adversaires en solidarité active. Chaque camp connaît maintenant l'État de l'intérieur et s'est servi. Que reste-t-il à dénoncer ? Pas grand-chose.

L'argent qui n'existe pas officiellement devient donc, au moment même où la vie publique est de plus en plus polluée par la corruption, un sujet définitivement tabou. Le silence qui l'entoure a favorisé toutes les dérives. Elles se résument à une situation troublante qui n'est jamais abordée : celle d'une classe politique à petits revenus mais à gros patrimoines.

« Ce type qui s'occupait au cabinet... de quoi déjà ? Enfin celui qui a pantouflé chez... C'était dans une banque, non ? » François Léotard s'est tourné vers son bras droit, un énarque comme lui, Renaud Donnedieu de Vabres. Il cherche le nom d'un de ses anciens conseillers du temps où il était, de 1986 à 1988, ministre de la Culture. Dans le parc de sa villa de Fréjus, cet été-là, personne ne se rappelle l'identité de ce haut fonctionnaire engagé dans le privé après son passage rue de Valois. « Eh bien, il se fait combien maintenant ? Cent mille balles au moins, non ? Près de trois fois le salaire d'un ministre, c'est fou... Je devrais peut-être pantoufler moi aussi, après il sera trop tard... »

Malgré ces propos désabusés de l'ancien ministre, la doctrine est limpide : officiellement, l'argent n'intéresse pas nos élus. Ils aiment le pouvoir, les mondanités, la télévision et, bien sûr, les femmes. Mais, c'est juré, pas l'argent. D'ailleurs, comme Léotard, ils détestent tous les questions d'intendance. Qui règle le loyer de l'appartement parisien mis à leur disposition ? Comment est financé leur parti ? Qui va payer le déjeuner chez Taillevent ? Leur budget de campagne est-il équilibré ? Pas leur problème. Il y a des collaborateurs pour ça. Beaucoup d'élus évoluent dans un milieu social, en province comme à Paris, où ils côtoient des notables ou des patrons mieux payés qu'eux. À la longue, ils en conçoivent un peu d'agacement, parfois même une rancœur dont les journalistes politiques se font l'écho sur le thème : « On mène une vie de dingue pour 40 000 francs par mois. » C'est en effet ce que gagne un député : 32 000 francs. Un ministre ? 42 000 francs environ. Un président de conseil général ? 15 000 à 25 000 francs. Un conseiller général ou un maire ? De 5 000 à 15 000 francs selon que le département (ou la ville) est plus ou moins peuplé.

Sous-payés, nos élus ? La thèse est osée, pour plusieurs raisons. Tout d'abord, ce qu'ils gagnent est comparable à ce qui se pratique à l'étranger. Dans les pays d'Europe du Nord, la situation du personnel politique est même, dans l'ensemble, moins favorable. Ensuite, ces revenus, qui font l'objet d'une transparence relative et très récente, ne sont pas négligeables. Ce n'est pas pour rien que Lionel Jospin n'a pu convaincre les parlementaires de stopper le cumul frénétique des mandats. Il est vrai que la majorité d'entre eux en détiennent au moins deux. Et combien d'élus réussissent, malgré un agenda surchargé, à exercer une rémunératrice activité de consultant ? Auprès de qui ? De tous les lobbies, de l'industrie pharmaceutique aux compagnies pétrolières.

Il ne faut pas oublier non plus les inclinations du cœur lorsqu'il s'agit de choisir l'assistante parlementaire prévue par les textes, qui va les aider à répondre à leur courrier et à gérer leur agenda (24 000 francs par mois). Enfants, épouses, maîtresses, la préférence familiale est depuis longtemps entrée dans les mœurs parlementaires. Pour les maires, les ministres et une poignée d'élus, il existe encore d'autres sources de revenus : présidences d'organismes municipaux ou de syndicats intercommunaux... Il y a, enfin, les SEM. Que cache ce sigle ésotérique ? Les Sociétés d'économie mixte. Une structure imaginée après la guerre pour regrouper des collectivités publiques et des sociétés privées. Ces SEM gèrent des cantines ou construisent des équipements. Généreuses, peu contrôlées en pratique, elles versent des honoraires, des jetons de présence, des salaires et remboursent sans réticence les frais de leurs administrateurs.

À l'exception des maires (relativement mal payés), la misère de nos représentants reste donc très relative. La plupart d'entre eux arrivent à mener une vie fort agréable par rapport aux Français qui travaillent dans le secteur privé (10 300 francs par mois en 1997) ou le secteur public (11 500 francs).

Ce tableau des revenus des élus ne suffit pourtant pas à expliquer le train de vie que mènent les seigneurs de la vie politique. Ceux qui ont réussi, ceux qui nous dirigent vivent apparemment au-dessus de leurs moyens. Pour comprendre leur rapport à l'argent, il faut connaître une dimension essentielle de leur psychologie : ils ne sont pas habitués à payer. « On » les prend en charge. Ce sont de grands enfants. Ils ne sont pas très débrouillards dans la vie quotidienne, n'est-ce pas ? Alors, on les aide. À commencer par leurs amis. Claude Marti, un publicitaire aisé, payait les costumes de Rocard dans les années 70. Incapable de s'habiller tout seul, « Michel » ! Rien de grave, bien sûr. Mais de mauvaises habitudes.

Avec son beau-père Michel Noir, Pierre Botton en a fait un système quinze ans plus tard. De costumes Smalto à 10 000 francs pièce en cadeaux divers — un violoncelle, des voyages... —, il a fini par gérer le financement des campagnes électorales du futur maire de Lyon et par poser ses conditions aux entreprises en quête de marchés publics. La *success story* s'est terminée comme on sait : prison et tensions familiales pour le gendre, mandat perdu, mise en examen et tentative de se transformer en poète, puis en acteur, puis en écrivain pour celui qui ne voulait pas sacrifier son âme à une élection.

L'ancien secrétaire général du RPR mêlé à plusieurs affaires, Jean-François Mancel, possède un important patrimoine immobilier. Pourquoi pas ? Cet énarque roule en Ferrari ? Et alors ? Vous voulez vraiment le retour de l'Inquisition ? D'ailleurs, ce bolide est au nom de sa seconde épouse. Ce RPR qui aime le Front national a aussi des revenus complémentaires pour financer son train de vie. Oh ! pas grand-chose. Une petite société de communication dont il est l'un des actionnaires. Cette société tourne bien ? Où est le mal ? Elle a obtenu de bons contrats du conseil général de l'Oise dont Mancel, heureux hasard, est président ? Une coïncidence, on vous dit. En plus, Mancel, qui a des problèmes de trésorerie, a bénéficié d'une aide amicale. Celle de l'Assemblée nationale. Cette institution caritative ne se contente pas de verser salaires ou retraites (pour des cotisations d'un montant défiant toute concurrence). Elle accorde aussi des prêts presque sans intérêt aux députés méritants, ce qui est, apparemment, le cas de Mancel (il a obtenu 630 000 francs).

Ses pairs sont en général plus prudents. La règle d'or du milieu ? Faire pitié plutôt qu'envie. À l'Élysée, du temps de Pompidou, on obtenait que la presse ignore le goût du président pour la vitesse. Il aurait été indélicat d'écrire que l'ancien banquier, saisi par le virus de la politique, avait une Porsche, un péché pourtant bien innocent. On ne l'écrivit d'ailleurs pas.

La gauche n'est pas en reste. Tous pauvres ! Tous à tirer le diable par la queue ! Des exemples ? Un modeste fils de cheminot avait fini, à force d'économiser sou par sou, par s'acheter une maison. Certes, avec ses deux entrées séparées, son ascenseur — où était curieusement installé l'aspirateur — et sa ravissante cour intérieure, on aurait pu croire à un hôtel particulier. Mais non. Les journalistes l'auraient écrit. Une maison donc. Et puis une autre, dans le Sud-Ouest. Mais attention, pas une résidence secondaire qui vous donne des allures d'assujetti à l'ISF[1] (ce qui était d'ailleurs le cas). Une « bergerie » retapée, comme disaient la presse et les amis. Et puis un petit étang. Et puis... Il s'agit bien du patrimoine de François Mitterrand, que *Marianne*[2] évalua à 40 millions de francs. Peut-être que les Français auraient aimé connaître ce chiffre du vivant du président. Cette somme représente neuf fois le seuil d'imposition à l'ISF. Il y avait aussi la jolie maison de Gordes. François, généreux, en fit don — en catimini, pour ne pas fâcher Danielle — à Anne. Anne Pingeot, Mazarine : ça vous dit quelque chose ? Le maire de Gordes, après quelques imprudences verbales, avait été rudement sermonné : plus un mot sur le sujet. Ce sont François de Grossouvre et Laurence Soudet qui, à l'Élysée, géraient cette délicate affaire. Question : d'où venait l'argent du leader du socialisme à la française ?

Michel Rocard, fin 1998, a donné sa version des choses : « Mon vrai problème, c'était que Mitterrand n'était pas un honnête homme. » Il confessa aussi, à propos de l'ancien président et de « l'essentiel de son entourage proche », avoir accepté dix ans plus tôt le poste de premier ministre pour avoir « une fonction de protection de mon pays devant certaines orientations ou dérives possibles ».

1. Impôt de solidarité sur la fortune.
2. *Marianne*, 4 mai 1998.

Émoi dans la classe politique, à droite comme à gauche d'ailleurs. Que révèle cette terrible déclaration ? « Les mœurs [...] d'une mitterrandie qui aura donné d'elle-même l'image d'une secte balzacienne, ou d'une bande saisie de panique à l'idée de voir l'un des siens rompre on ne sait quelle omertà[1] », écrira Bernard-Henri Lévy.

Et les Lang ? Profession de Jack : il initiait ses étudiants aux subtilités du droit public à Nancy avant de devenir ministre. Et Monique ? Sans profession. De quoi faire de petites économies ? Sans doute. Pourtant un miracle s'est produit de nature à redonner espoir à tous les enseignants de France. Ce couple de gauche comblé par la politique profite pleinement de son magnifique appartement situé place des Vosges, dans l'un des plus beaux quartiers de Paris (évaluation pessimiste : 5 millions de francs) et d'une ravissante maison avec piscine — mais l'intéressé préfère parler d'un « bassin » — achetée dans le Luberon (évaluation très raisonnable : 2,5 millions de francs).

Le fonctionnement du clan Mitterrand révèle ainsi des comportements très contrastés.

Pour Danielle M., on sait à peu près : elle avait sa fondation, consacrée aux libertés et à des actions humanitaires dans le tiers monde. À l'exception de quelques opérations malheureuses à l'occasion de l'affaire du Carrefour du Développement, rien ne permet de mettre en

1. *Le Point,* 28 novembre 1998.

cause cette association reconnue d'utilité publique. Pour Gilbert M., le fils cadet, pas d'ombres : le père en avait fait un député. Le cas de Jean-Christophe M., le fils aîné, journaliste à l'AFP, puis conseiller aux Affaires africaines, est plus complexe. En dehors de ses fonctions à l'Élysée, il a été rémunéré par un centre d'études suisse — financé par Elf ! — pendant au moins deux ans. Mais ces 30 000 francs par mois n'ont évidemment rien à voir avec un salaire fictif, comme l'ancien conseiller a tenu à le préciser lui-même. Celui-ci éprouvait aussi une vraie passion pour l'Afrique. Alors qu'il se rend en Namibie, accompagné de trois journalistes, le ministre de la Coopération du gouvernement Rocard, Jacques Pelletier, fait escale à Libreville. Il doit embarquer dans son avion Jean-Christophe M. qui séjourne dans la capitale du Gabon. Le ministre est reçu par Omar Bongo qui veut bien ensuite accorder quelques mots aux envoyés spéciaux de la presse française : « Avec Jean-Christophe Mitterrand, nous avons réglé les petites affaires habituelles ; avec Jacques Pelletier, nous avons parlé de la politique de la France... »

Le fils du président voyageait aussi fréquemment avec l'un de ses intimes, Jean-Noël Tassez, alors directeur général de RMC. À quoi servaient exactement ces déplacements ? À rencontrer les chefs d'État, bien sûr. Mais aussi à ramener de certaines capitales africaines toutes sortes de choses. Jean-Christophe M. aime rendre service tout comme son ami Tassez. Ceux qui les ont aperçus en train de descendre un soir de l'avion officiel qui les ramenait de Yaoundé — Cameroun — avec un grand sac de sport ont eu la confirmation de cet état d'esprit serviable. L'avantage de voyager avec le GLAM ? La gratuité. Et puis on est dispensé des formalités. Un gain de temps appréciable. Un autre proche de Jean-Christophe M., Pierre Falcone, également en bons termes avec Pasqua, vendait des armes à travers le monde. Il discutait notamment avec la Sofremi, société dépendant du ministère de l'Intérieur et qui joue toujours un rôle clé dans les grands contrats. L'État français a une caractéristique peu connue. Loin d'être le monstre froid que l'on décrit trop souvent, il est sensible aux nobles sentiments et, à sa façon, les encourage. Pierre Falcone est donc un homme riche.

L'ancien président lui-même a témoigné toute sa vie du prix qu'il attachait à ses amis au risque, parfois, de mélanger affaires d'État et affaires tout court. Comme il se trouve que sa famille défend farouchement son honneur — souci parfaitement légitime —, elle attaque volontiers en justice diffamateurs et autres personnes mal intentionnées. Peut-on écrire, dès lors, que Pelat a payé chaque mois, pendant près de dix ans, 25 000 francs à son ami François ? On peut. Les faits ont été établis lors d'une instruction judiciaire. Les raisons de ces curieux versements ? Mitterrand, ancien avocat, donnait, paraît-il, des conseils à son ami Roger-Patrice. Certes, il avait peu plaidé : seulement quelques mois en 1959. Mais le droit, cela ne s'oublie pas. Peut-on écrire qu'une fois élu François a fait savoir qu'un geste en faveur de Roger-Patrice s'imposait ? Non. Interdit de faire un lien entre les chèques de l'homme d'affaires à son ami socialiste et le rachat, en 1982, de son entreprise, Vibrachoc, par un trust public, la CGE, la Compagnie générale d'électricité[1]. Pas de lien donc, même si plusieurs cadres avaient trouvé à l'époque le prix accordé par le directeur général, Georges Pébereau, très excessif : près de 110 millions de francs. Saisi du dossier par les dirigeants de la CGE, le premier ministre de l'époque, Pierre Mauroy, s'en était d'ailleurs ému. Il avait dû obtempérer sur ordre personnel du chef de l'État qui estimait avoir une dette à solder. La société de Pelat a depuis été revendue. À perte. Combien cette fâcheuse acquisition a-t-elle coûté au contribuable ? Secret d'État.

Contrairement à la légende pieuse entretenue par les serviteurs du culte, Mitterrand aimait donc l'argent. Certes, il ne payait jamais au restaurant. Mais les deux propositions ne sont pas contradictoires. Ses amis, eux, en avaient. Beaucoup. À l'exception notable d'un conseiller d'État, Georges Dayan, que d'amis

1. Connue aujourd'hui sous le nom d'Alcatel. Les dirigeants ont depuis changé à plusieurs reprises.

assujettis à l'ISF dans son entourage ! Roland Dumas, ex-avocat qu'on ne présente plus ; Jean Riboud, P-DG de la multinationale Schlumberger ; François Dalle, ex-P-DG de L'Oréal, autre multinationale prospère ; François de Grossouvre, ex-conseiller à l'Élysée, châtelain à Lusigny (Allier) et homme d'affaires. Dans cette joyeuse équipe, on ne saurait oublier un autre intime, le général de Bénouville, redoutable homme d'affaires qui fut le plus proche conseiller de Marcel Dassault.

Mitterrand avait une autre particularité. Comme son ami Roland, contribuable assujetti (depuis longtemps) à l'impôt sur la fortune, mais qui « a toujours peur des fins de mois difficiles », il préférait le liquide aux lourdes transactions bancaires. Dans la vie quotidienne, Mitterrand s'adressait à son directeur de cabinet pour l'intendance. « Régulièrement, il allait voir Jean-Claude Colliard, qui disposait ès qualités des fonds secrets, raconte ce socialiste. Un jour, il lui disait : j'ai besoin de 10 000 francs, c'est pour une amie d'un certain âge, une résistante qui a des difficultés financières en ce moment et ne peut se payer le dentiste. La semaine suivante, il arrivait avec un autre baratin... » Précision : aujourd'hui membre du Conseil constitutionnel, Jean-Claude Colliard surveille strictement l'application de la Constitution. Il est aussi juge de la régularité des dépenses électorales des députés notamment, ce qui l'a conduit, avec ses collègues, à annuler certaines élections pour cause de dépassement — même modeste — des plafonds de dépenses autorisés. Heureusement, les mœurs, lorsqu'il était à l'Élysée, étaient autrement plus souples.

Chirac aussi a des amis fortunés. Jérôme Monod, P-DG pendant plus d'une décennie de la Lyonnaise des Eaux. François Pinault dont le groupe pèse près de 100 milliards de francs. Et encore et toujours, le bon général de Bénouville. Le président n'a certes pas d'amis avocats. Mais il a un château — Bity, en Corrèze —, ce qui lui valut des remarques acerbes de Georges Pompidou qu'il aimait tant. Il possède aussi un appartement parisien — en dehors des mille mètres carrés de la Mairie de Paris où il logea gratuitement pendant dix-huit ans — et loua longtemps, à un tarif très avantageux, rue du Bac, une charmante petite maison avec jardin, où la détente tenait une plus grande place que le travail.

Il y a quelque chose de merveilleux dans la vie politique française. Une bonne partie de ceux qui ont occupé le devant de la scène depuis trente ans, présidents, ministres, notables, patrons de partis, sont à l'origine des hauts fonctionnaires. Or, on nous le répète assez, ceux-ci ont des salaires de misère (25 000 à 35 000 francs par mois tout de même). Alors, une question naïve, certainement idiote, traverse l'esprit. D'où viennent tous ces châteaux, ces appartements, ces restaurants gastronomiques, ces vacances exotiques, ces tableaux de maître, ces chaussures italiennes sur mesure ?

Les quatre appartements parisiens des Tiberi ? Le magnifique voilier de Defferre, le *Palinodie II,* que l'ancien maire de Marseille fit restaurer autrefois à grands frais par un célèbre chantier naval américain ? Le patrimoine immobilier de l'ex-président du conseil général de l'Essonne, toujours sénateur, Xavier Dugoin ? La belle villa de Fréjus de François Léotard ? La propriété de Saint-Tropez de Gérard Longuet ? Aucun doute possible. Leurs é-co-no-mies. La voilà, l'unique explication.

« La différence entre la France et l'Italie c'est qu'en Italie la mafia et l'État sont séparés. En France, c'est la même chose. » Propos d'un intermédiaire douteux ou d'un recalé du suffrage universel ? Non. L'homme qui parle ainsi, Fabien Chalandon, est un banquier d'affaires qui a travaillé dans plusieurs établissements prestigieux.

Ce que dit cet ancien HEC, c'est finalement ce que savent nos élites depuis trente ans. Que de commissions occultes en rackets sur les marchés publics, de bureaux d'études en emplois fictifs, la corruption a fini par devenir une composante importante de cette « exception française » qui fait la fierté de nos chroniqueurs. De ronds-points inutiles — en Europe la moitié sont implantés en France — en ponts surfacturés, de grandes bibliothèques en palais des congrès, tout est prétexte, aujourd'hui encore, en dépit des lois de « moralisation » de la vie politique et des incarcérations, à faire payer au contribuable le train de vie des partis. Et l'enrichissement de certains élus.

Il y a d'abord eu des scandales locaux. Puis on découvre, en 1986, un mystérieux Carrefour, dit du Développement. Un ministre et son chef de cabinet sont impliqués. Et puis, les affaires se multiplient. L'opinion se rappelle encore vaguement les noms sans être capable de situer les faits.

— Boucheron (détournement d'argent public par l'ex-maire d'Angoulême protégé par Mitterrand) ;

— Luchaire (société exportant des armes grâce à des autorisations frauduleuses) ;

— Médecin (ex-maire de Nice, détourna pendant vingt ans l'argent de sa ville avant de s'enfuir en Uruguay pour échapper à la prison) ;

— Pelat (l'ami initié en Bourse de Mitterrand) ;

— Trager (faux-facturier de la région de Nantes) ;

— Carignon (ex-maire de Grenoble condamné pour corruption) ;

— Michaux-Chevry (ex-ministre de Chirac mise en examen pour faux en écriture publique).

— Pacary (faux-facturier[1] qui, pour être agréable à Lang, sponsorisa une association sportive à Blois, sans oublier son travail de recyclage de factures en argent liquide pour le RPR) ;

— Destrade (ancien député socialiste. A extorqué des commissions à la plupart des grandes surfaces pour le compte, affirme-t-il, du PS) ;

— Laignel (ex-trésorier du PS. Il sera relaxé à Marseille de l'accusation de corruption pour prescription des faits) ;

— Emmanuelli (autre trésorier du PS. Il sera, pour des faits très proches, condamné et déchu de ses mandats par la justice) ;

— Casetta (ex-cadre du RPR accusée d'avoir récolté illégalement de l'argent pour son parti) ;

— Boyon (un trésorier du RPR actuellement mis en examen).

— Longuet (ENA, ex-trésorier du Parti républicain. Suspecté d'avoir fait construire sa villa de Saint-Tropez à un prix d'ami. A finalement obtenu un non-lieu dans cette affaire).

— Delattre (ENA, maire de Franconville, autre notable du PR, mis en examen dans une affaire où on retrouve d'énormes sommes versées en liquide, régulièrement, sur ses nombreux comptes bancaires ainsi que ceux de son épouse) ;

1. Décédé en 1999.

— Chammougon (ex-député RPR de Guadeloupe, condamné pour corruption et qui se fera remplacer à la mairie... par sa femme) ;

— Froment-Meurice (ENA, Conseil d'État. Mis en examen pour avoir participé au montage des sociétés suisses récoltant le trésor de guerre du CDS).

Rappelons, comme la loi nous y oblige, que tous ceux qui n'ont pas été condamnés à titre définitif bénéficient de la présomption d'innocence.

Il faudrait ajouter à cette liste dorée les nombreux élus, parlementaires ou présidents de conseil général mis en examen pour divers délits (favoritisme, trafic d'influence, recel d'abus de biens sociaux). Parmi eux :

— Névache (ancien élu socialiste grenoblois rallié à Carignon) ;

— Mancel (ENA, patron du département de l'Oise, mis en cause par la Chambre régionale des comptes de Picardie pour avoir fait des économies de couches-culottes et de papier toilette aux frais de ses électeurs) ;

— Olivier (ENA, directeur des services du même département) ;

— Pezet (ex-dauphin socialiste de Defferre, impliqué dans l'affaire du tunnel Prado-Carénage) ;

— Sanmarco (ENA, ex-rival de Pezet, mis en cause dans la même affaire) ;

— Arreckx (ex-maire de Toulon, condamné pour recel d'abus de biens sociaux) ;

— Baumet (ex-président du conseil général du Gard passé de la droite à la gauche et suspecté de détournements de fonds) ;

— Noir (ex-maire de Lyon) ;

— Giraud (ex-président de la région Île-de-France où pendant dix ans les marchés publics ont été truqués) ;

— Hue (permanent politique, secrétaire général du PCF, mis en examen dans l'affaire du bureau d'études GIFCO) ;

— Dugoin (sénateur, ex-président du conseil général de l'Essonne, condamné pour emplois fictifs et autres peccadilles).

Et puis, tout de même un ancien premier ministre :

— Juppé (ENA, Inspection des finances, cinq mises en examen réduites à une par la Chambre d'accusation de Nanterre en janvier 1999).

Mais il existe heureusement une personnalité qui n'a pas été inquiétée par la justice :

— Chirac (ENA, Cour des comptes, président de la République, ancien maire de Paris).

Certes, des contre-pouvoirs sont là pour veiller au fonctionnement régulier des institutions. La plus haute autorité siège rue Montpensier, à Paris. Ses membres s'assurent que les lois votées sont conformes à la Constitution et proclament éventuellement la déchéance d'élus qui auraient failli à leurs devoirs. Ils débattent sous l'autorité d'un homme choisi par François Mitterrand :

— Dumas (avocat, président — en congé spécial — du Conseil constitutionnel).

Ce garant de l'État de droit, mis en examen depuis le 26 avril 1998, et lui aussi présumé innocent, a été choisi le 22 juin 1998 par *Time* pour incarner la France. À quel titre ? À la « une » du grand hebdomadaire, un sujet chaud : « The cancer of corruption ». À l'intérieur, une photo où on aperçoit Roland Dumas coincé entre trois hommes : un ancien président du Venezuela renvoyé pour « malversations », Carlos Andres Perez ; Raul Salinas, le frère de l'ex-président du Mexique, inquiété pour avoir envoyé des sommes colossales à l'étranger ; et un certain Klimentyev, moins connu, qu'on aperçoit, apparemment de mauvaise humeur, derrière les barreaux de sa prison de Nijni-Novgorod. L'omertà française, c'est aussi le fait qu'il faille ouvrir un journal américain pour y trouver cela.

Les affaires, les juges, les mises en examen ? Le milieu politique s'en inquiète. Même s'il considère qu'il est au-dessus des lois, il a quand même fini par prendre des précautions. Depuis quelques années, la consigne qui circule dans tous les partis recommande de limiter autant que possible le recours aux fausses factures et aux procédés trop grossiers. Comment, malgré tout, maintenir le train de vie des appareils ? Du PS au RPR, la bonne idée a jailli : l'emploi qui n'existe pas, rémunéré par un salaire qui, lui, existe bien. Dans ce domaine au moins, la Mairie de Paris a atteint l'excellence. En pratique, cela a donné des légions d'amis rémunérés sans contrepartie par la capitale. Du poète Pierre Seghers au mondain Jacques Chazot, les contribuables parisiens ont financé des gens qui ne faisaient pas grand-chose pour eux. La plupart d'entre eux n'avaient même jamais mis les pieds à la mairie. Au cabinet du maire — qui compte, au total, environ 360 personnes —, fils, femmes et neveux d'adjoints ou d'élus — de Paris ou de la Corrèze — prospéraient.

Au RPR, une grande partie des cadres était également payée par les contribuables parisiens. Cela tombait bien : Alain Juppé, adjoint au maire chargé des Finances, recrutait et nourrissait les collaborateurs de Juppé Alain, président du RPR. La vie est bien faite parfois. Mais, pour les initiés du microcosme, il n'y a pas de quoi fouetter un chat. Cherchant à retrouver « le sens des vraies valeurs », Philippe Bouvard, bonhomme, volait au secours des mis en examen dans *Le Figaro Magazine*[1] : « Pardonnons à Alain Juppé d'avoir fait travailler rue de Lille des énarques qu'on aurait dû rencontrer place de l'Hôtel de Ville. » Il

1. *Le Figaro Magazine,* 5 septembre 1998.

paraît qu'il fallait même le féliciter « d'être parvenu à économiser parfois quelques deniers publics en faisant salarier de grands serviteurs de l'État par des firmes privées moins âpres au gain que les autres ». Étrange démonstration à laquelle adhère aussi l'éditorialiste du *Nouvel Observateur,* Jean Daniel, que ces mœurs ne choquent pas, comme il l'a écrit dans son journal. Alain Minc, qu'on a connu sévère envers les faibles capacités de gestion de l'État, est lui aussi saisi par la mansuétude lorsqu'il s'agit de l'ancien premier ministre[1]. Il considère que cette mise en examen est « cruelle » puisqu'elle est « la queue de la comète du système de financement politique en France dans l'opacité et l'acceptation collective ». On croit rêver. « Acceptation collective » de qui ? De l'Inspection des finances (à laquelle MM. Juppé et Minc ont tous deux appartenu) ? Du milieu politique ? Des journalistes ? En vérité, Minc pense aux Français. Mais où a-t-il trouvé des traces de cet enthousiasme populaire envers un système illégal et pervers ?

Bien entendu, ces emplois fictifs ne sont pas l'apanage de la droite. L'affaire de la MNEF a montré que les salariés fantômes sévissaient aussi à gauche. Des militants socialistes en ont profité. Certains proches de Jospin, comme le patron de la fédération PS de Paris Jean-Marie Le Guen ou Jean-Christophe Cambadélis, ont bénéficié de salaires ou d'honoraires de cir-

1. *Le Point,* 21 octobre 1998.

constance, parfois même en les cumulant avec leur traitement de députés. L'idée que leurs revenus provenaient d'un argent qui aurait dû aller aux étudiants ne les empêchait manifestement pas de dormir. Des ministères entiers sont également mobilisés lorsqu'il faut trouver des collaborateurs bon marché. Chacun s'arrange comme il le peut avec la loi. Marginal autrefois, le phénomène est aujourd'hui devenu considérable. Ces salariés fictifs dans l'entourage immédiat de Juppé étaient une cinquantaine ; de quoi avoir excité la curiosité du juge Patrick Desmure. Georges Quémar, un énarque mêlé à une obscure affaire de trafic d'influence et qui fut directeur du personnel de la Mairie de Paris, a estimé, dans un livre au titre évocateur, *Paris-Mafia*[1], que sur 367 chargés de mission au cabinet du maire, près de la moitié n'effectuaient pas un réel travail. Leur salaire ? Entre 15 000 et 20 000 francs par mois. Des rémunérations bien modestes aux yeux des hiérarques de l'État. Pour beaucoup de journalistes politiques, tout cela reste d'ailleurs anecdotique. À propos des désagréments que les affaires parisiennes font peser sur Chirac, Florent Leclercq écrivait très sérieusement dans *L'Événement*[2], sur les embauches fictives de Juppé, que celui-ci était « crédible » lorsqu'il affirmait « avoir peu à peu assaini la situation et mis fin à ces pratiques ». Il insistait lourde-

1. *Paris-Mafia*, Fayard, 1998.
2. *L'Événement du jeudi*, 10 octobre 1998.

ment : « Enfin, il fait mouche quand il explique que tous les partis ont eu recours à celles-ci. » On pensait que ces explications ahurissantes avaient fait leur temps.

En 1988, Mitterrand avait déjà justifié les scandales en invoquant l'absence de législation. Première amnistie sous la cohabitation cette année-là. En 1990, on remet ça : le « flou » du cadre légal et les mauvaises habitudes prises rendaient inévitable, paraît-il, une seconde amnistie. Elle est votée. Pas de chance. Juppé, cette « mécanique intellectuelle exceptionnelle » (selon la presse, unanime, à sa nomination à Matignon), a mal compris les textes ! Un espoir : que grâce à une formation intensive, l'ancien premier ministre réussisse à assimiler la nouvelle législation d'ici 2002. Il pourra aussi s'intéresser à la façon dont on sortait de l'argent liquide de la ville dont il fut l'adjoint aux Finances.

C'est qu'à Paris il existe aussi des facilités qui jouent le même rôle que les fonds secrets au niveau de l'État. Cela a un nom : la questure. C'est une sorte de coffre-fort géant où sont stockés l'argent liquide officiel et celui, officieux, provenant des marchés publics ou d'autres sources non identifiées. Plusieurs dizaines de millions de francs sont ainsi reconvertis — on n'ose dire blanchis — chaque année. Car la questure bénéficie d'un privilège exorbitant : elle ne peut être contrôlée par la Cour des comptes ! Officiellement, bien sûr, c'est une institution tout à fait honorable chargée de régler les questions d'intendance indignes de mobiliser l'intérêt du maire.

En réalité, elle fut inventée sous une autre République par un président du Conseil qui avait cruellement besoin des voix des élus parisiens. Il leur offrit donc ce petit privilège, unique en France.

Au milieu des années 70, il est, brièvement, question du maintien ou de la suppression de la questure. Le pouvoir giscardien, qui croit qu'il va remporter la capitale aux municipales de 1977, décide de laisser intacte la manne cachée. Et fait ainsi un cadeau involontaire à Chirac.

C'est un homme de confiance, porteur d'une mallette convoitée, qui transportait ainsi une (petite) partie du trésor de guerre de la ville lorsque le maire de Paris était en campagne électorale, notamment dans les DOM-TOM. Sur un signe du maire, l'homme s'approchait et lui donnait des liasses de billets de 500 francs que Chirac distribuait aux foules, en Guadeloupe par exemple, venues l'accueillir avec la ferveur qu'on imagine. Lorsqu'il lisait la surprise ou une certaine réprobation dans son entourage, le candidat se contentait de lâcher en substance : de toute façon, rien ne se perd, l'argent reviendra dans les caisses de l'État puisqu'ils le perdront tous au prochain tirage du Loto...

« Dans le classement imparfait basé sur le niveau suspect des échanges commerciaux avec des régimes peu honorables, on trouve dans le groupe de tête trois pays favorisant les marchés générateurs de copieux pots-de-vin, la Belgique, la France et l'Italie. » S'ils avaient lu *Time*[1], MM. Juppé, Leclerc, Minc et associés sauraient qu'aux yeux du principal organisme qui mesure la corruption dans le monde, Transparency International, la France se rapproche dangereusement du Nigeria et de la Bolivie, deux nations encore plus mal classées.

Que s'est-il passé ? Comment sommes-nous entrés, en deux ou trois décennies, dans la catégorie des pays en voie de sous-développement sur ce plan ? La réponse tient en peu de mots : explosion du coût des campagnes, politisation croissante de la haute administration, absence de contre-pouvoirs et de financement public de la vie politique. Sans oublier l'affaissement de l'intégrité d'élus sélectionnés par des bureaucraties parisiennes de plus en plus gourmandes en cash.

La réalité, aujourd'hui, c'est que presque tous les aspects de la vie publique font l'objet d'un racket par les partis.

La politique africaine de la France est à cet égard exemplaire, si l'on peut dire. La droite en a profité pendant deux décennies. Depuis

1. *Time*, 22 juin 1998, enquête à Paris de Bruce Crumley et des correspondants de l'hebdomadaire.

1981, la gauche n'est pas en reste. Les instructions menées par Mmes Joly et Vichnievsky ont montré qu'Elf-Aquitaine n'alimentait pas seulement l'hexagone en pétrole. L'argent, liquide de préférence, coulait à flots. Chaque camp, chaque faction y avait ses entrées et ses interlocuteurs. André Tarallo (ENA, ex patron d'Elf-Gabon) roulait pour Chirac et, à une époque, pour Pasqua. Ce dernier disposait de plusieurs réseaux au sein d'Elf qui nourrissaient son trésor de guerre. Elf, une fois la gauche au pouvoir, s'est montrée tout aussi généreuse envers celle-ci. Loïk Le Floch-Prigent a obtenu le feu vert de Mitterrand pour financer à la fois le PS et le RPR. Il a embauché l'étonnant Alfred Sirven comme juge de paix pour superviser la méticuleuse répartition des enveloppes, en vertu des accords passés entre la droite et la gauche. La nomination de Philippe Jaffré en 1993 n'a, de ce point de vue, pas surpris. Proche de Balladur, cet inspecteur des Finances n'était pas là par hasard. Cet homme froid, rompu au secret, est pourtant, en partie, à l'origine de la fin de l'omertà. C'est en effet la plainte déposée contre son prédécesseur, Le Floch-Prigent, qui va déboucher sur une affaire d'État. Depuis, les hommes politiques de tout bord en suivent avec une grande inquiétude les innombrables péripéties et Jaffré n'est plus considéré comme un habile homme.

Pendant longtemps, on a donc préféré se voiler la face dès qu'il était question des affaires africaines. On prenait au sérieux les bonnes intentions affichées des chefs d'État. « Certains dirigeants africains sont contraints de fermer les yeux sur la corruption », affirmait ainsi, dans une revue savante[1], Philippe Decraene, spécialiste du sujet. Il ajoutait cependant, très optimiste : « Mais contrairement à ce que l'on pourrait supposer, leur réaction est sévère et des hommes aussi différents que les présidents ivoirien [...] Houphouët-Boigny, ou zaïrois Mobutu [...] fustigent-ils [...] les privilégiés, fussent-ils des dignitaires du pays, qui se livrent à des malversations et rançonnent les plus pauvres de leurs concitoyens. » Cette analyse est d'une surprenante indulgence envers ces deux responsables. On le savait depuis longtemps mais sa mort, en 1997, a été l'occasion d'évaluer de 2 à 5 milliards de francs, selon les estimations, la fortune personnelle de Mobutu, l'ancien président du Zaïre, acquise en trente ans de pillage de son pays. Philippe Decraene n'est pourtant pas n'importe qui. Journaliste au *Monde*, interlocuteur apprécié des chefs d'État africains, il connaissait la plupart des responsables du continent. Il connaissait aussi assez bien Mitterrand : sa femme, Paulette Decraene, était la secrétaire particulière du président.

Mais, au-delà de l'Afrique, c'est une grande partie de l'économie qui est passée sous la coupe du milieu politique. Toutes les entreprises qui travaillent pour l'État ou qui

1. *Le Débat,* n° 31, sur « La corruption », 1984.

dépendent de lui sont concernées. Les secteurs qui doivent leur prospérité aux commandes publiques sont les plus gravement touchés. Le BTP, l'eau ou les exportations d'armes ont toujours acheté la sympathie des élus ou les bonnes grâces d'une petite partie de l'énarchie. Dumez, la SAE, la Générale des Eaux (dire Vivendi pour oublier les mauvais souvenirs), la Lyonnaise des Eaux, Luchaire, Dassault ont été mêlées aux affaires en tout genre. À elle seule, Bouygues totalise près d'une vingtaine de cadres supérieurs inquiétés par la justice. Son président lui-même, Martin Bouygues, soupçonné d'abus de bien social dans une affaire de fausses factures d'un bureau d'études, a été mis en examen en février 1997, tout comme Patrick Le Lay, P-DG de TF1, par le juge Jean-Marie Charpier.

Pendant trente ans, il a été inconvenant d'évoquer les relations troubles entre ces grandes sociétés et la classe politique. Aujourd'hui encore, on ne peut aborder ces questions qu'avec prudence. Dans l'affaire Carignon par exemple — le seul ministre déchu de ses fonctions et condamné à une peine de prison ferme —, ce sont des cadres ou des chefs d'entreprise comme Jean-Jacques Prompsy ou Marc-Michel Merlin qui ont été condamnés et envoyés en prison pour avoir respecté la loi du silence. Le supérieur de Prompsy, Jérôme Monod, P-DG de la Lyonnaise à l'époque où a été passé ce que la justice a qualifié de « pacte de corruption » entre l'entreprise et la mairie, est en revanche sorti blanc comme neige. Lui aussi, comme Mitterrand et Chirac, n'était au courant de rien. Son passé d'ancien secrétaire général du RPR en 1976 ? Ce rappel l'exaspère. D'ailleurs, la politique française était alors, paraît-il, beaucoup moins pourrie qu'aujourd'hui. Et puis, tout a changé : sous l'impulsion de cet intime de Chirac, la Lyonnaise a adopté une très stricte charte de déontologie. Défense de rire : Jérôme Monod est un protestant rigoureux que la presse respecte.

À la Générale des Eaux (pardon : Vivendi), on cachait tout autant aux grands dirigeants les méthodes employées pour conquérir des marchés. Son président de l'époque, Guy Dejouany, en a fait la cruelle découverte. À Saint-Denis-de-la Réunion, son groupe a été impliqué dans une affaire de corruption qui a donné lieu à plusieurs condamnations. Lors du procès, en octobre 1997, deux directeurs de la compagnie, sous la pression fort efficace du juge d'instruction, Jean-Michel Prêtre, ont été contraints d'expliquer qu'ils avaient versé de l'argent aux élus de cette lointaine ville pour entretenir des « relations amicales » avec eux. « Les sommes demandées étaient illégales », a expliqué, l'air contrit, l'un des deux, Jean-Pierre Tardieu, ajoutant cette précision baroque dans un contexte qui donnait nettement l'impression du contraire : « Je me trouvais dans une situation difficile à laquelle je n'étais pas habitué. » L'autre directeur, Jean-Dominique Deschamps, tout aussi benêt, mettait lui aussi Dejouany hors de cause : « Je n'ai demandé la décision à personne. »

Cet ancien proche conseiller du P-DG affirmait alors très sérieusement à la barre, à propos du caractère « fictif » des contrats passés avec les élus : « Je m'en suis rendu compte plus tard. » Faisant allusion à ce qu'il appelle « les résultats » — le scandale, Dejouany entendu comme témoin, l'image ternie du groupe —, ce haut cadre terminait alors par un étrange mea culpa : « Quand on voit les résultats, il est évident que je ne détenais pas un grand savoir-faire dans ce domaine. » Est-ce si sûr ? Pour un dossier gênant qui est sorti — sans grand écho dans les médias d'ailleurs —, combien d'autres dorment dans les comptabilités du groupe ou de ses filiales ?

Toutes les affaires, en vérité, obéissent à un scénario plus ou moins similaire. L'essentiel est de protéger le sommet de la hiérarchie, chefs d'entreprise ou ministres. Ainsi, en 1995, Dassault distribue des commissions en Belgique pour faciliter la vente de ses Mirage. Succès total. L'armée passe commande à la société française. Des dissensions personnelles et politiques font, hélas, tout exploser. Après avoir résisté aux convocations du juge qui lui étaient adressées, Serge Dassault accepte finalement de venir à la barre. Le procès se déroule en septembre 1998 en Belgique, à Namur. Quelle est la position de l'héritier de Marcel Dassault ? C'est simple. Il n'a rien saisi à ce qui s'est passé. Au terme d'explications embrouillées, on finit par comprendre qu'il y a d'un côté deux partis belges d'obédience socialiste qui ont reçu des pots-de-vin pour aider l'avionneur français dans ses démarches, et de l'autre, l'argent. Celui-ci provient d'un compte situé à l'étranger, celui de Madeleine Dassault. Selon le milliardaire, sa mère, aujourd'hui décédée, aurait versé par mégarde les 15 millions de francs suspects. Pas de coupables donc, mais un responsable à ses yeux, l'un des amis de Madeleine Dassault, qui l'aurait manipulée à des fins obscures. L'entreprise n'a donc rien à voir avec cette fâcheuse négligence familiale. Serge, lui non plus, n'est pas concerné. Il regrette seulement que cette stupide affaire lui fasse perdre son temps. Pas de preuves accablantes ? Pas d'indices qui le mettent au centre de la négociation ? Des comparses iront en prison. Pas Serge Dassault qui écopera tout de même d'une condamnation avec sursis, pour le principe.

Ce 23 février 1988, Mitterrand est à l'Élysée. Chirac achève son règne à Matignon, pendant lequel il a privatisé une trentaine de grandes entreprises et de banques publiques. Ces décisions ont fait l'objet de multiples surveillances, celle du ministère des Finances mais aussi d'une commission spéciale — dite de privatisations — où siégeaient des hauts fonctionnaires en fin de carrière. Ce jour-là, donc, on débat à l'Assemblée nationale[1] d'un projet de loi sur le financement de la vie politique et la transparence du patrimoine des élus. Brusquement le ton monte entre Pierre Joxe et Jacques Toubon. Le second a attaqué en justice des déclarations du premier sur la moralité du RPR. Pierre Joxe est énervé : il a été condamné en première instance à un franc de dommages et intérêts. Une sanction symbolique, comme on dit, qui a pourtant rendu le député socialiste de fort méchante humeur. Il ironise : « C'est une condamnation si infamante qui estime à une valeur si faible l'honneur des dirigeants du RPR que je pensais que c'était une des raisons pour lesquelles il [Toubon] avait renoncé à la demande de publication d'un jugement dans plusieurs journaux. » Tout à coup, alors que l'Assemblée vient tout juste de se réveiller, le voile se déchire : « Comme tout le monde le sait, dit alors Joxe devant les parlementaires, les caisses du RPR bénéficient des privatisations. » À dire vrai, tout le monde en France ne sait pas que cette politique, présentée comme un moyen de mieux gérer l'État par la majorité de l'époque, a aussi pour effet d'alimenter la corruption ambiante. L'omertà, respectée jusque-là par la classe politique et une partie des médias, s'est révélée fort efficace. L'orateur poursuit, plus féroce que jamais : « Et

1. Extraits du compte rendu de l'Assemblée nationale, 2e séance du 23 février 1988, p. 281.

d'ailleurs, M. Toubon n'a même pas demandé aux juges de dire que ce n'était pas vrai : il leur a demandé de dire que cela portait atteinte à l'honneur [...] des dirigeants du RPR, ce que je n'avais pas dit d'ailleurs. Je ne sais pas pourquoi il l'a pris comme cela. C'est peut-être vrai de certains... »

Au lieu de s'en tenir là, l'élu se laisse aller. Et c'est un festival de langue de bois. L'affaire Luchaire dans laquelle le PS fut accusé d'avoir reçu des pots-de-vin pour faciliter l'attribution d'autorisations douteuses à cette entreprise ? Une campagne « diffamatoire » du *Figaro* et « de quelques autres organes de presse » par lesquels « le parti socialiste a été insulté ». Et Joxe de conclure, péremptoire : « En ce qui concerne le financement du parti socialiste jamais, jamais celui-ci n'a touché d'argent sur des ventes d'armes, encore moins sur des ventes d'armes dans de telles conditions » !

Le spectacle n'est pas fini. Le fameux Carrefour du Développement ? « Calomnie », selon Joxe, pour qui l'affaire « s'est dégonflée ». Nucci, l'ex-ministre de la Coopération impliqué dans le scandale, n'a tout de même échappé à une condamnation que grâce à une loi d'amnistie taillée sur mesure par la majorité socialiste. Pierre Joxe, ancien trésorier du PS, ignorait donc tout lui aussi de cet argent sans existence officielle qui payait les campagnes de l'ancien président, les permanents de la rue de Solférino, les tracts et le reste. Il a pourtant été ministre de l'Intérieur et de la Défense de Mitterrand.

Il est aujourd'hui premier président de la Cour des comptes.

# CHAPITRE 3

# LE CLUB DES ÉTOUFFEURS

La vie de François Bayrou a peut-être basculé le 8 février 1992. Ce jour-là, un principal de collège de Dordogne apprend que son fils et sa fille ont été les victimes d'abus sexuels répétés commis par un professeur de mathématiques de Bergerac, par ailleurs ami de la famille.

Quel rapport avec François Bayrou ? A priori, aucun, puisque celui-ci n'est pas encore, en 1992, ministre de l'Éducation nationale mais député des Pyrénées-Atlantiques. Pourtant, l'affaire Garric, du nom du pédophile condamné depuis pour ses agissements, a tout pour devenir une « affaire Bayrou ».

Dans un premier temps, l'administration fonctionne d'une manière pour le moins discutable : le recteur ne trouve pas le temps de recevoir le père des deux victimes, pourtant fonctionnaire d'autorité. D'autre part, le pédophile n'est pas immédiatement suspendu mais simplement déplacé dans un autre établissement. Mais, surtout, la hiérarchie n'envisage pas sérieusement d'engager une procédure disciplinaire contre l'enseignant fautif. Celui-ci sera pourtant condamné à six ans de prison par la cour d'appel de Bordeaux, le 7 juillet 1993. À cette date, l'ancien député, François Bayrou, est ministre de l'Éducation nationale depuis trois mois. Il le restera quatre ans.

Le père des enfants s'impatiente, et l'affaire connaît une certaine médiatisation. Est-ce ce dernier élément qui incite alors François Bayrou à demander un rapport à l'Inspection générale de l'administration de l'Éducation nationale ? En tout cas, il ne sera pas déçu ! Deux enquêteurs, un inspecteur général et un chargé de mission se déplacent sur les lieux. Ils rencontrent tous les acteurs de la décision — ou plutôt de l'indécision — administrative. Ils bouclent leur rapport au ministre début 1994.

Leur diagnostic ? « Sans commettre de faute, le service public de l'Éducation nationale n'a pas été à la hauteur des événements [...]. Il [lui] revient désormais d'adopter une attitude plus équitable et chaleureuse [envers les victimes]. » Voilà pour l'appréciation générale. Dans le détail, les rédacteurs de ce rapport confidentiel — inédit à ce jour — se montrent bien plus incisifs. Dangereusement incisifs, même : « Le service public ne peut pas laisser croire qu'il essaie de dissimuler les agissements coupables de fonctionnaires dévoyés. Or, de multiples affaires, celle de M. Garric comme celle jugée le 21 décembre 1993 en cour d'assises à Nanterre (l'administration y a été lourdement condamnée pour son laxisme), peuvent engendrer dans l'opinion un doute très sérieux quant à la sécurité des enfants confiés à une institution publique d'éducation, et surtout quant à la détermination de l'administration de tutelle à sanctionner rapidement les coupables et à les écarter définitivement des élèves. »

De fait, les réactions de l'Éducation nationale dans cette dramatique affaire ne peuvent que surprendre. Car, à l'indifférence générale témoignée dans un premier temps à ce père meurtri — et que dire de ses enfants ? — succède vite l'hostilité. Il réclame en effet justice, envoie des courriers et interpelle — en vain — ses supérieurs. Un journal satirique local auquel il collabore met alors en cause l'institution, notamment le rectorat et un élu local. Le père dément être à l'origine de l'article. Mais l'administration, cette fois, réagit avec une promptitude inhabituelle : refus de mutation-promotion. La première sanction, dans cette désolante affaire, sera pour la victime.

Ces absurdités n'échappent pas aux enquêteurs. Leur rapport, tirant les leçons de « l'attitude de l'administration », fait des propositions précises pour remédier à ces « dysfonctionnements ». « Une lettre-circulaire signée par le ministre, et adressée à tous les responsables du système éducatif, serait de nature à restaurer le civisme qui a pu, ici ou là, faire défaut : dès que des faits hautement répréhensibles sont connus et que des enfants peuvent encourir des risques sérieux, il convient de prendre des mesures conservatoires qui mettent les élèves à l'abri des déviances dénoncées [...]. Si la preuve des accusations est apportée, une procédure disciplinaire doit être entamée, indépendamment des suites judiciaires éventuelles. »

On tremble à l'idée qu'en 1994 il faille proposer des mesures d'un bon sens aussi élémentaire à un ministre. Ce n'était pourtant pas superflu. Et les auteurs du rapport se montrent en l'espèce très courageux. Car, dans la culture politico-administrative de la France, la pédophilie est un de ces non-sujets efficacement couverts par l'omertà médiatique.

Or ces deux fonctionnaires osent bousculer leur hiérarchie. Ils recommandent justement au ministre d'intervenir. Le rapport rendu à François Bayrou est précédé d'une note de synthèse signée par la chef du service de l'inspection, Céline Wiener, et intitulée « Note au ministre ». Datée du 17 janvier 1994, elle reprend, dans leurs grandes lignes, les conclusions du rapport. En un peu plus musclé : « En cas d'abus sexuel commis par un enseignant, l'incrédulité initiale de ses collègues, du chef d'établissement et de l'ensemble de la hiérarchie, puis les lenteurs dans la saisine de justice ou les hésitations à entamer une procédure disciplinaire laissent dans l'opinion la déplorable impression d'un milieu éducatif plus solidaire du coupable ou plus soucieux de l'image d'un établissement que du traumatisme des victimes. »

Céline Wiener appuie ensuite la proposition de ses collaborateurs : une lettre-circulaire signée personnellement par le ministre. « L'institution, insiste-t-elle, sortira grandie de l'épreuve, sachant sanctionner ceux qui la flétrissent au lieu de la servir, et apporter aux victimes un soutien moral indispensable. »

Insister sur les préconisations répétées de l'Inspection générale — la plus haute autorité de contrôle — à l'adresse du ministre n'est pas de pure forme. C'est aussi souligner que celui-ci était directement sollicité par des acteurs importants de son administration pour mettre fin à l'étouffement des affaires de mœurs à l'école. Un silence favorisé par des syndicats qui préfèrent dénoncer le salaire au mérite.

François Bayrou va rester à son poste jusqu'en mai 1997. Soit plus de trois ans après avoir pris connaissance de ce rapport. Que fait-il ? Rien. Le projet de « lettre-circulaire » ne verra jamais le jour. Pourtant, quand Céline Wiener en parle avec son conseiller, Xavier Darcos, ce dernier se montre plutôt ouvert à l'idée qu'il faut agir. Hélas, le ministre ne trouve pas dans son emploi du temps quelques minutes pour donner des instructions claires en ce sens.

Sa responsabilité, qui à ce jour n'a jamais été évoquée, est d'autant plus engagée que plusieurs avertissements lui sont parvenus. Des critiques de ses opposants ? Pas du tout. Ce sont ses propres amis politiques du CDS (son parti rebaptisé Force démocrate) qui essaient de le faire réagir. De façon officieuse, une magistrate de la Cour des comptes, qui a travaillé sur la gestion des personnels enseignants et a perçu les dérives du ministère, lui fait part avec un certain courage de son inquiétude. Pas de réaction de l'homme qui a dit un jour : « J'ai l'ambition que les choses ne soient pas après moi comme elles étaient avant moi. »

Le fameux rapport de l'Inspection générale circule maintenant dans l'entourage du ministre. L'un de ses conseillers, alerté par une autre affaire dans les Yvelines, où les droits de la victime ont été bafoués et l'enseignant simplement déplacé, met un jour en garde François Bayrou : « Attention avec ces histoires de pédophilie. Il faut faire quelque chose. » Et le ministre, ce centriste chrétien qui déclare volontiers que sa génération doit pratiquer la politique autrement, de louvoyer : « Je ne vois vraiment pas l'intérêt de salir l'Éducation nationale. Et puis, tu imagines la réaction des syndicats ? Non, je t'assure : il y a des moments où il faut savoir se taire. » François Bayrou essaiera finalement de se protéger : il ne faut pas que l'on puisse l'accuser d'inertie ou de mauvaise volonté. Dans l'urgence le voilà qui signe une — très timide — circulaire où le terme de pédophilie ne figure même pas.

Cela se passe entre les deux tours des législatives de 1997. Mais il est trop tard pour prétendre que l'honneur est sauf[1].

Pratiquant avec une telle obstination cette politique de l'autruche, l'ancien ministre mérite une place de choix au « club des étouffeurs ». Un club très informel, dont les différents membres, actifs ou honoraires, ne se connaissent pas forcément. Un club qui, contrairement aux préjugés, ne compte pas que de « gros bonnets ».

Qu'ont-ils à cacher ? Qu'ont-ils à protéger ? François Bayrou a failli perdre son poste peu après l'avoir conquis, à la suite d'une regrettable erreur d'appréciation des capacités de mobilisation enseignantes en faveur de l'école publique. Le ministre voulait abroger la loi Falloux, qui réglemente strictement le financement public de l'enseignement privé. À cette occasion, l'ampleur des manifestations le fit

1. Contacté par téléphone par l'intermédiaire d'un de ses collaborateurs proches et de son assistante et, à trois reprises, par fax les 25 mai, 24 juin et 2 juillet 1999, François Bayrou n'a pas souhaité rencontrer les auteurs pour leur donner son point de vue.

capituler. Depuis cette mésaventure, il ne prend plus de risques. On ne sait jamais. Une décision intempestive pourrait indisposer d'autres petits étouffeurs, tapis dans les recoins du ministère mais potentiellement nuisibles. Des fonctionnaires qui n'ont jamais voulu savoir. Certains syndicalistes pour lesquels la répartition des heures supplémentaires est une cause autrement plus importante que la sécurité des enfants à l'école... Bref, toutes sortes de populations avec lesquelles il convient de rester en bons termes.

De ce point de vue, Bayrou a mis le paquet. Quand, un jour, il arrive en retard à une réunion du Conseil supérieur de l'Éducation, il se précipite sur la redoutable secrétaire générale du SNES, Monique Vuaillat, qu'il soigne particulièrement. Il se donne du mal pour fraterniser avec cette représentante d'un des syndicats les plus vigilants sur le respect des prérogatives des enseignants, l'embrasse comme du bon pain et lui dit, tout contrit : « Excuse-moi, Monique. » C'est cette femme qui a dit un jour à un membre du cabinet de Bayrou s'inquiétant auprès d'elle du non-dit qui régnait alors : « On voit bien ce que la presse ferait de ces affaires. » C'est Ségolène Royal — avec le soutien de Claude Allègre — qui, dès sa nomination à l'été 1997, osera briser le tabou. Depuis la mise en œuvre des nouveaux textes, plus de deux cents affaires de pédophilie sont remontées jusqu'à son ministère.

Ministre ou fonctionnaire de base, que ne ferait-on pas pour défendre un statut, une carrière, un passe-droit ? Ces tentations existent partout, dans toutes les sociétés. En France, il est possible d'y succomber car rien n'est mis en œuvre pour dissuader les adeptes du « Tout va bien, monsieur le ministre ». C'est là que réside une regrettable exception française. Les documents administratifs ? Indisponibles. Les archives ? Interdites au public. Les affaires politico-financières ? Encore trop souvent enterrées. Le patrimoine des hommes politiques ? Restons corrects. Et leur vie privée, quand elle interfère manifestement avec la vie publique du pays ? Vous ne voudriez tout de même pas ressembler à ces affreux Américains ?

Il est vrai que l'activité d'étouffeur — pas rémunérée officiellement mais pas bénévole non plus — permet d'accéder à un mode de vie très agréable. Quelle que soit la fonction occupée dans la société, on dispose d'une couverture impeccable : le dévouement à la démocratie française. Au journal de 20 heures, les plus virtuoses continuent de clamer leur admiration pour un pays qui ne succombe pas à la « tyrannie de la transparence » et sait respecter ses élites méritantes. Dans les coulisses, on bétonne. Car le club réunit toute une équipe de virtuoses. À ce jeu, quatre familles se distinguent. Les élus du peuple. Les mercenaires de luxe. Les grands commis de l'État. Et —

comment les oublier ? — ceux que Lénine appelait « les idiots utiles ».

La lettre commence ainsi : « Monsieur. La fascination qui semble être la vôtre pour la bêtise et le mensonge doit révéler une part de vous-même habitée par ce couple. » Elle se poursuit sur le même ton : « Je ne peux que penser (et dire) de vous ce que l'on disait de Cambacérès[1] qui lui, au moins, a joué un rôle dans notre vie publique : il mettait de la gravité dans sa bassesse. » Et puis la menace, sans ambiguïté : « Ayant pris sur vous d'insulter mon épouse par diffamants [*sic*] interposés, je souhaite pour votre propre intégrité de ne pas avoir un jour à croiser votre chemin. » Le 18 septembre 1997, le journaliste Jean-Alphonse Richard a reçu ce mot déposé par porteur au *Figaro*. Son auteur ? François Léotard. Le procédé ne choque apparemment pas grand monde. *France-Soir* y consacre un article. Et puis, le silence retombe. La cause de cette crise de nerfs ? Traité avec égards pendant des années par le service politique du quotidien, Léotard est habitué à ce qu'on parle de ses idées, de son rôle décisif dans la rénovation de la droite, de ses tentations littéraires. Point à la ligne.

1. Juriste proche de Napoléon qui le nommera au Conseil d'État où il contribuera à faire aboutir le fameux Code Napoléon.

Jean-Alphonse Richard, qui travaille dans le service des « infos géné » comme journaliste d'investigation, n'est pas un familier de l'ancien ministre comme beaucoup de ses confrères. Or celui-ci supporte de plus en plus mal que la presse associe régulièrement son nom à des affaires : le dossier de Port-Fréjus avec son cortège d'irrégularités, l'histoire des faux tampons de la préfecture qui se sont retrouvés à la mairie de Fréjus où l'on en faisait un large usage, les méthodes de financement du Parti républicain qu'il a dirigé pendant près de dix ans, pour n'en citer que quelques-unes. Alors évoquer, comme le fait le journaliste du *Figaro,* le terrain acquis en 1986 par l'attachée de presse de Port-Fréjus devenue six ans plus tard sa seconde épouse, Ysabelle, c'est trop pour lui. Il fait répondre par l'UDF qu'il n'habite plus cette villa depuis janvier 1994. Pourquoi toutes ces dates ? Parce que l'article suggère un lien entre une modification du plan d'occupation des sols (POS) qui a assoupli les règles de construction applicables à ce terrain et la vente de la maison. Le maire de Fréjus s'en défend vigoureusement, le communiqué de l'UDF ajoute d'ailleurs : « Nous tenons à rappeler que dans une affaire de ce type la prescription est de trois ans. » Bref, Léotard, de toute façon, n'a plus rien à craindre. Mais il ne veut pas que ça se sache.

Au-delà de cette petite pochade, peut-on faire peser sur celui qui symbolisa autrefois un nouveau discours politique le soupçon de participer à une quelconque omertà ? Plus on enquête, et plus on trouve malheureusement de quoi s'interroger.

En 1987-1988, Léotard est ministre de la Culture de Chirac. Sa préoccupation du moment : empêcher qu'un autre candidat à droite puisse gêner l'élection de son nouvel allié. « J'ai commencé à expliquer dans mes papiers, se souvient Daniel Carton, alors journaliste au *Monde*, comment Léotard et ses amis s'efforçaient de torpiller la candidature de Barre à coups de petites phrases ou de manœuvres moins avouables. Ils s'énervaient de plus en plus jusqu'au moment où l'on m'a interdit de mettre les pieds au PR ou d'assister aux conférences de presse. » Lui était-il encore possible de faire son métier ? « J'ai été embêté au début mais après je me suis rendu compte que ça ne m'empêchait pas de travailler. Dans ce milieu tout le monde parle. La vérité, c'est que les hommes politiques ont plus besoin de nous que nous n'avons besoin d'eux. » Mais le plus étonnant, ce sont peut-être les réactions de ses confrères. Certains comme Nicolas Domenach — à l'époque à *L'Événement du jeudi* et proche de Léotard à qui il a parfois prêté sa plume — n'ont guère apprécié le ton des articles de leur confrère du *Monde*. Car, lorsqu'il y a pression dans le microcosme, elle vient souvent des chers confrères, inquiets à l'idée qu'on commence à soulever le couvercle de la marmite.

Elle peut aussi venir d'ailleurs. D'une des grandes prêtresses de la communication, Anne Méaux, qui connaît le Tout-Paris de la politique et des affaires, et appréciait à l'époque Léotard, par exemple. Elle appela le directeur du *Monde* à qui elle fit comprendre qu'il serait opportun de changer Daniel Carton d'affectation. Bref, une demande de mutation. Jean-Marie Colombani ne céda pas et les apparatchiks du PR, pour une fois, durent avaler leur chapeau.

Mais la paranoïa nourrie par la petite bande à l'égard des médias continue. Même TF1, où l'ancien séminariste compte des amis jusque dans les hautes sphères de la chaîne en la personne notamment d'Étienne Mougeotte, attire ses soupçons.

Fin 1997, le livre d'André Rougeot et Jean-Michel Verne sur l'assassinat de Yann Piat provoque, non sans raisons, un vif émoi dans le sérail politico-médiatique. Parce que ces deux journalistes accusent sans preuve François Léotard, leur livre est interdit par la justice. Mais le dossier qu'ils ont constitué pour se défendre ne sera pas perdu pour tout le monde.

L'avocat de François Léotard découvre parmi les pièces produites par Rougeot et Verne le témoignage d'un journaliste de TF1, Bernard Nicolas. Celui-ci prépare alors un magazine sur le Crédit Lyonnais. En enquêtant sur les dérives de la banque, il est tombé par hasard sur un promoteur immobilier qui lui a spontanément parlé de Léotard et de divers sujets (promotion immobilière dans le Var, besoins de financement des partis politiques et de leurs responsables, etc.). La conversation était si intéressante que le journaliste a décidé de l'enregistrer sans savoir encore ce qu'il en ferait. Quand ils découvrent l'existence de cet intéressant document, François Léotard et ses amis s'agitent un peu. À tort : il n'a jamais été question, sur TF1, de diffuser une telle interview. Mais la petite bande va jusqu'à imaginer qu'il y a un complot contre « François » ourdi à l'intérieur de la chaîne.

Comme d'autres, Léotard profite du manque de curiosité que manifestent à son égard des médias bien disposés. Il les traite donc avec une rare désinvolture. Un jour, fin 1995, de passage à Sarajevo comme ministre de la Défense, il fait savoir à la hiérarchie de TF1 qu'il se refuse à avoir le moindre contact avec l'envoyé spécial de la chaîne. Le crime de ce journaliste ? Avoir écrit quelques mois plus tôt dans un livre qu'un militaire avait perdu la vie en allant chercher le téléphone portable du ministre de la Défense derrière les lignes serbes. À la fin de sa visite, Léotard se rend au siège de la télévision de Sarajevo, qui abrite les bureaux des chaînes étrangères. Le journaliste de TF1 voit tout à coup débarquer dans son local l'officier de presse de la Forpronu — la force internationale envoyée pour ramener la paix dans l'ex-Yougoslavie. Celle-ci lui explique, gênée, sa mission : s'assurer que le ministre ne risque pas de le croiser !

En 1986, alors qu'il vient d'être nommé ministre de la Culture — son premier poste gouvernemental —, ce sémillant quadragénaire achève ainsi sa première conférence de presse informelle : « Maintenant, vous savez à qui vous adresser si vous voulez des places à l'Opéra. » Cette petite précision est donnée avec le plus grand sérieux, au premier degré.

Qu'est-ce à dire ? Que François Léotard est alors bien décidé à exister malgré l'ombre de son prédécesseur. Et que, pour assouvir cette haute ambition, il est déterminé à employer les mêmes méthodes. Car l'as de l'étouffement, c'est lui, l'omniprésent Jack Lang. En vrai professionnel, l'ancien professeur de droit sait mettre en musique toute une gamme de « messages » destinés à ce que les questions délicates ne soient jamais relayées jusqu'aux oreilles du grand public. Face aux journalistes, il sait jouer de la séduction : demande de conseils, pour que l'interlocuteur se croie important, invitations à le suivre à l'étranger ou au festival de Cannes... Il ne rechigne pas à se montrer plus directif, voire réprobateur, vis-à-vis des fortes têtes. À cette occasion, il délègue souvent ses pouvoirs à son épouse, la tressautante Monique, toujours prête à défendre l'image du couple. Est-elle mise « en baisse » dans les colonnes du *Nouvel Observateur* ? La voilà qui sort de l'ombre pour traquer au téléphone le dirigeant historique de l'hebdomadaire, Jean Daniel. Imagine-t-il l'usage que vont faire sur les marchés de sa bonne ville de Blois les adversaires de « Jack » ? Pourquoi une telle agression, inexcusable ? Jean Daniel essaie d'endiguer le flot des reproches mais l'égérie du ministre s'en prend ensuite à d'autres responsables du journal. Au fait : pourquoi une telle colère ? Parce que le service politique du *Nouvel Observateur* a signalé que Mme Lang a touché un salaire alors qu'elle ne disposait ni d'un bureau ni d'une ligne de téléphone pour mener à bien sa mission. Qui la payait ? La Lyonnaise des Eaux, groupe bien connu pour son désintéressement. Mais la chance est avec le couple : Monique (Lang) sera traitée avec plus d'indulgence que Xavière (Tiberi) par la presse.

Chez les Lang, d'ailleurs, on est très « famille ». Les femmes et les enfants participent, dans la mesure de leurs moyens, à la belle aventure. Quand, début 1995, Jacques Delors renonce à être le candidat des socialistes à l'élection présidentielle, Daniel Carton écrit dans *Le Monde* que la candidature de Jack Lang — qui vise l'Élysée — serait « moralement insoutenable ». Émoi place des Vosges. L'ami des arts et des lettres tente de se renseigner pour savoir où veut en venir ce journaliste jugé malveillant. L'ancien ministre lui envoie sa fille. « Elle m'a expliqué qu'elle venait en cachette de son père, raconte Daniel Carton. Puis elle a fondu en larmes en évoquant l'immense blessure que lui avait infligée mon article. »

Il serait cependant inexact de dire que Jack n'intervient jamais lui-même. Il s'occupe personnellement des journalistes qui font de l'investigation. Autrement dit, qui s'intéressent à l'argent et plus spécialement au sien. Lang, apparemment, supporte mal de telles fautes de goût. Quand son nom apparaît dans un article sur une « affaire » — qu'il s'agisse de Michel Pacary, cet intermédiaire financier adepte de la fausse facture, ou de Jean-Jacques Walter, propriétaire d'un tableau de Van Gogh qui sollicita en vain une autorisation d'exportation dans des circonstances non élucidées —, il appelle immédiatement l'auteur en personne. Plusieurs journalistes, Laurent Valdiguié, du *Parisien*, Philippe Sprang et Jean-Guy Courson, de *L'Événement* — où l'ancien ministre fit un jour une visite surprise —, et Sébastien Fontenelle, aujourd'hui à *France-Soir*, ont connu cette expérience étonnante. L'ancien ministre semble priser le rythme ternaire. « Lorsqu'il m'a appelé le jour où j'allais sortir un papier, son propos tournait autour de trois thèmes, raconte ce journaliste : 1) C'est un complot, on veut m'abattre ; 2) Faites attention à ce que vous écrivez, j'ai des avocats qui ne vous feront pas de cadeaux ; 3) Je connais bien votre chef. » Sur les deux derniers points, l'ancien ministre dit d'ailleurs vrai le plus souvent. Cette attitude est très représentative des talents qu'on peut observer lorsque le club des étouffeurs se met en action.

Les modalités varient, mais le souffle et l'aplomb ne doivent jamais faire défaut. Tony Dreyfus, avocat, ancien ministre et homme de confiance de Michel Rocard, a une formule magique : « Qu'est-ce que vous faites exactement ? Journaliste [sous-entendu : de base] ? Eh bien, vous allez le rester longtemps ! »

Charles Pasqua, plus créatif, fait retarder la parution d'une biographie non autorisée de lui. Son astuce ? Il promet à l'éditeur ses *Mémoires exclusifs.* L'éditeur attend toujours.

Dans le monde politique, Chirac, sur ce plan, a été un précurseur. Il a toujours eu sa conception de la liberté de l'information. Pourquoi, par exemple, se laisser embêter par le « persiflage » ? Il a inventé cette appellation en 1974, alors qu'il était le jeune premier ministre de Giscard. Elle s'appliquait à certains chroniqueurs d'Europe 1 et notamment à Gérard Carreyrou qu'il ne supportait pas. Dans ces cas désespérés, il faut bien sévir. Le pouvoir n'y consent bien sûr qu'à regret. Carreyrou fut donc invité à plus de réserve. Jacques Paoli, rédacteur en chef d'Europe 1, fut écarté peu de temps après, tout comme le patron de la station, Maurice Siegel. Celui-ci racontera plus tard la scène. « C'est sans précédent dans la profession, hurlait Chirac à propos d'un billet jugé impertinent. Il y a des usages et des conventions entre les hommes publics et la presse. Vous avez transgressé ces règles. Vos procédés sont inqualifiables. » Huit ans plus tard, ce sera le tour de Philippe Alexandre. Cette fois, c'est Mitterrand en personne qui veut la peau du chroniqueur matinal de RTL. Coups de téléphone, notamment de son directeur de cabinet, André Rousselet. Le conseiller d'État qui dirige RTL le convoque : « Il ne faudrait pas que votre impertinence gêne les rapports entre le Grand-Duché[1] et le gouvernement français, assène avec une certaine audace Jacques Rigaud à Philippe Alexandre. Je vous demande donc votre démission pour le bien de la maison. » La réaction de l'insolent : « J'ai hurlé avant d'être égorgé », dira-t-il plus tard. Et il crie si fort que le pouvoir, effrayé, recule.

« L'affaire [...] a progressé avec lenteur depuis l'arrestation de l'ex-maire puis secrétaire du comité du parti pour la capitale [...]. Il passe pour avoir promis à ses interrogateurs d'infliger des dommages à d'autres personnalités du régime s'il était traîné devant les tribunaux [...]. Le fils de l'ancien maire [...] qui a occupé des fonctions obscures lui donnant accès aux [...] affaires des collaborateurs de son père dans le domaine immobilier a été condamné [...]. » Mairie de Paris ? Pas de mauvais esprit : tout cela se passe en Chine. L'ex-maire de Pékin, Chen Xitong, une partie de sa

1. C'est au Luxembourg que sont installés les émetteurs de RTL.

famille et certains de ses conseillers, ont dû, fin 1997, s'expliquer dans un grand procès largement couvert par la presse chinoise. Francis Déron qui rendait compte des débats pour *Le Monde*[1] écrivait qu'il s'agissait « du plus haut dirigeant chinois jamais limogé pour une affaire de corruption ».

L'homme qui a dit un jour à la presse « Je-suis-intouchable » n'a évidemment rien à voir avec ces mœurs de barbares. Certes il y a eu, à Paris, des détournements d'argent, des HLM opaques — qui lui ont valu d'écoper d'une mise en examen — et des fax d'intermédiaires informant secrètement certaines entreprises de la bonne nouvelle : la ville leur confiait un marché. Mais Jean Tiberi n'était au courant de rien. D'ailleurs on ne parlait guère de ces dérives, jugées anecdotiques. Peu d'articles — sauf quelques-uns dans *Libération* en 1983 qui seront vite oubliés — et pas de déclarations indignées de l'opposition.

Les caciques du PS à Paris ? Bertrand Delanoé, proche de Jospin, Georges Sarre, lieutenant zélé de Chevènement, Jean-Marie Le Guen, le patron de la fédération, n'ont rien vu de ce qui se passait pendant quinze ans. C'est la faute « à pas de chance ». « C'est ce qu'ils disent, confie un journaliste, mais c'est dur à avaler. Ils profitaient tout de même du système Chirac, avec secrétariat, frais, voitures. » Pourquoi ne pas avoir dénoncé cette complicité de

1. *Le Monde*, 22 août 1997.

la gauche ? « Les journalistes n'avaient pas de preuves mais savaient qu'il y avait une vraie corruption à Paris. Progressivement ils sont devenus plus sévères pour Chirac. Ce dont profitait la gauche, en proportion, c'était rien. Alors nous n'avions pas envie de la mettre dans le même sac que le RPR. » L'omertà française, c'est aussi cela : le RPR se servait largement. Le PS ramassait les miettes. Donc, tout le monde se taisait. Jugement de Salomon rendu par la presse : acquittement des gentils socialistes au titre des circonstances atténuantes.

Ceux qui couvraient l'actualité de la capitale n'étaient de surcroît pas toujours bien placés pour dénoncer les mœurs des élus. Autrefois, le correspondant du *Monde* chargé de Paris signait ses papiers, bien rédigés mais pas très gênants pour la ville, Jean-François Perrin. Son vrai nom était en réalité Pernin. Pourquoi ce pseudonyme ? Parce que son père était un important élu centriste de Paris. Aujourd'hui le fils a abandonné le journalisme pour devenir maire du XII^e^ arrondissement. Ce genre de fil à la patte ne favorise pas l'insolence journalistique.

Tous les hommes politiques n'appartiennent pas pour autant au club des étouffeurs. Mais l'adhésion est si tentante ! Ils sont les représentants du peuple, l'incarnation de la Nation, les gardiens des institutions. L'État, c'est eux. Et leur carrière se rejoue périodiquement dans le secret de l'isoloir. Comment, dans ces conditions, tolérer sans sourciller la critique ou, pis, la révélation désagréable ?

Toutes les démocraties du monde ont inventé des garde-fous, des barrières pour contrer ces penchants naturels. La France aussi. Sur le papier. Certains contre-pouvoirs fonctionnent, d'autres pas. Pour mieux se protéger derrière le rideau bienfaisant de l'opacité, les étouffeurs en chef ne sont pas seuls. Ils disposent aussi d'auxiliaires. Ceux-ci ont en commun une qualité inestimable. Cela s'appelle le « savoir-faire ». Les mercenaires de luxe en sont pourvus. C'est même leur raison d'être.

On l'a appelé « l'avocat de cour ». Ce n'est pas très amical. Tout cela parce que ce brillant plaideur n'a reculé devant rien pour s'attacher l'affection de François Mitterrand. Par tous les temps, il l'a accompagné au golf, lui qui n'entend rien à l'art du swing. Aucune importance : il n'était là que pour jouer les caddies, porter les clubs de l'Être vénéré.

Il a d'ailleurs défendu presque chaque membre de la famille. Le fils, quand *L'Événement du jeudi* s'intéresse, en 1990, aux relations de grande proximité qu'entretient Jean-Christophe M., conseiller à l'Élysée pour les affaires africaines, avec certains pays du continent noir et quelques sociétés qui y prospèrent. La mère, Danielle M., qui a recours à ses services dans le cadre de la fondation France Libertés. Le beau-frère, Roger H. Et finalement le père lui-même, à titre posthume.

L'histoire avait pourtant bien commencé. Au début des années 70, cet avocat, qui vient d'un milieu très modeste, bénéficie d'une réputation flatteuse. C'est, de surcroît, un ami des libertés. Il est l'avocat de Gallimard, et défend à ce titre le droit des auteurs et la liberté d'expression. Noble tâche.

Mieux. Il se fait connaître comme pourfendeur des esprits étroits qui à l'époque s'efforcent de bloquer la parution des publications à caractère sexuel. Il passe à la télévision et y dénonce les Tartuffe. Il est bon. Il convainc. Plus tard, il défend les médecins signataires d'un appel en faveur de l'avortement ou encore l'abolition de la peine de mort. Dans tous ses choix, cet homme-là apparaît comme un défenseur intransigeant des libertés. N'est-il pas l'avocat des enfants du général Oufkir, privés de liberté par le roi du Maroc Hassan II ? N'est-il pas, plus tard, choisi par la famille de Malik Oussekine, le jeune homme décédé à la suite d'une bavure policière pendant les manifestations étudiantes de 1986, pour la défendre face au ministère de l'Intérieur ? Que de bonnes causes !

Pourtant, déjà, les choses se gâtent. Derrière le défenseur d'Ionesco, de Malraux et de Barthes, on n'a pas assez deviné celui de Gaston Defferre et de Jack Lang. Derrière le plaideur des grandes causes, le mondain a été négligé.

Au palais de justice, son carnet d'adresses impressionne. Les magistrats savent que l'homme a des relations. Au plus haut niveau. « Au milieu des années 80, son pouvoir d'intimidation était déjà opérant, se souvient un magistrat. Je me rappelle une scène édifiante à la XVII$^{e}$ chambre correctionnelle, celle qui est chargée des délits de presse. Quand Kiejman a fait son apparition dans la salle, un assesseur, qui était d'ailleurs une femme, a tout interrompu pour venir le saluer et lui lire séance tenante les motivations dans une de ses affaires. Le reste du monde pouvait bien attendre. »

La transfiguration s'accomplit totalement en 1990. Une année chargée. Un article paraît à l'époque dans *Le Débat*[1]. Cette prestigieuse revue a demandé à plusieurs observateurs, journalistes, avocats, sociologues, de plancher sur la question : « Quels contre-pouvoirs au quatrième pouvoir ? » Dans sa copie, l'avocat entend revenir sur la loi de 1881 qui régit la liberté de la presse. Ou plutôt il considère que cette loi, comme celle qui, depuis 1970, défend le respect de la vie privée, n'est pas appliquée avec suffisamment de rigueur.

« Le juge, écrit-il, est terrorisé par l'idée qu'on pourrait lui reprocher de porter atteinte à la liberté de la presse. »

1. *Le Débat,* Gallimard, n° 60, mai-août 1990.

Ce que Kiejman déplore, c'est de voir tant de journalistes en liberté. « Le texte de la loi, écrit-il, prévoit des peines de prison ; je n'ai jamais vu un tribunal oser prononcer une peine de prison, même avec sursis, contre un diffamateur. »

« La peine, regrette-t-il encore, se réduit toujours à une amende plus ou moins élevée [...]. Ce n'est pas une amende variant entre 500 et 5 000 francs qui est de nature à épouvanter un journal. » Quelle amnésie chez un esprit habituellement si délié ! Ne se souvient-il pas d'avoir obtenu des sommes autrement plus importantes au cours de précédents procès ?

Ces propos ont fini par lui poser quelques problèmes. En 1991, il est nommé ministre de la Communication. Les divers syndicats et fédérations de presse s'enquièrent, non sans quelque inquiétude, de ses projets de réforme de la loi de 1881. « On me reproche un article paru dans une revue lue par quelques intellectuels de la rive gauche[1] », minimise-t-il. Étonnant système de défense pour celui qui fait la leçon aux journalistes sur leur désinvolture et leur esprit d'approximation. Il suffit donc de publier dans une « revue lue par quelques intellectuels » pour pouvoir écrire n'importe quoi ?

Il est vrai que le ténor est peut-être un peu déboussolé. Car, entre-temps, il a connu quelques déconvenues. Il est, certes, devenu ministre en octobre 1990. Mais ministre délé-

1. *Le Monde,* 13 juin 1991.

gué seulement. Une cruauté du président. Le garde des Sceaux, c'est Henri Nallet. La durée de vie de l'ancien avocat à ce poste (neuf mois) montre que ce n'a été, pour rester aimable, qu'un demi-succès.

À peine arrivé à la Chancellerie, on lui a confié de vraies responsabilités : communiquer, entre autres sujets, sur le délicat dossier Bousquet. L'ancien chef de la police de Vichy et ami de François Mitterrand était menacé des assises pour « crimes contre l'humanité ». Mais le parquet général a su argumenter juridiquement pour le lui éviter. « Un fils de déporté juif a été nommé ministre délégué à la justice pour assurer l'impunité du chef de la police de Vichy[1] », constatait amèrement au lendemain de la décision Serge Klarsfeld, autre avocat qui a, lui, traqué les anciens dignitaires du III^e Reich sa vie durant. « Au-delà de la nécessaire lutte contre l'oubli, il peut apparaître important de préserver la paix civile », répond Kiejman.

Ce passage au ministère de la Justice, en vérité, ressemble à un cauchemar. L'homme éructe contre le juge Jean-Pierre, qui vient de perquisitionner chez Urba, l'usine à fausses factures du PS. Il parle de « cambriolage judiciaire », se répand dans les médias, à l'Assemblée. Rien ne semble pouvoir le calmer.

1. *Le Monde,* 23 octobre 1990.

C'est un tort. Au club des étouffeurs, on se doit de rester serein. Comme son supérieur, Henri Nallet. Ancien trésorier de la campagne présidentielle de 1988 pour François Mitterrand, celui-ci est mis en cause en marge de l'affaire Urba. Henri ne bouge pas. C'est Georges qui apparaît pour les questions d'actualité du mercredi à l'Assemblée nationale. Il s'énerve, se fait huer.

Georges Kiejman se console néanmoins. Il sait que ce passage à la Chancellerie, s'il égratigne son orgueil, ne lui nuira pas. L'ancien avocat prend quelque plaisir à participer à la nomination des magistrats. « J'ai renoncé à une situation confortable pour entrer dans le secteur public, explique-t-il dans *Match* fin 1990[1]. Je resterai dans ce dernier même si je ne dois plus occuper une fonction ministérielle, pour la simple et unique raison que mon pays m'intéresse. »

Las, quelques années plus tard, Me Kiejman retourne à son cabinet et tente de reconquérir une clientèle. Au nom du service public, sans doute, il se fait une spécialité de demander l'interdiction des livres qui heurtent sa sensibilité de fonctionnaire virtuel.

On voit pourtant mal le lien entre cette mission de service public qu'il dit chevillée au corps et la défense de Robert De Niro. Pour défendre l'acteur américain, interpellé dans le

1. *Paris-Match*, 13 décembre 1990.

cadre d'une affaire de prostitution de luxe, l'avocat se dépense en effet sans compter. Il essaie d'impressionner le magistrat instructeur Frédéric N'Guyen. Ça ne marche pas. Il obtiendra finalement gain de cause quand Guy Canivet, alors premier président de la cour d'appel, saura convaincre le juge d'instruction trop remuant de se dessaisir du dossier.

Sur le terrain médiatique, il lui faut aussi éteindre la curiosité pour « Bob et les call-girls ». Georges (Kiejman) agite alors son réseau. Dans *L'Événement,* désormais tenu par un ami, Georges-Marc (Benamou), il fait donner Jack (Lang) qui vole au secours de l'acteur américain. Dans plusieurs médias, il explique au journaliste en charge du dossier que le juge est fou et le prestige de la France dans le monde ébranlé par cette affaire.

Autre grande mission de service public : Mohamed al-Fayed, patron du Ritz et père du malheureux Dodi. Dès le début, Me Kiejman met la pression sur les paparazzi. Ils font des coupables idéaux, et détournent l'attention populaire du chauffeur ivre, chef adjoint de la sécurité du Ritz, et donc employé du milliardaire égyptien. Mais voilà que certains journalistes se mettent à fouiner, que d'autres entendent même publier des livres. Christopher Andersen, un Américain ignorant des subtilités de la presse française, prétend écrire que Dodi ne crachait pas sur la cocaïne et qu'Henri Paul, l'employé modèle, entretenait aussi d'amicales relations avec les RG (les célèbres Renseignements généraux). Me Kiejman ne se démonte pas. Il tempête et laisse entendre que, si ces détails déplaisants sont publiés, le livre de M. Andersen risque fort l'interdiction, à moins que les tribunaux ne s'en tiennent à des dommages et intérêts très élevés. Encore une mission de service public. L'éditeur ne cédera pas et le livre sera finalement publié en France[1]. Et l'accusateur public ne mettra pas ses menaces à exécution.

Un cas particulier, Kiejman ? En réalité, il n'est pas rare de rencontrer ce genre de Janus dans le milieu. Au début de leur carrière, les avocats les plus talentueux émergent en plaidant quelques dossiers « sensibles ». Puis le temps passe. Leur notoriété s'accroît. Initialement, ils utilisent la presse pour la bonne cause : faire en sorte que les « affaires » ne soient pas enterrées. Mais, dès que leur talent est reconnu, ils ont le plus grand mal à rester sur cette ligne de la transparence. Les gros clients commencent à affluer. Et les gros clients sont souvent ceux qui ont des choses à cacher. Me Francis Szpiner, avocat de talent, illustre à merveille cette transfiguration. Hier agitateur et provocateur, il en était réduit à demander, pour le compte d'Alain Juppé, l'annulation de la procédure conduite par le juge Desmure à Nanterre, qui a valu une mise en examen à l'ancien premier ministre.

1. Christopher Andersen, *Le Dernier Jour de Diana,* First, 1998.

Me Daniel Soulez-Larivière a connu un parcours comparable. Auteur prolixe, il est un des experts écoutés des systèmes judiciaires comparés. Cette qualité lui vaut d'être interviewé régulièrement, c'est-à-dire à chaque nouveau projet de réforme de la justice. Il a, de surcroît, noué des relations avec des journalistes d'investigation à l'occasion de l'affaire Greenpeace, dans laquelle il était l'avocat des « faux époux Turenge », vrais agents de la DGSE. En Nouvelle-Zélande, pendant leur incarcération, journalistes et avocats ont eu le temps de fraterniser.

Quelques années plus tard, Me Daniel Soulez-Larivière tente d'utiliser son carnet d'adresses pour dissuader toute investigation sur l'ARC (Association pour la recherche sur le cancer). Il n'est pas l'avocat de Jacques Crozemarie mais celui de ses deux « associés », Pascal Sarda et Michel Simon, qui dirigent un groupe de sociétés commerciales qui « siphonnent » l'argent de l'ARC. À l'époque où Crozemarie et ses amis n'ont encore aucun ennui judiciaire, ils essaient d'en créer aux curieux qui veulent en savoir plus sur leurs troubles activités. Daniel Soulez-Larivière les assiste dans cette tâche, selon la technique du coup de fil préventif : il appelle dans une rédaction qui s'intéresse à l'ARC un journaliste qu'il connaît bien. Son message ? Que le journal se calme ; d'ailleurs il n'y a rien à trouver ; et puis, s'il devait y avoir un second article, il se verrait contraint de réagir sur le terrain judiciaire au nom de ses clients, d'honnêtes entrepreneurs qui créent de l'emploi !

Une fois le message émis, M$^{e}$ Soulez-Larivière attend. Ça marche ? Mission accomplie. Ça ne marche pas ? Repli sur une autre tactique, avec prise en charge directe du gêneur. La recette ? Tentative de conviction musclée au téléphone : du haut de ses éminentes fonctions, l'Excellence condescend à dialoguer avec un moustique qu'il pourrait écraser d'un revers de main. L'opération capote ? Il raccroche violemment au nez de l'insignifiant : cela le fera réfléchir, puisqu'il n'ignore pas que le Maître connaît son patron. Aucune reddition de l'adversaire en vue ? Alors, le grand jeu : tentative de réconciliation, sur le mode : « C'est tellement injuste, toute cette cabale, que je me suis laissé emporter », avec invitation à déjeuner dans un grand restaurant. Truffes, champagne millésimé, porto hors d'âge : de quoi amadouer le rustre. Aucune manœuvre d'intimidation n'a réussi ? Ce scénario n'a jamais été envisagé.

Dur métier pour ces avocats multicartes. Chantal Pacary, aujourd'hui décédée, en savait quelque chose. Elle a fini sa vie sommée de répondre de diverses malversations effectuées avec son mari Michel : des factures contestées et des travaux immobiliers jugés fictifs. Il est vrai que le couple travaillait beaucoup pour le RPR ; Chantal Pacary avait d'ailleurs révélé en

1998[1] que ce parti avait une prédilection pour les versements en liquide. L'un de ses avocats, Sylvain Garant, proche du RPR, travaillait sur le fil : il souhaitait, certes, le salut judiciaire de sa cliente, mais il s'assurait aussi qu'elle n'allait pas bêtement « balancer » au juge la moitié de la Mairie de Paris par inadvertance.

Mais les mercenaires de luxe ne se limitent pas à une poignée de notables du barreau. L'arme juridique est certes un instrument dissuasif, mais insuffisant. Une autre catégorie d'étouffeurs leur fait, depuis quelques années, une redoutable concurrence. Ce sont les gourous de la communication. Ils ne sont pas payés pour informer, mais pour donner une certaine image de la réalité. Biaisée, au mieux ; fausse, au pire. De toute façon, ils sont utiles, pour ne pas dire indispensables, aux journalistes : ils leur donnent accès aux grands personnages du Tout-État — ceux-là mêmes qu'ils conseillent — et leur distillent aussi quelques confidences. Jamais désintéressées, bien entendu.

Celui qui a donné son véritable statut à cette occupation s'appelait Jacques Pilhan. « La force tranquille », c'est lui. Mitterrand pendant quatorze ans, lui encore. Puis Chirac à l'Élysée. Rien ne semblait effrayer cet homme

1. *Journal intime des affaires en cours,* film de Philippe Harel et Denis Robert, 1998.

rompu à la « communication de crise ». Pendant la campagne présidentielle de 1988, François Mitterrand, qui en dix ans ne lui a jamais parlé vraiment de sa double vie, lui présente une jeune fille : Mazarine Pingeot. « Je suis sûr qu'ils vont sortir cette histoire », lui dit Mitterrand, inquiet à l'idée que la droite utilise sa fille cachée pour saboter sa campagne. « Vous me donnez trois semaines et je ferai pleurer dans les chaumières », répond Pilhan en souriant. La communication par l'étouffement, c'est cela : transformer une histoire gênante en conte de fées.

Pilhan prématurément disparu (en 1998), les communicateurs hors pair, aujourd'hui, sont plutôt classés à droite. Le meilleur d'entre tous, de l'avis général, est une femme. Ancienne attachée de presse de Giscard à l'Élysée puis à l'UDF, Anne Méaux préside aux destinées d'Image Sept, entreprise de communication qu'elle a créée il y a une dizaine d'années. Elle a, à droite, l'un des carnets d'adresses les mieux fournis. Sa seule faiblesse : à la gauche des centristes, on entre pour elle en *terra incognita.* Mais son « portefeuille » ne se limite plus à Alain Madelin et au milieu politique. Elle conseille surtout de nombreux patrons, de François Pinault (PPR) à Bernard Arnault (LVMH), jusqu'à la guerre entre les deux milliardaires autour de Gucci, durant laquelle elle a choisi Pinault, sans oublier Philippe Bourguignon (Club Méditerranée), Gilles Pélisson (Disneyland Paris) et la banque Lazard... Pour boucler la boucle, elle connaît les journalistes qui comptent. Mieux, elle les sélectionne : seuls ceux qui lui semblent dignes de la fréquenter — les plus brillants ou les plus dociles ? — auront droit à quelques informations exclusives. Parfois même, elle trouve un point de chute à ses protégés. Le bien le plus précieux d'une professionnelle comme Anne Méaux, c'est sa réputation. Se l'aliéner par une enquête critique sur un de ses clients préférés, c'est se couper, pour longtemps, d'une source d'information. Et peut-être plus. Car elle fréquente aussi la plupart des patrons de presse. C'est là l'un des secrets de sa réussite. Anne Méaux « travaille » les médias par les deux bouts : la base, qu'elle alimente volontiers en informations exclusives ; les sommités, avec lesquelles elle dialogue de puissance à puissance.

Ses concurrents fonctionnent selon le même modèle, en moins sophistiqué. Certains ont tout de même réussi à occuper quelques créneaux prestigieux. Un homme comme Michel Calzaroni compte parmi ses clients Gérard Longuet, Vincent Bolloré, Jean-René Fourtou, P-DG de Rhône-Poulenc, et autrefois Claude Bébéar, le P-DG d'Axa. Il a aussi conseillé le P-DG d'Elf, Philippe Jaffré, lors de l'offensive lancée sur son groupe par Total-Fina, à l'été 1999. Parce qu'il a fait ses armes au service de presse du CNPF, il dispose lui aussi d'un bon réseau, qu'il a diversifié dans le sillage de François

Léotard, dont il fut le conseiller en communication, de 1986 à 1988, au ministère de la Culture. D'où la prédominance de patrons « compagnons de route de l'UDF » dans sa clientèle. Michel Calzaroni ne mise pas seulement sur ses connexions. Il sait aussi se montrer convaincant : « Quand on l'appelait sur la bataille entre Bouygues et Bolloré, il parlait surtout de Bouygues, en livrant clé en main aux journalistes quelques anecdotes gênantes et généralement vraies, directement utilisables dans un article. Alors qu'il est le stratège de Bolloré, il ne laissait pratiquement rien filtrer sur son client », raconte un journaliste. Tout cela est fait avec doigté, en évitant de prendre l'interlocuteur à rebrousse-poil : ce qui importe, dans les situations délicates, c'est de mi-ni-miser. Thème de l'intervention face à un curieux qui devient importun : « Si vous voulez vous ridiculiser en sortant un papier sur cette histoire sans intérêt, c'est votre problème... »

Aux côtés des divinités politiques et des mercenaires, le club accueille une troisième catégorie d'étouffeurs, plus discrets, mais travailleurs. Le haut fonctionnaire, donc, est cet être désintéressé, apolitique, et obsédé par l'intérêt général. S'il participe à la dissimulation, c'est qu'il considère le citoyen moyen comme trop faible, trop mal équipé intellectuellement pour se forger un jugement autonome : tout le monde n'a pas fait l'ENA.

Le prototype même de ce haut fonctionnaire à l'ancienne, c'est Bernard Tricot. Conseiller d'État, il incarne cette permanence de la haute fonction publique, prête à servir l'État au-delà de tout clivage politique. En 1985, quand survient l'affaire Greenpeace, le gouvernement de Laurent Fabius est en mauvaise posture. Il faut faire toute la lumière, comme on dit dans les cercles du pouvoir quand on s'apprête à étouffer un scandale. Alors, Bernard Tricot est appelé à la rescousse, pour écrire dans les plus brefs délais un rapport sur la succession de décisions et d'événements qui ont conduit à cette malencontreuse bévue. À l'Élysée, on présente à la presse ce grand commis comme exempt de toute complaisance envers les socialistes : n'a-t-il pas été un proche collaborateur de De Gaulle ? Le rapport Tricot n'apportera rien de nouveau. Simplement, il existe. Il est censé dire la vérité. Le ministre de la Défense, Charles Hernu, saute. Fabius, alors premier ministre, sauve sa peau. Et le feu vert donné par Mitterrand à l'opération Greenpeace — comme le révélera l'amiral Lacoste, alors patron de la DGSE — ne sera jamais évoqué. L'affaire est classée.

Parce qu'ils gèrent des dossiers sensibles, hauts fonctionnaires et magistrats soumis, selon les époques, à des pressions plus ou moins fortes du pouvoir, peuvent être plus tentés que d'autres par la voie de l'étouffement, qui est aussi souvent celle de la carrière. Le lien entre l'un et l'autre est manifeste dans la magistrature. « Assez tôt, les plus jeunes sont auscultés, raconte un juge d'instruction parisien. Ils ont un dossier qui les suit, où tout est consigné. La conformité au moule se remarque très vite. Et ceux qui ne font pas de vagues sont de futurs promus. »

Même si le raisonnement paraît un peu court, il correspond à une réalité. Après des années de règne à la Chancellerie, Paul-André Sadon, ancien procureur général de Paris, âme damnée de quatre gardes des Sceaux, a livré quelques-uns de ses secrets à deux journalistes du *Monde*[1]. À l'une de leurs questions sur l'indépendance du juge d'instruction, il répond : « Mais croyez-vous que le juge d'instruction soit parfaitement indépendant du président du tribunal qui le note, ou du premier président, lequel est choisi par le pouvoir ou le Conseil supérieur de la magistrature avec un œil particulièrement attentif ? »

Ce qui est vrai des juges d'instruction l'est *a fortiori* des membres du parquet, qui dépendent, eux, étroitement de la hiérarchie. « Il ne faut jamais oublier que ce qui occupe le plus un procureur, c'est d'enterrer les affaires », s'amuse Arnaud Montebourg, avocat

1. Laurent Greilsamer, Daniel Schneidermann, *Les juges parlent*, Fayard, 1992.

qui a bataillé sur l'appartement d'Alain Juppé et sur ceux des enfants Tiberi, et qui est devenu en 1997 député socialiste de Saône-et-Loire. Il a vécu de tumultueuses aventures face à Gabriel Bestard, procureur de la République de Paris nommé par Jacques Toubon, méchamment surnommé « Monsieur Classement »[1]. Ce dernier, critiqué par la presse, n'est pas le seul de son espèce. Le procureur de Créteil, qui ne facilita pas l'avancement de l'instruction sur les HLM de la Ville de Paris, appartient à la même catégorie, pour tout dire la plus fréquente dans la hiérarchie du parquet.

Comment, d'ailleurs, pourrait-il en être autrement quand le garde des Sceaux lui-même parvient à imposer l'impensable ? Quand il arrive à la Chancellerie, en 1995, Jacques Toubon nomme comme directeur de cabinet Alexandre Benmakhlouf Ce choix fait sourire car ce magistrat, qui a d'ailleurs brièvement milité à gauche au début de sa carrière, était précédemment... conseiller juridique de Chirac à la Mairie de Paris. On ne saurait être plus proche du Ciel. Mais les sourires se transforment en grimaces quand, à l'été 1996, Toubon le nomme procureur général de Paris. Un poste qui a autorité sur les parquets de Paris, bien sûr, mais aussi de Bobigny, de Créteil, ou d'Évry. C'est-à-dire là où atterrissent la grande majorité des affaires sensibles.

1. Voir chapitre 9 : « Des affaires bien enterrées ».

Cela dit, le profil du haut fonctionnaire spécialisé dans le déminage des affaires sensibles existe dans tous les ministères. Le professeur Jean-François Girard est ainsi resté onze ans directeur général de la Santé du temps du Sida, de l'affaire du sang contaminé et de l'ARC. Un record dans un poste aussi exposé. Son secret ? « Dès qu'un nouveau ministre arrivait, il venait lui proposer sa démission, raconte un ancien du ministère. Puis, tout de suite après, il évoquait devant lui deux ou trois dossiers complexes et potentiellement explosifs. Il faisait évidemment comprendre au nouvel arrivant qu'il pouvait essayer d'arranger l'affaire. Ça a marché avec tous, de droite comme de gauche. » Le même Jean-François Girard savait aussi parler aux journalistes : il ne leur révélait jamais rien d'important, mais ce « rien » était dit sur un tel ton de confidence ! Un jour, il s'indigna d'ailleurs auprès d'une de ses correspondantes habituelles, plus curieuse qu'à l'habitude : « Si vous faites du journalisme d'investigation, il faut me prévenir ! »

« Vous écrivez sur la loi du silence ? Alors, vous allez parler de Duhamel ? » La réaction de ce journaliste connu pour son ton modéré et son absence d'animosité montre mieux que toutes les critiques à quel point Alain Duhamel, qui fut éditorialiste à Europe 1 pendant vingt-trois ans, chroniqueur à *Libération* et au *Point,* est devenu le symbole d'une information aseptisée. Comment ! Un journaliste d'une telle envergure, arrivé au faîte de la gloire dans la carriole bringuebalante des étouffeurs, aux côtés de MM. Bayrou, Léotard, Lang, et autres Bestard ?

Toujours appliqué — combien de fois a-t-il demandé à ses « officiers traitants » dans les rédactions, rédacteurs en chef ou patrons de service politique qui relisent ses articles : « Dis, tu me donnes quelle note cette fois-ci ? » —, ce bon élève n'arrive pas à trouver de défauts à ses interlocuteurs.

« Un jour, je dînais au Siècle[1] avec lui, raconte l'ancien ministre de la Recherche, François d'Aubert. C'était il y a quelques années au moment où les juges milanais avaient lancé l'opération "Mains propres" qui a décapité une partie de la classe politique et du patronat italiens. À un moment, j'explique qu'en France aussi on en arrivera à une telle opération. Et là, Duhamel, navré et incrédule, me répond : "Oh ! tout ce qui se passe en Italie est très exagéré. D'ailleurs je connais là-bas

1. Le Siècle est un club fondé par un journaliste réputé, Georges Bérard-Quélin, aujourd'hui décédé. Cette amicale rassemble une fois par mois, au cours d'un dîner, tout ce que Paris compte de hauts fonctionnaires, de P-DG et d'hommes politiques. Quelques journalistes ont été admis au fil des ans dans ce cénacle.

beaucoup de grands industriels qui sont des gens charmants." » Tout est dit en peu de mots.

Dans beaucoup de pays, les journalistes rencontrent des hommes importants, les interrogent et écrivent ce qu'ils pensent. En France, le système est autrement plus subtil. Une relation directe, d'égal à égal, s'instaure. En apparence, en tout cas. Et, heureuse coïncidence, à partir d'un certain niveau de pouvoir, le prolixe chroniqueur a toujours de l'estime pour les gouvernants. Mitterrand ? Pour Duhamel, c'est un « non-conformiste invétéré » et un défenseur intraitable des droits de l'homme — sauf pour ce qui touchait aux écoutes téléphoniques peut-être. Un homme qui a « fait preuve de hauteur d'esprit et d'une habileté exceptionnelle » mais qui a aussi manifesté sa « dévotion » — « dévotion » ! — envers « son pays » sans oublier bien sûr « la démocratie »[1] et son « sens de l'État ». Giscard ? Un ordinateur qui sait gouverner et « le seul pro » en matière de communication « Il sait tout sur les angles, les éclairages, le bon profil [...]. Inouï[2] ! » Fabius ? Il le compare dans l'un de ses livres[3] à Aramis, l'un des « Trois Mousquetaires ». Pas moins. Rocard ? C'est « Lancelot ». Mauroy ? Un honnête homme. Balladur ? Un centriste dans l'âme qui comprend les Français et sait réformer sans les bousculer. Chirac ? Une

1. *Portrait d'un artiste*, Flammarion, 1997.

2. *Le Nouvel Observateur,* interview d'Alain Duhamel, 6 février 1987.

3. *Les Prétendants,* Gallimard, 1983.

« force de la nature » qui cache une vraie sensibilité derrière ses sourires forcés.

Le rôle d'Alain Duhamel dans le fonctionnement quotidien de l'omertà française va bien au-delà de cette fascination irrépressible pour les hommes de pouvoir. Duhamel est une composante à part entière de la classe politique. Il est en quelque sorte détaché dans les médias pour délivrer la bonne parole. D'ailleurs, rien ne le rend plus fier que ses relations avec nos princes. Mitterrand ? Il se flatte dans l'un de ses ouvrages[1] d'avoir réussi au fil d'innombrables entretiens en trente ans — on ne bâtit pas une cathédrale sur du sable — à conquérir sinon « toute sa confiance », du moins « une attention prévenante » et même parfois « amicale ». Quand on sait en quels termes l'ancien président en parlait à certains de ses plus proches conseillers, cet enthousiasme a de quoi faire sourire.

Giscard ? Ce fut sans aucun doute son préféré. « Avec Elkabbach, son frère Patrice qui jouait régulièrement au tennis avec le président et quelques autres, se rappelle Bernard Rideau, qui fut un temps le conseiller en images écouté de l'ancien président, Alain Duhamel appartenait à un petit groupe de *happy few* que Giscard recevait en petit comité et à qui il parlait librement. Bien sûr, la règle c'était le "off", c'est-à-dire qu'ils ne pouvaient pas le citer. »

1. Voir *Portrait d'un artiste, op. cit.*

Le moins qu'on puisse dire, c'est qu'elle n'était pas transgressée.

Duhamel deviendra plus timide lorsque le climat se dégradera à la fin du septennat. Il est vrai que l'affaire des diamants embarrasse au plus haut point Giscard. Claude Sérillon est interdit d'antenne lorsqu'il ose un jour, fin 1979, évoquer le sujet dans la revue de presse du journal de 13 heures, sur Antenne 2 : Jean-Pierre Elkabbach, le directeur de l'information, juge cette insolence « déplacée ». Quelques semaines plus tard, le président reçoit un petit groupe de journalistes à l'Élysée pour une conversation détendue. « Tout s'est bien passé, raconte un des participants, jusqu'au moment où Thierry Pfister, qui était à l'époque au *Nouvel Observateur,* s'est adressé à Giscard d'un ton impatient : "Bon, on pourrait peut-être parler des diamants puisqu'on est là pour ça, non ?" Duhamel, qui s'était bien gardé d'aborder le sujet, a alors sursauté sur sa chaise et l'a regardé avec une espèce d'indignation assez comique, l'air de dire : "Mais quel mal élevé ce type !" »

Les responsables suprêmes ne sont cependant pas les seuls à avoir les faveurs du chroniqueur. « J'ai beaucoup de considération intellectuelle pour Barre », a-t-il confié un jour avec sa simplicité habituelle[1] : « De plus, ajoutait-il, je m'entends bien avec lui sur un plan

1. *L'Événement du jeudi,* interview d'Alain Duhamel, 26 novembre 1989.

personnel. » Et puis, toujours cette hantise du jugement d'autrui, comme si l'élève Duhamel était encore en train de passer ses examens. Après avoir expliqué que Barre « acceptait tout à fait » ses objections, le chroniqueur lâche : « Même s'il lui arrive d'être plus chaleureux quand je suis d'accord avec lui que lorsque je ne le suis pas ! »

Ce qui est passionnant, c'est de voir à quel point cet homme sensible, raisonnable, pondéré, est indifférent aux faits. La multiplication des affaires, les condamnations d'élus pour corruption, les cas de gaspillage avérés ? L'homme est de marbre. « Par expérience [ ? ], disait-il à *L'Événement*[1] en 1989, je trouve que la classe politique française est de bon niveau [...]. De surcroît, les malhonnêtes sont assez rares. Par ailleurs, les hommes politiques se donnent un mal de chien. Ce sont eux qui travaillent le plus [...]. » Il récidivait peu après dans *Le Monde*[2]. Avec une remarquable perspicacité, il écrivait dans un article à la une du quotidien que la crise économique avait fait « suspecter [...] d'incompétence le personnel politique ». À titre exceptionnel, Duhamel évoquait un sujet qu'il n'aborde jamais habituellement, « les scandales liés au financement des partis » : « L'amendement d'amnistie — mal voté, mal présenté, mal appliqué — l'a fait taxer [il s'agit toujours du "personnel politique"] presque toujours à tort

1. *Ibid.*
2. *Le Monde*, 5 juin 1990.

de corruption. » Les événements ont montré depuis ce qu'il fallait penser de cette fine analyse. Mais il y avait plus extraordinaire encore dans ce diagnostic. Duhamel trouvait les vrais responsables : les « simples citoyens », comme il dit aimablement. Leur crime ? Ils pratiquent, ces irresponsables, la « grève des urnes » et même « le repli sur soi » au lieu de chercher à comprendre ces « gens charmants » qu'il fréquente, lui, quotidiennement. Pis encore : ces mauvais Français, mal embouchés, se laissent aller à « la complaisance envers les démagogues ». Mais « la mode protestataire », comme l'écrit ce Lou Ravi du « politiquement correct », n'est-ce pas tout simplement le verdict du suffrage universel ?

Le malheur, comme l'écrivait avec une indulgence affectueuse Jean-Noël Jeanneney en rendant compte de l'un de ses ouvrages[1], *La Politique imaginaire*, c'est que « ce monde auquel il a consacré des milliers d'articles [...] il l'aime, au fond, tendrement ». D'ailleurs, cet historien est tout à fait d'accord : « Il vise juste quand il dénonce la fable de la trahison des élites [...] et il revigore lorsqu'il nie une corruption qui rongerait tout l'appareil politique. » « Oui, ajoute Jeanneney, indigné comme son compère par toutes ces attaques, la politique française dans l'ensemble, et malgré l'air du temps, demeure le fait d'honnêtes gens. » Ce n'est même plus une conviction : c'est un

1. *L'Express*, 26 janvier 1995.

credo, avec un culte et des dévots. D'ailleurs, beaucoup de gens respectables comme l'académicien Jean-Denis Bredin — ex-personnage non négligeable du mouvement des radicaux de gauche dans les années 80 — ne se sont pas privés de manifester leur admiration pour leur héros. « Il assure que la crise du politique n'est que superficielle », écrivait l'académicien dans *Le Point* en 1989[1] à propos du dernier opuscule de l'auteur, *Les Habits neufs de la politique*[2] qualifié de « brillant ».

Il était une époque, lointaine il est vrai, où Alain Duhamel était plus lucide. À une question de *Télé 7 Jours*[3] : « Homme de radio et de télévision, n'êtes-vous pas complice d'un système que vous dénoncez dans votre livre[4] ? », il répondait sobrement : « Oui, naturellement. » L'éditorialiste du *Nouvel Observateur,* Jacques Julliard, philosophe mais cruel, expliquait ainsi cette connivence[5] : « Peut-être [...] les classes dirigeantes de la société ont-elles besoin, pour les défendre, d'un homme suffisamment proche d'elles. » Il ajoutait : « Oh certes [Alain Duhamel] concède quelques défaillances individuelles [...]. Mais justement elles [...] ne forment pas système comme en Italie ou au Japon. Je ne suis nullement convaincu. » Julliard écrivait même, à

1. *Le Point,* 6 février 1989.
2. Flammarion, 1989.
3. *Télé 7 Jours,* 4 octobre 1980.
4. Il s'agit alors de *La République giscardienne.*
5. *Le Nouvel Observateur,* 26 janvier 1995.

contre-courant de ses distingués confrères : « Les mœurs politiques françaises souffrent aujourd'hui d'une véritable gangrène. »

Pour être un acteur à part entière de la comédie du pouvoir, le commentateur va jusqu'à distinguer ceux auxquels il prête un grand destin. On a perçu la vive sympathie qu'a suscitée chez lui l'ascension de Balladur. Mais il lui est arrivé d'aller plus loin. Par exemple à la télévision. « Un jour, j'arrive un peu avant l'émission, confie un ancien collaborateur de "L'heure de vérité". Je demande à la maquilleuse où sont les autres. Elle me dit de descendre. Je commence à errer dans les couloirs de France 2. Tout à coup, j'ouvre une porte. Dans la pièce, il y avait François-Henri de Virieu, l'animateur, Michel Delebarre[1] qui était alors ministre de quelque chose, un autre journaliste, Jack Lang et Duhamel. Quand Lang m'a vu entrer dans la pièce, il a blêmi. Duhamel, lui, me tournait le dos et disait à Delebarre : "Lorsque je te poserai la question, ce serait bien que tu répondes..." »

Mais peut-être, au fond, l'explication de son comportement est-elle plus simple. Duhamel est un enfant de l'ex-ORTF. La télévision d'État, « La voix de la France », comme la qualifiait Pompidou. C'est là qu'il a fait ses débuts en février 1970 en animant et en produisant une

1. Michel Delebarre, longtemps présenté à tort par la presse comme le dauphin de Pierre Mauroy à Lille, était à l'époque ministre du Travail. Il a été un temps officieusement candidat à la direction du PS.

émission politique, « À armes égales », qui passait alors à 20 h 30. Une curiosité historique. En ce mois d'avril 1973, sous le règne de Pompidou — quel chroniqueur politique sur la planète peut se targuer d'une telle longévité ? —, Alain Duhamel répond aux questions de Claude Durieux du *Monde*. Il parle avec beaucoup de naturel des conditions de préparation de son émission : « C'est Matignon que nous informions de nos projets de débat. » Chaque mot a son importance : « projets » suppose qu'on sollicite un accord de la tutelle politique. C'était d'ailleurs le cas. Heureusement, « le système était absurde », admet l'intéressé, mais il « marchait bien parce que le haut fonctionnaire qui était notre interlocuteur, M. Pierre Hunt, était lui aussi, par chance, un homme ouvert ». Un sacré coup de chance en effet : on n'ose imaginer ce qu'aurait été l'attitude du jeune producteur dans une situation moins favorable.

Lénine les appelait les « idiots utiles ». Intellectuels zélateurs, journalistes éblouis, leur ébahissement jouait un rôle essentiel dans la consolidation du régime des Soviets et ses glissements progressifs vers le silence imposé à toute voix critique. Tout comme Alain Duhamel, Jean Daniel n'appartient évidemment pas à cette espèce. Même si l'ancien patron du *Nouvel Observateur* entretient d'étranges relations narcissiques avec le pouvoir.

Dans *Les Religions d'un président*[1], il se met ainsi en scène aux côtés de François Mitterrand, oscillant entre l'extrême humilité (qui suis-je ?) et l'hypertrophie du moi (il se désigne sous le terme « le chroniqueur » pendant 352 pages). À propos de son journal par exemple : « Comment éviter que l'hebdomadaire dirigé par le chroniqueur ne prenne figure d'organe officieux ? » Réponse à la Jean Daniel : allons voir un grand de ce monde. La visite a lieu juste après l'élection de Mitterrand. « Consulté, Pierre Mendès France dit au chroniqueur qu'il lui était impossible de "déserter" et que jamais son rôle n'avait été plus nécessaire. » Le chroniqueur — appelons-le ainsi selon son vœu — restera donc à son poste, décision liée à sa « secrète ambition de jouer un rôle et beaucoup de faiblesse » (c'est lui qui le dit). Le jour, confie-t-il dans son livre, où sa secrétaire lui passe le président de la République au téléphone, il manque défaillir de bonheur. Le chroniqueur est aussi un anxieux. Il est en effet « attentif à la qualité de la poignée de main du Prince, au regard de la Présidente [...] et jusqu'au timbre de voix de la secrétaire qui enregistre la dernière demande d'audience » (un rendez-vous, en langage Jean Daniel). On comprend, dans ces conditions, que « de retour chez lui notre chroniqueur est partagé entre la complicité amusée et le malaise. S'il avait l'âme basse, il deviendrait un petit délateur des

1. Grasset, 1988.

médiocrités qu'on surprend inévitablement chez les grands ». Montrer les dirigeants tels qu'ils sont, y compris avec leurs ridicules et leurs faiblesses ? Et pourquoi pas faire du journalisme, tant qu'on y est ?

Le « chroniqueur », de ce point de vue, a trouvé plus prolixe que lui. Journalistes à l'AFP (Agence France Presse), Pierre Favier et Michel Martin-Rolland ont suivi l'Élysée du temps de Mitterrand. Ils ont tiré de ce poste d'observation privilégié une œuvre volumineuse en quatre tomes, intitulée *La Décennie Mitterrand*[1]. Le dernier volume est sorti début 1999, soit trois ans après la mort de l'ex-président. Ce recul leur a-t-il permis de prendre de la distance avec leur sujet ? À l'aube de l'an 2000, on apprend fort peu de choses dans cet « ouvrage de référence » sur les affaires qui ont émaillé la carrière du grand homme. Il est vrai que Pierre Favier fait partie du petit cercle qui se réunit à dîner, chaque mois de janvier, autour de Roland Dumas, président — présumé innocent — de l'Institut François Mitterrand (depuis sa fondation jusqu'en juin 1999), cénacle destiné à honorer la mémoire du père de Mazarine.

Durant l'été 1998, dans les colonnes du *Figaro,* le chroniqueur Alain-Gérard Slama, professeur d'histoire des idées politiques à Sciences Po, insistait auprès du bon lecteur afin qu'il ne se laisse pas entraîner dans la voie

1. Le Seuil, 1990 à 1999.

maléfique du « dénigrement et des contrevérités » : « Répétons-le — tant, dans la confusion actuelle, les vérités les plus élémentaires doivent être inlassablement rappelées : la France n'est pas l'Italie. Ses responsables politiques et économiques sont, dans leur immense majorité, compétents et honnêtes. » La France, c'est vrai, n'est pas l'Italie : la corruption des élites n'y est pas traquée aussi systématiquement. Des lois draconiennes interdisent de surcroît aux médias de s'exprimer aussi librement que leurs homologues transalpins.

## CHAPITRE 4

# LES LOIS DU SILENCE

L'homme qui passe sous le porche du palais de justice, ce 18 janvier, sait qu'il joue gros. Sa réputation, ses amis, sa carrière. Il y a foule dans les couloirs. Quelques juges, des avocats mais aussi, surtout, des journalistes. Juste avant d'entrer dans la salle, il retrouve son éditeur, un quinquagénaire souriant aux tempes argentées dont l'entregent est bien connu du Tout-Paris.

Me Jean-Claude Zylberstein, le défenseur de l'éditeur Olivier Orban, affronte le redoutable orateur qui représente la famille de l'ancien président : Me Georges Kiejman. En sa qualité de présidente du tribunal de grande instance de Paris, Jacqueline Cochard peut présider, quand elle le souhaite, la première chambre civile. Et justement, ce jour-là, elle préside.

L'affaire Gubler, comme l'appellera la

presse, a commencé. Dès la mise en vente du *Grand Secret,* Danielle Mitterrand a en effet utilisé une procédure rare pour obtenir la saisie du livre : le référé. Dès lors qu'un « tort grave et aux conséquences irréparables » est susceptible d'être causé à quelqu'un, la justice peut se prononcer « en référé » et ordonner des mesures d'urgence. Les intérêts en jeu ? L'atteinte à la mémoire de l'ancien président, plaident sa veuve et ses deux enfants, Gilbert, député socialiste depuis 1981, et Jean-Christophe, ancien conseiller à l'Élysée de 1981 à 1992. Le corps du délit ? La violation du secret médical auquel se serait livré l'ex-médecin de François Mitterrand. Il l'aurait fait, assurent les plaignants, pour de basses raisons mercantiles.

Jacqueline Cochard prend une mesure historique : le livre est « interdit de vente ». Pour sanctionner toute commercialisation survenant après ce jugement, on prévoit une astreinte de 1 000 francs par exemplaire qui serait vendu illégalement. Une décision inédite depuis qu'en 1985 Pierre Dray, premier président de la cour d'appel de Paris, avait posé des conditions très strictes à toute interdiction en matière de presse ou d'édition. Cet arrêt fera longtemps jurisprudence. Olivier Orban est donc effondré. Ce blocage est une catastrophe pour lui. Certes, la décision du tribunal est théoriquement provisoire. Mais le résultat est là : même si le livre s'est bien vendu — 40 000 exemplaires en une semaine — le best-seller attendu s'éloigne.

Quand il lira la presse du lendemain, l'éditeur réalisera un peu tard qu'il a violé un tabou. On ne publie pas sans risques, dix jours après la mort d'un président, un document qui en fait un menteur, un cyclothymique et — surtout ? — un homme qui n'était plus en état de gouverner à la fin de son règne. Sans se féliciter ouvertement de l'interdiction, la plupart des journaux ne protestent pas avec une très grande vivacité contre cette décision. Autrement dit, ce n'est pas le mensonge constant et répété de l'ancien président dans ses bulletins de santé, pendant quatorze ans, qui retient l'attention des chroniqueurs, mais la divulgation de la supercherie par son ex-médecin. Certains rendent tranquillement hommage au talent de Me Kiejman sans insister sur ce que cette cause a pour lui de surprenant. À l'exception de Stéphane Denis dans *Paris-Match*[1], personne ne souligne l'incongruité qu'il y a, pour l'avocat, à jouer les censeurs alors qu'il a rédigé le contrat des *Mémoires interrompus* de François Mitterrand, à paraître quelques jours plus tard chez Odile Jacob. Le délai de « décence » qu'il juge sacré est-il, à quelques jours près, mieux respecté ?

Si Olivier Orban cherche quelque réconfort auprès de ses confrères éditeurs, il sera bien déçu. Claude Cherki est le patron du Seuil, l'une des grandes maisons d'édition parisiennes longtemps considérée comme marquée à gauche, notamment pour avoir publié des

1. *Paris-Match,* 1er février 1996.

ouvrages féroces sur l'attitude du gouvernement français pendant la guerre d'Algérie ou l'exploitation du tiers monde. Que dit-il au lendemain de l'interdiction ? « Moi, je n'aurais jamais été l'éditeur du livre de Gubler. » Le P-DG des éditions Robert Laffont, Bernard Fixot, déclare : « Je suis contre la censure, mais il y a des limites. » Ah bon, mais lesquelles ? « Certaines choses méritent interdiction. » D'accord, d'accord, mais le livre de Gubler ? « Je ne l'aurais pas publié. » Et pourquoi ? « Cela ressemble à une histoire passionnelle, ce médecin est un peu comme l'amant de Lady Di. » Les autres, dans leur grande majorité, font preuve d'une admirable discrétion, et ne manifestent aucune solidarité envers la maison Plon.

Il se trouve tout de même quelques éditeurs qui ont le courage de protester ouvertement. Jean-Claude Fasquelle tout d'abord. À soixante ans, le P-DG de Grasset, qui n'a pas la réputation d'aimer le scandale, n'hésite pas à se démarquer. « Je ne partage pas la démarche de l'auteur, déclare-t-il. Mais je pense que la décision d'interdire un livre est toujours une décision grave que je regrette. » Jérôme Lindon, P-DG des Éditions de Minuit, va encore plus loin. Il est vrai que la censure, il la connaît, pour en avoir été l'une des principales victimes pendant la guerre d'Algérie, lorsqu'il publiait *La Question*, d'Henri Alleg, qui dénonçait le recours à la torture par l'armée française. Le livre fut alors saisi. Jérôme Lindon témoigne devant le tribunal correctionnel, le 13 juin 1996 : « Comme éditeur, si j'avais reçu ce manuscrit dans l'état où il est paru, je l'aurais publié sans demander à l'auteur d'en changer une ligne. Et j'aurais eu le sentiment, ce faisant, non point d'accomplir un acte subversif, mais, bien au contraire, de proposer aux Français un grave sujet de réflexion touchant aux fondements mêmes de nos pratiques institutionnelles. »

En ce mois de janvier 1996, les soucis judiciaires du Dr Gubler ne font que commencer. Quatre fois encore, après le premier référé, un tribunal va le condamner.

En mars 1996, la cour d'appel de Paris confirme l'interdiction de vente prononcée en référé par la présidente, Jacqueline Cochard.

En juin, la XVII^e^ chambre correctionnelle du tribunal de Paris consacre deux jours d'audience au Dr Gubler. Nous sommes devant la justice pénale, qui poursuit le médecin pour « violation du secret professionnel ». Cette fois, le docteur risque la prison. Ce sera quatre mois avec sursis.

En septembre, la première chambre civile du tribunal de Paris se réunit pour examiner le fond de l'affaire. Ce qui est en jeu ? La confirmation du sort du livre et d'éventuels dommages et intérêts pour la famille Mitterrand. Verdict : maintien de l'interdiction et

180 000 francs pour le clan de l'ancien président.

Sur le coup, les Français sont partagés. La date de publication n'était peut-être pas très heureuse. Fallait-il pour autant interdire ce livre ? Mais le secret médical doit-il être violé ainsi ? Et puis la justice, indépendante et souveraine, a tranché, n'est-ce pas ? Avec le recul, l'affaire apparaît sous un jour un peu différent.

Ce 18 janvier 1996, les acteurs de ce drame en cinq actes — au moins sur le plan judiciaire — se connaissent bien. La présidente du tribunal ? Surprise : Jacqueline Cochard connaît bien le couple Mitterrand dont elle a été une voisine de campagne dans le Sud-Ouest, à Hossegor. Aujourd'hui à la retraite après une brillante carrière — elle s'était acquis une large estime lorsqu'elle présidait la cour d'assises de Versailles —, l'ex-magistrate était, de surcroît, très liée à une autre relation de François Mitterrand, Danièle Burguburu. Cette jeune femme avait été nommée dès 1981 secrétaire générale du Conseil supérieur de la magistrature et symbolisait bien, dans le monde judiciaire, l'actualité heureuse.

Beaucoup de chroniqueurs, qui connaissent parfaitement les coulisses du palais de justice, n'ignorent pas grand-chose de ces affinités. Ils garderont pourtant le silence sur cet aspect de l'affaire.

Comment le tribunal va-t-il justifier une sanction aussi radicale que l'interdiction d'un livre ? Difficile. On ne reproche pas à l'auteur d'avoir diffamé François Mitterrand ou d'avoir publié des informations inexactes. Non, le problème est ailleurs : il s'appelle violation du secret médical. Ce secret a été violé pendant quatorze ans puisque deux fois par an le médecin signait et dévoilait un bulletin de santé d'ailleurs inexact ? Ce n'est pas la question. L'ancien président lui-même s'en était affranchi à de nombreuses reprises ? Peu importe. Il est décédé juste avant la parution du livre ? Un détail. Hubert Védrine, alors secrétaire général de l'Élysée, organisait dès 1992 une interview de Gubler par un journaliste de *Match,* Michel Gonod — son futur coauteur —, pour démentir la rumeur prêtant un cancer au président ? Une péripétie. Roland Dumas parlant du livre comme d'une « vérité » qui « a choisi ce chemin pour se faire jour » ? Hors sujet. La seule question qui préoccupe le tribunal, c'est que le secret médical est une règle qui a « un caractère général et absolu ». De surcroît, Gubler a aggravé son cas en révélant que le mal s'était manifesté depuis 1981, ce qui, assurément, est une fameuse nouvelle !

On pouvait cependant imaginer dans un pays qui se glorifie si souvent de ses libertés publiques que Claude Gubler soit condamné comme médecin mais non censuré comme auteur. Une amende sévère, voire une peine de prison, ferme ou avec sursis, aurait pu lui être infligée. D'autant que ce *Grand Secret* — ou ce qu'il en restait au moment de la publication — résidait moins dans le commentaire de la maladie que dans le dévoilement de la mise en scène réalisée par MM. Mitterrand et Gubler pendant quatorze ans.

Les Français pouvaient donc se procurer à la veille de la Révolution des pamphlets stigmatisant les mœurs de Marie-Antoinette et de la Cour mais ils n'ont plus, deux siècles plus tard, le droit de savoir la vérité sur une maladie dont l'intéressé leur avait lui-même parlé à la télévision pendant une heure, en septembre 1994, au cours d'un long entretien avec Jean-Pierre Elkabbach ! Mystères de la démocratie française.

Cette loi du silence décrétée par Mme Cochard allait-elle résister à l'appel formé par l'auteur et son éditeur ? Comme la justice française est bien faite, il existe, en effet, même pour une procédure d'urgence, une possibilité d'être jugé une seconde fois. Nous sommes en mars 1996, deux mois plus tard.

Le magistrat, cette fois, s'appelle Myriam Ezratty. Au terme d'une longue et brillante carrière, elle est présidente de la cour d'appel de Paris. Elle ne passe pas ses vacances dans le Sud-Ouest. Elle est seulement la belle-sœur d'un sénateur. Un socialiste : Claude Estier, l'un des compagnons de route de Mitterrand depuis les années 60.

Le Dr Gubler, elle en a entendu parler. Elle a même toutes les raisons de s'en souvenir. En

1991, cette femme d'apparence délicate, qui parle avec une exquise courtoisie, était directeur de l'administration pénitentiaire, l'un des hauts postes de la Chancellerie. À l'époque, le Sida préoccupait déjà certains fonctionnaires. Mais la quasi-totalité des médecins pensaient qu'on pouvait inclure les détenus dans les personnes admises à donner leur sang, même si beaucoup d'entre eux étaient des « donneurs à risque ». On ne devait pas « exclure la population carcérale » de ce qui était considéré comme une forme d'insertion sociale. Mme Ezratty ratifia, de bonne foi, l'opinion majoritaire des spécialistes. Quel rapport avec le Dr Gubler ? Il tient à une audience accordée par François Mitterrand à une association d'hémophiles. Juste avant ce rendez-vous, le docteur avait remis au président une note contestant la doctrine défendue par Mme Ezratty. Elle va maintenant le juger. Elle maintient l'interdiction de la vente du livre. Bien sûr, on prend soin de préciser qu'il s'agit d'une mesure provisoire « dans l'attente de la décision au fond » du tribunal. Mais quand on sait que la durée de vie moyenne en librairie d'un livre dépasse rarement trois mois, on a une idée du sort qui guette *Le Grand Secret* : le pilon.

Ensuite ? Eh bien, les ennuis du docteur continuent. Les procès se déroulaient jusque-là « au civil », comme disent les avocats, c'est-à-dire devant la juridiction chargée de réparer les torts causés à autrui. À votre voisin, votre employé. Lorsqu'un délit de nature à porter atteinte à la société est commis, c'est la juridiction pénale qui en est saisie. À Paris, les maisons d'édition et les journaux sont ainsi jugés par ce que les spécialistes appellent la « XVII$^e$ ». Cette chambre fort honorable est celle du tribunal qui juge des affaires de presse. Le 5 juillet 1996, six mois après le « référé », en plein été, la XVII$^e$ chambre se réunit. Le professeur Adolphe Steg, urologue de réputation internationale qui a soigné François Mitterrand, vient à la barre. Pour charger Gubler ? Pas du tout. « Je n'approuve pas son attitude, dit le vieux mandarin, mais je cherche à comprendre. » Il évoque le caractère « droit et intègre » d'un homme « d'une grande sensibilité », tout en suggérant qu'il a vécu son renvoi par l'ancien président comme une sorte de « chagrin d'amour ». En face, M$^e$ Kiejman n'a pas de mots assez forts pour fustiger celui qui s'est livré au pire des crimes : « s'être mis à la disposition des marchands du temple ». Sans doute faut-il comprendre par là ces éditeurs qui ont longtemps contribué à faire vivre l'avocat. Celui-ci est au diapason avec le procureur, Édith Dubreuil, qui dit du docteur : « Il m'a fait penser à certains de ces livres qu'écrivent les domestiques. » Présidé par Jean-Yves Montfort, magistrat spécialiste du droit de la presse, le tribunal va condamner l'ancien médecin de l'Élysée à quatre mois de prison avec sursis.

Toujours pour « violation du secret professionnel ». Selon les juges, il n'a cependant pas été guidé par « des considérations méprisables, mercantiles par exemple ». C'est une — maigre — consolation.

L'engrenage est maintenant en place. Après Mmes Cochard et Ezratty, après Jean-Yves Montfort au tribunal correctionnel, voilà un quatrième juge chargé de traiter le « cas Gubler ». Cette fois, le magistrat qui confirmera l'interdiction du livre s'appelle Louis-Marie Ringeard de La Blaitière. Il a été directeur de l'administration générale et de l'équipement au ministère de la Justice. Il l'a quitté avec une mise en examen provoquée par la façon dont a été mis en œuvre le plan d'informatisation de la Chancellerie qui avait fait l'objet de sévères critiques de la Cour des comptes. Mme Cochard ne lui avait pas enlevé sa confiance pour autant puisqu'elle lui confiera, par délégation, la gestion de la questure du tribunal de Paris. Cela n'empêche nullement le juge de faire ce qu'il veut. En théorie.

L'épilogue de l'affaire Gubler a lieu devant la cour d'appel le 27 mai 1997, près de dix-huit mois après le premier jugement. C'est, à nouveau, l'interdiction. En plus de la violation du secret professionnel — raison principale invoquée —, la cour estime que certains passages constituent maintenant une atteinte à la vie privée. Pas celle de l'intéressé puisqu'il est décédé, dira-t-on. Quelle naïveté ! Dans un article savant publié dans une excellente revue technique, *Légipress*[1], deux spécialistes posent la bonne question : « Y a-t-il une vie privée après la mort ou, tout au moins, un droit du mort au respect de sa vie privée antérieure ? » Faisant allusion à l'affaire Gubler, ils s'interrogent sur l'action entreprise en justice par la famille Mitterrand. Ce droit à voir sa vie privée préservée des regards du public est-il « sans difficultés transmissible aux héritiers » ? Grave interrogation. Il en ressort que doctrine et jurisprudence dans ce domaine semblent incertaines, voire contradictoires. Ce qui semble incontestable, c'est que le Dr Gubler a commis une faute grave en trahissant le secret médical. Fallait-il pour autant censurer un livre qui correspond à l'idée qu'on peut se faire de la liberté d'informer, cent dix-neuf ans après la loi de 1881 consacrée à ce sujet et alors que l'Europe a institué une Convention des droits de l'homme autrement plus libérale que la législation française ? Ce texte qui, selon certains juristes, va à l'encontre des décisions prises par nos tribunaux, insiste de surcroît sur le fait qu'il ne suffit pas qu'une décision soit prise en toute indépendance. Il prévoit aussi que la juridiction doit être impartiale. Principe noble mais délicat à mettre en œuvre. Combien de temps encore faudra-t-il attendre pour savoir si un héritier de Napoléon pourrait attaquer la

1. *Légipress*, janvier-février 1998, « Vie privée et liberté d'informer », d'E. Derieux et F. Gras.

biographie que lui a récemment consacrée l'écrivain Max Gallo ?

Parce qu'elles font allusion au désir de François Mitterrand de taire son état de santé à son épouse et qu'elles relatent pourtant fort brièvement des conversations avec Mazarine, certaines pages du livre seront considérées comme condamnables par les juges. Les éditions Plon, dont le P-DG Olivier Orban est mis hors de cause à titre personnel, sont finalement condamnées à verser 100 000 francs de dommages et intérêts à Danielle Mitterrand et 80 000 francs à chacun de ses enfants. La cour ne les cite pas nommément.

Du temps de sa splendeur, l'un des piliers de l'Union soviétique était le Glavit. Rien ne pouvait être publié en URSS sans que cet organisme, composé de fonctionnaires parfois moins bornés qu'on ne l'imagine, ne donne son imprimatur. Nulle comparaison possible, bien sûr : en France, on peut tout dire, tout écrire, tout publier. À une condition : ne pas chagriner les étouffeurs.

Le législateur a en effet su, à cette fin, déployer une créativité rarement égalée.

Le principe : chacun a droit à voir sa réputation et son honneur protégés. En cas d'atteinte à l'un ou à l'autre, la diffamation est constituée, comme disent dans leur sabir les hommes de loi. La diffamation est-elle licite ?

Oui, à condition d'apporter la preuve des faits incriminés. Pourtant, malgré cette règle apparemment libérale, des faits vrais peuvent être jugés diffamatoires. Illustration : je suis maire. Je vole mes administrés à chaque occasion. On m'a vu par exemple recevoir de l'argent en échange de services rendus. Quelqu'un l'écrit dans un journal. J'attaque cet inconscient en justice. Comment se défend-il ? Il cite des témoignages, M. X, Mme Y qui, courageusement, acceptent de dire qu'ils m'ont aperçu en train de prendre des enveloppes débordant de billets. Cet irresponsable analyse aussi les décisions que j'ai prises en faveur des personnes qui m'ont « aidé ». Naturellement, tout cela passe par des amis, des intermédiaires : les P-DG n'aiment pas circuler eux-mêmes avec des accessoires compromettants. Que va-t-il se passer lorsque mon affaire arrive devant le tribunal que j'ai saisi pour rétablir mon honneur ?

Le juge applique la loi. À commencer par celle du 29 juillet 1881 qui prévoit que « la preuve de la vérité des faits diffamatoires doit être parfaite ». Rien que ça. Elle doit aussi être « complète » et doit porter sur « l'ensemble des imputations envisagées, tant dans leur matérialité que dans leur portée diffamatoire ». Comment mon adversaire va-t-il apporter la preuve ? Là, les difficultés surgissent. Pour lui. Les témoignages ? Je nie tout en bloc. Ils sont faits sous serment en admettant que j'aie été mis en examen ? Je garde mon cap : tout est faux. Le journal publie des bandes magnétiques enregistrées à mon insu qui tendent à prouver que je mens ? En justice, ces bandes ne sont pas une preuve ni même un « élément de preuve », comme aux États-Unis par exemple. Le journal publie les confidences de personnes entendues par le juge chargé d'enquêter sur mes affaires ? Impossible : elles doivent respecter le fameux secret de l'instruction. Les journalistes n'y sont pas tenus. Mais ils n'ont pas le droit de publier des procès-verbaux tirés justement d'une instruction mettant en cause l'intégrité d'une personnalité. Ils le font parfois mais à leurs risques et périls. De même, tous les rapports administratifs, y compris ceux de la Cour des comptes, peuvent tomber sous la qualification de « recel » s'ils parviennent entre les mains d'un journaliste. Celui-ci pourra alors faire la preuve de ce qu'il avance et échapper à une condamnation pour diffamation. C'était la bonne nouvelle. La mauvaise, c'est qu'il sera sanctionné pour « recel » de document.

Comme il est, en pratique, quasiment impossible de démontrer de façon parfaite des accusations qui reposent en général sur des faits très complexes, on a inventé une sorte d'excuse pour les éditeurs et les journalistes. Cela s'appelle la « bonne foi ». Le tribunal décide ou non d'en faire bénéficier les prévenus. Faut-il entendre par là qu'on a travaillé consciencieusement ? Qu'on a présenté la situation sans parti pris manifeste ? Ce serait trop simple. Le tribunal va réclamer quatre conditions (à la fois, bien sûr, sinon ce ne serait pas drôle). D'abord l'article — ou le livre — doit répondre à un « but légitime d'information ». Ensuite, il doit être dépourvu de « toute animosité » à l'égard de la personne qu'on a attaquée. Il faut également que l'enquête ait été « sérieuse ». Enfin, l'ensemble doit être rédigé avec prudence. Sinon, c'est la condamnation qui, elle, n'est pas toujours administrée avec modération.

Travaux pratiques : Force ouvrière. Des apparatchiks concurrents, des hommes politiques ont parlé. Ce qu'ils ont décrit ? Une machine syndicale qui tirait avantage des organismes de Sécurité sociale qu'elle a dirigés pendant plus de dix ans.

Les chiffres des adhérents ? Huit cent mille militants. Il y en aurait en réalité trois fois moins. C'est en tout cas ce qu'affirme un ancien responsable, Jacques Mairé, qui fut candidat à la présidence de FO contre Marc Blondel.

Il y a eu aussi des malversations dans quelques comités d'entreprise aux mains de la Confédération. Ce fut par exemple le cas de celui de France-Télévision avant 1997. Dans des réunions internes et même en public, le patron de la section CGC de France 2, Jean-Jacques Cordival, s'en est fait l'écho. Une plainte a même été déposée par son organisation lorsque, prenant la suite de FO au comité d'entreprise, elle a découvert la gravité de la situation. L'affaire s'est finalement enlisée et la plainte n'a jamais eu de suites.

En 1996, un journaliste du mensuel *Capital* enquête sur la gestion du syndicat. Ce que raconte Philippe Eliakim a de quoi agacer les nerfs de Marc Blondel et de ses amis. Blondel l'attaque aussitôt en justice.

Que va faire le tribunal ? Il s'attache d'abord à examiner les preuves fournies par le journaliste. Celles-ci ne sont pas « parfaites » au sens exigé par la loi. Les juges examinent alors les quatre points nécessaires pour bénéficier de la bonne foi. Le but poursuivi ? Il est légitime. Le sujet était « sensible et d'actualité ». Pas d'animosité personnelle à l'encontre des dirigeants du syndicat. Il ne reste plus à Philippe Eliakim que deux obstacles à franchir pour être relaxé. L'article est-il rédigé avec modération ? Oui, selon le tribunal. Les juges de la XVII^e^ chambre du tribunal de grande instance de Paris s'attaquent au dernier critère, le « sérieux » de l'enquête. Le journaliste n'a pas rencontré « les personnes concernées » et le point de vue du syndicat n'est pas présenté. Conséquence ? Le 7 mars 1997, le tribunal conclut que l'auteur de l'article a manqué à son devoir de prudence « dans l'exposé des faits » et le condamne.

L'un des grands experts de cette pratique, Jacques Médecin, a d'ailleurs su tirer des lois du silence le meilleur d'elles-mêmes. En 1990, *Le Point*[1] publie un article sur le nouveau musée d'art contemporain de Nice, en passe d'être inauguré. Il y est question du boycott de nombreux artistes et de critiques d'art qui entendent protester contre les complicités visibles qui unissent Jacques Médecin, alors maire de la ville, et Jean-Marie Le Pen. Les diverses escroqueries qui lui vaudront de partir en cavale en Uruguay avant de purger une peine de prison en France ne sont même pas décrites. Parmi les artistes interrogés, *Le Point* cite Bernard Pagès qui déclare : « Médecin est une canaille. » Ulcéré, l'honorable maire attaque l'hebdomadaire. Il réclame 1 franc de dommages et intérêts par exemplaire imprimé, pour réparer la diffamation dont il a été victime. Le 25 juin 1991, le tribunal de grande instance de Nice lui donne raison. *Le Point* a imprimé 393 207 exemplaires du numéro 925, où se trouve l'article incriminé. Il doit donc cette somme, augmentée de diverses dépenses de procédure, soit 435 949 francs, à l'ancien maire de Nice. Au moment du jugement, celui-ci s'est enfui pour échapper au fisc et à la justice : il se trouve à Punta Del Este. Le fisc a saisi tous ses comptes. Le Trésor public devient donc, merveilleuse logique à la française, le créancier de l'hebdomadaire. Au total, *Le Point,* accablé de commandements à payer de la part du Trésor public, réglera donc plus de

1. *Le Point,* 11 juin 1990.

400 000 francs au fisc, en réparation d'un préjudice causé à un délinquant en cavale qui avait été traité de canaille dans ses colonnes.

La stratégie qui consiste à demander des réparations en fonction des exemplaires imprimés ou vendus peut se révéler une martingale très intéressante pour les plaignants. L'éditeur Albin Michel en a fait l'expérience lors de la publication, au printemps 1998, d'une enquête d'Antoine Gaudino sur *La Mafia des tribunaux de commerce*. Un livre musclé, qui raconte dans le détail, et en citant des noms, les petits arrangements entre magistrats consulaires, avocats et mandataires judiciaires pour dépecer avidement les entreprises en faillite. Plusieurs mandataires de justice, dont l'excellent M$^e$ Corre, attaquent l'éditeur en référé. Toutes les demandes sont rejetées. Sauf à Brest où le président interdit tout bonnement la commercialisation du livre, sous astreinte de 100 000 francs par infraction constatée. Traduction : pour chaque exemplaire du livre trouvé en librairie, après l'ordonnance de référé, l'éditeur doit verser, sans délai, cette somme énorme. À peine la décision notifiée, les huissiers dépêchés par le plaignant sillonnent les librairies pour trouver des exemplaires en vente. Une traque qui n'a rien de bien compliqué. Au total, la moisson des huissiers est bonne : 58 exemplaires, soit 5,8 millions de francs à verser par l'éditeur. Celui-ci sera finalement dispensé de paiement par la cour d'appel de Rennes qui suspend, quelques jours plus tard, les effets de l'ordonnance de Brest. Au total, le livre d'Antoine Gaudino aura valu aux éditions Albin Michel quelque 24 assignations. Le montant des demandes de ces plaignants, certainement irréprochables, a atteint au début de l'affaire la somme faramineuse de 70 millions de francs. De quoi dissuader les fortes têtes qui voudraient revenir sur le sujet.

« Avant la guerre, explique l'écrivain Michel Déon[1], les procès en diffamation se soldaient par des dommages et intérêts d'un franc. Sous Mitterrand, des journalistes et des écrivains comme Jean-Edern Hallier ont été condamnés à payer des sommes affolantes à des nantis qui se jugeaient diffamés. Constamment, il faut retenir sa plume ou sa parole. »

À ce stade, le lecteur s'interroge sans doute : certes la liberté de la presse n'est pas totale. Elle est même placée sous haute surveillance. Mais ne faut-il pas s'en féliciter ? Après tout, tant que les éléments d'un scandale ne sont pas sur la place publique, pourquoi incriminer souvent de façon allusive, voire hypocrite, tel ou tel ministre, tel ou tel patron de société ? N'est-ce pas instruire sans fin le « procès des élites » ? Le problème, c'est qu'en France,

1. *Le Figaro Magazine*, 16 mai 1998.

même lorsqu'une affaire éclate, les règles sont tout aussi draconiennes. Peut-être même plus, grâce à la présomption d'innocence qui, depuis peu, protège généreusement toute personne mise en examen. Ministre ou truand.

1993 : les socialistes viennent de perdre les élections. C'est alors qu'éclate en Guadeloupe une obscure affaire. Un ancien coiffeur, Michel Pacary, est soupçonné par un juge d'avoir acheté des élus locaux. Au fil du temps et alors que le juge Édith Boizette a succédé à M. Hansenne pour instruire ce dossier ouvert depuis six ans maintenant, on découvre l'existence d'un système de corruption à la fois sophistiqué et étendu auquel s'est parfois trouvée associée la femme du cerveau, Chantal Pacary. En mars 1995, Roland-Pierre Paringaux ne connaît pas encore tous les détails des montages financiers mais, comme ses confrères qui suivent les aventures de Pacary, il a assez d'éléments précis pour écrire dans *Le Monde* un article sévère. Qui connaît à l'époque ces fabricants de fausses factures ? Peu de monde. Le risque de les mettre en cause n'effraie pas les rédactions. Car on ignore à ce moment-là que Michel Pacary est l'un des pivots des circuits de financement de la politique française. On ne sait pas encore qu'il a proposé ses services à Jack Lang, à la mairie de Blois, qu'il a porté des valises de billets à la Mairie de Paris — du temps de Chirac — et qu'il servait d'intermédiaire entre les entreprises amies et le RPR, sous le règne d'Alain Juppé. On devine seulement que ce petit artisan a bénéficié de puissants soutiens politiques : deux contrôles fiscaux se sont d'ailleurs mystérieusement enlisés.

Dans un article du 1er mars 1995, le journaliste du *Monde* décrit les tractations qui ont entouré les tentatives de vente d'un célèbre tableau de Van Gogh, *Le Jardin à Auvers.* Ce tableau appartenait à un homme aisé, Jean-Jacques Walter, qui souhaitait le vendre à l'étranger. Mais le ministère de la Culture répugnait à donner une « autorisation de sortie » du territoire pour cette œuvre. Le vendeur et son avocat croient comprendre que le versement spontané d'une somme raisonnable (plusieurs millions de francs) serait de nature à débloquer la situation. Des contacts sont pris par Michel Pacary notamment avec un avocat suisse, Charles de Bavier, auquel un important ministre du RPR a aussi fait appel. Mais, au dernier moment, Jack Lang classe le tableau, interdisant ainsi tout départ à l'étranger. Soucieux de protéger le patrimoine national, le ministre a donc, une fois de plus, manifesté son sens de l'État.

Le journaliste du *Monde,* à coups de formules ciselées, raconte une partie de l'histoire et s'interroge sur ses rebondissements. Épaulé par Me Francis Pudlowski, avocat d'affaires aussi ingénieux que compétent, l'innocent Pacary dépose plainte contre *Le Monde.* Son honneur de faux-facturier est bafoué. Comment ose-t-on s'en prendre à lui ? À l'époque, sa femme a tout de même été mise en prison par Édith Boizette. Fidèle à ce qu'elle croit encore être la morale de ce milieu, elle ne parle pas et protège son mari. Celui-ci est bientôt arrêté au Luxembourg où il a pris la fuite. Au fur et à mesure que la presse s'intéresse à lui, Pacary, qui a pourtant écrit en prison à sa femme des lettres parfois compromettantes, multiplie les procès en diffamation : il y en aura près d'une dizaine en tout. Il est vrai qu'il a des amis partout. Au PS autrefois (du temps de l'ancien maire d'Angoulême, Jean-Michel Boucheron), du côté de l'ex-Parti républicain (Francis Delattre, maire de Franconville) et bien sûr du RPR (Pierre Pasquini, avocat et ancien secrétaire d'État du gouvernement Juppé). L'homme est mis en examen ? Les policiers accumulent les procès-verbaux qui décrivent le système de financement qu'il a mis au point ? Pacary demeure un adepte de la formule : « Je fais confiance à la justice de mon pays », comme dirait Tiberi. Il compte sur les magistrats pour faire taire ses accusateurs. Il a raison.

Le 3 avril 1996, la 1re chambre du tribunal de Paris se penche donc sur sa plainte et examine l'article du *Monde* incriminé. Celui-ci décrit un « système de corruption » étendu qui « pourrait concerner de nombreux élus » (ce qui a été confirmé par les faits). Il considère que dans beaucoup de cas le recours à la société de Pacary « n'apparaît pas justifié, tant les commissions semblent abusives et leurs destinations mystérieuses » (ce sera aussi l'opinion en décembre 1997 de la chambre régionale des comptes de Picardie). Sur quels éléments se fonde le journaliste pour être aussi affirmatif dès mars 1995 ? Sur un rapport concernant la levée de l'immunité d'un député ayant bénéficié du système Pacary. S'y ajoutent un document de la Cour des comptes (de 1991) et un autre de la chambre régionale des comptes d'Orléans. Roland-Pierre Paringaux fait également état d'un rapport établi par la police judiciaire d'Orléans. Il a aussi, évidemment, rencontré des acteurs de l'affaire et a bénéficié de fuites provenant de « sources proches de l'enquête », ce qui désigne en général des policiers, des avocats ou des magistrats.

Le tribunal ne se laisse pas impressionner par cette « offre de preuves » pourtant consistante. Il considère, dans ce qu'on appelle les « attendus » du jugement, que ces rapports « ne sont pas pour autant de nature à démontrer l'exactitude des imputations, avec la signification qu'a voulu leur conférer le journaliste ». D'ailleurs, ces affirmations, ajoutent les juges, « n'ont encore été corroborées par aucune décision judiciaire ». La diffamation, à leurs yeux, ne fait donc pas de doute. Reste, comme d'habitude, le débat autour de la bonne foi. La façon dont sont gérés les fonds publics justifiait la curiosité du journaliste. Celui-ci n'a pas manifesté d'animosité particulière envers les protagonistes. Il a aussi réuni « des éléments d'appréciation importants » : enquête sérieuse donc. L'accusé va-t-il se tirer d'affaire ? Hélas, il trébuche sur la dernière marche du podium : le point de vue des personnes mises en cause est absent de l'article « alors que sont portées contre celles-ci, sans aucune nuance et sous un titre tapageur [...] des accusations graves et prématurées ». « Absence de prudence » donc. Une circonstance aggravante. L'auteur évoquait Jack Lang qui, lui non plus, « ne connaissait "pas vraiment" Michel Pacary », affirmation assez éloignée des déclarations que fera l'intéressé au juge Boizette. Le ministre avait même jugé le personnage « douteux ». Le tribunal voit, dans cette appréciation rapportée dans l'article, une « injure » visant Pacary. Verdict ? Au terme d'une enquête approfondie et qui ne laisse aucune place à la polémique, un journaliste consciencieux est condamné — ainsi que son directeur, Jean-Marie Colombani, patron du *Monde* — à verser 10 000 francs à un escroc qui aura fait dix-huit mois de prison et dont le nom revient sans cesse au fil des témoignages qui figurent dans les quelque dix mille pages du dossier qu'instruit le juge Boizette.

Décision exceptionnelle ? Pas du tout. Car la caravane des étouffeurs — avocats, ministres ou intermédiaires — assiège sans répit le palais de justice de Paris. Le 26 mars 1996, *Libération* publie un article consacré aux marchés des lycées de la région Île-de-France. La présidente de la commission en charge de ces questions, Claude-Annick Tissot, révèle à l'époque que les marchés publics de la région ont été truqués pendant près de dix ans. Le président du conseil régional, Michel Giraud, ex-ministre du Travail de Balladur entre 1993 et 1995, est mis en cause. Des élus, des fonctionnaires se sont enrichis. Beaucoup d'argent public s'est évaporé. C'est dans ce contexte que le journaliste de *Libération* Karl Laske accuse Pacary d'avoir monté un système de commissions occultes liées à la rénovation de ces lycées. Un an plus tard, le 26 mars 1997, M^e^ Francis Pudlowsky, l'infatigable avocat de Pacary qui a attaqué « au civil » le journal devant la 1^re^ chambre du Tribunal de Paris, savoure sa symbolique victoire. Serge July et Karl Laske sont condamnés à payer 8 000 francs à l'ancien détenu mêlé à plus d'une dizaine d'affaires louches.

Mais, au hit-parade des condamnations difficiles à comprendre, ce sont deux journalistes du *Canard enchaîné* qui remportent la palme. Pour avoir écrit dans *Péril sur la chiraquie* — livre sérieux et violent que Stock a osé publier — qu'une commissaire des Renseignements généraux, Brigitte Henri, enquêtait sur le financement des partis, et notamment sur le RPR — combien coûterait à l'éditeur de *L'Omertà française* des précisions supplémentaires ? —, Hervé Liffran et Alain Guédé font bonne figure au tableau de chasse de la XVII^e^ chambre. La note est salée : près de 400 000 francs. Sans compter les frais d'avocat. Stock et ses auteurs ont fait appel du jugement : ils devront finalement payer environ la moitié. À ce tarif, les RG ont encore de beaux jours devant eux.

Aujourd'hui encore, ce service accepte difficilement le jeu de la démocratie. Institués sous leur forme actuelle par une loi de Vichy datant de 1941, les RG ont pour spécialité de rédiger des fiches. Par le biais d'écoutes téléphoniques — officiellement disparues aujourd'hui —, de filatures ou de confidences recueillies dans des conditions très contestables, les RG s'intéressent en toute impunité à la vie privée de ceux qu'ils surveillent. Un découvert à la banque ? Une petite amie susceptible de servir de « source » ? Une faillite de jeunesse ? Une « note blanche », sans en-tête — ce qui permet d'éviter les polémiques en cas de problème —, retrace ces informations théoriquement confidentielles. La presse ne peut écrire une ligne sur la vie privée des hommes publics mais un service de l'État peut tranquillement collecter des éléments sur l'intimité de n'importe quel citoyen et les transmettre lorsqu'il le souhaite au ministre de l'Intérieur. Les lois du silence ne s'appliquent donc pas à tous avec la même vigueur.

La constante augmentation des contentieux avec des organes d'information n'arrange rien. Car les juges appliquent les textes avec une sévérité croissante qui tient beaucoup au contexte. Or, le « contexte », justement, ne les incite guère, depuis quelques années, à la tolérance. Parmi les multiples études savantes inspirées par les gouvernements successifs, les diverses propositions parlementaires destinées à étouffer les affaires politico-financières, citons simplement le rapport commandé par le garde des Sceaux Jacques Toubon à l'universitaire Michèle-Laure Rassat en 1996. L'esprit du cahier des charges — en termes clairs : rogner les espaces de liberté laissés à la presse — a été respecté à la lettre par l'auteur. « Le but poursuivi, écrivait ce professeur de droit, n'est pas de gêner la presse, mais de la garder prudente. » Prudente ? Qu'est-ce à dire ? Que magistrats et policiers qui s'aviseraient de parler à la presse ou de faire prendre connaissance à un journaliste des pièces d'un dossier en cours auraient dû écoper de deux à cinq ans d'interdiction professionnelle. De quoi faire réfléchir les plus bavards.

Pour mieux colmater le mur du silence que se proposait d'ériger cette juriste zélée, il était aussi prévu de neutraliser les journaux. La publication d'une pièce issue d'un dossier d'instruction aurait été passible d'une amende s'élevant à 300 000 francs. Même le journal le plus prospère comprend vite, à ce tarif, les vertus de la discrétion. Enfin, et nous quittons là la simple coercition pour flirter avec le burlesque, Mme Rassat proposait une sorte de mention prophylactique pour accompagner tout article ayant trait à une affaire en instance, insistant sur le fait que les informations publiées n'engageaient que leur auteur et n'étaient pas à prendre pour argent comptant !

Devant les commentaires incrédules de la presse, qui ne se priva pas de relater les passages les plus tragi-comiques du projet, Toubon, alors garde des Sceaux, a calé. Cet accès tardif de vertu aura donc permis aux Français de prendre connaissance du dossier de M. Dumas et des aventures bruxelloises de Mme Cresson. Sinon, seuls les autres Européens y auraient eu droit. Cette grotesque initiative a échoué. Pour l'instant.

Balladur, lui, s'était montré plus pugnace. C'est lorsqu'il était à Matignon qu'une innovation judiciaire remarquable a vu le jour. On a complété l'article 9-1 du Code civil qui précise depuis le 4 janvier 1993 : « Chacun a droit au respect de la présomption d'innocence. » Qui oserait affirmer le contraire ? En toute bonne foi, personne. Mais la formulation du nouveau texte ouvre de nouveaux horizons à tous les prévenus intègres : « Lorsqu'une personne placée en garde à vue, mise en examen ou faisant l'objet d'une citation à comparaître en justice, d'un réquisitoire du procureur de la République ou d'une plainte avec constitution de partie civile, est, avant toute condamnation, présentée publiquement comme étant coupable de faits faisant l'objet de l'enquête ou de l'instruction judiciaire, le juge peut, même en référé, ordonner l'insertion dans la publication concernée d'un communiqué. »

Pavé de bonnes intentions, cet article fait l'objet de très larges interprétations. Les plaignants, tout d'abord, attaquent systématiquement en référé, procédure d'urgence qui ne juge que « l'évidence » et permet d'éviter tout débat sur le fond du dossier. Ils demandent, de surcroît, des dommages et intérêts qui viennent s'ajouter à l'insertion obligatoire rappelant leur innocence présumée. En avril 1998, *Le Point* a ainsi dû verser 40 000 francs à un personnage mis en examen pour proxénétisme, alors que le journal disposait d'éléments pour étayer sa thèse. Appâtée par un tel résultat, une consœur du présumé innocent de tout proxénétisme attaquait l'hebdomadaire pour les mêmes raisons. Une demande tellement extravagante que le procureur a lui-même réclamé le simple franc symbolique, considérant, en audience, que « l'article 9-1 n'est pas fait pour venir en aide aux proxénètes qui ont des fins de mois difficiles ». C'est dire que les critiques concernant cet article ne proviennent pas seulement de journalistes désinvoltes et diffamateurs.

La protection de la présomption d'innocence aboutit donc à une scandaleuse inégalité de traitement : les mis en examen ont le droit d'attaquer au titre de cet article 9-1 du Code civil, ce qui est impossible pour les autres. Pour prendre un exemple qui a marqué les esprits, les journalistes pouvaient écrire beaucoup plus de choses sur Roland Dumas et, par exemple, les millions de francs déposés en liquide sur son compte du Crédit Lyonnais, avant le 29 avril 1998. Pourquoi ? Tout simplement parce qu'à partir de cette date, mis en examen, il bénéficie d'une immunité quasi totale. Une disposition incroyable. Les journalistes n'ont plus le droit, en théorie, de l'accuser, même s'ils peuvent apporter la preuve de ce qu'ils avancent ! Si on a continué depuis à informer les Français sur l'affaire Dumas, c'est donc dans l'illégalité : il faut le savoir.

La crainte des amendes qui ont explosé ces dernières années, des publications judiciaires — la diffusion des condamnations dans les médias aux frais des « coupables » — et des interdictions, via la procédure d'urgence du « référé », fait donc peser sur les journaux et les éditeurs une épée de Damoclès. Une poignée de procéduriers aisés que les frais d'avocat n'effraient pas a utilisé très méthodiquement l'arsenal législatif pour obtenir une omertà judiciaire. La prescription est ainsi conçue pour éviter de condamner un justiciable à contretemps : dix ans plus tard, il a peut-être changé. Seuls les crimes contre l'humanité sont imprescriptibles, parce qu'ils sont collectivement considérés comme impardonnables. Cette notion d'oubli nécessaire se justifie parfaitement. Mais doit-elle aller jusqu'à interdire d'évoquer les délits ou les crimes commis dans le passé par un homme public ? C'est pourtant ce qui se passe en France : rapporter des faits exacts, mais prescrits, à la connaissance de l'opinion entraîne une condamnation automatique du média qui s'y risque. Le silence imposé devient encore plus efficace avec l'amnistie.

Faillites, collaboration pendant la guerre, sympathies pour tel ou tel mouvement terroriste, OAS ou FLNC... : le devoir d'oubli est généreusement pratiqué. Certaines condamnations, même infamantes, ne pourront plus faire l'objet de la moindre information. En plus, des lois couvrent, à intervalles réguliers, les crimes et délits politiques. Chaque 14 juillet est l'occasion d'un bel effort d'amnésie. La cohésion nationale, longtemps invoquée pour expliquer cette mansuétude, a bon dos. La stricte législation sur la diffamation offre aussi des opportunités. C'est grâce à elle que Bernard Tapie, inquiété depuis par la justice, a pu obtenir 2,5 millions de francs de Jean-Edern Hallier qui publia des papiers très violents sur lui dans les colonnes de *L'Idiot international* au début du second septennat de Mitterrand. Pendant vingt ans, les allusions au passé de collaborateur de Robert Hersant étaient furtives : oublié le (court) séjour en prison après la guerre, vive l'amnistie !

Quant à la protection de la vie privée, c'est le troisième cas, après la prescription et l'amnistie, où il est interdit de publier la vérité, même si on peut apporter la preuve de ce qu'on avance. Encouragées par les décisions des tribunaux, certaines personnalités utilisent désormais toutes les possibilités que leur offre la législation en vigueur. Mais, bien entendu, ces âmes sensibles n'entendent pas remettre en cause le principe — sacré — de la liberté d'expression !

Patrick Poivre d'Arvor et Claire Chazal présentent en alternance le journal de 20 heures sur TF1. Tous deux sont des personnes sociables. Un seul nom suffit cependant à les énerver. C'est celui d'un Allemand qui, en vingt ans, a bâti un groupe de presse prospère, Prisma, qui publie des journaux aussi différents que *Capital* et *Femme actuelle.* Le 23 décembre 1991, Axel Ganz lance un nouveau titre, *Voici.* Prudent envers la classe politique, cet homme qui appartient à l'état-major du très puissant groupe allemand Bertelsmann, ménage moins les stars du show-biz ou de l'info. Ce jour-là, l'hebdomadaire publie des photos volées des présentateurs à la sortie de l'hôtel Raphaël. Ceux-ci attaquent le journal en justice et obtiennent chacun 200 000 francs de dommages et intérêts : une condamnation très lourde à l'époque (on a fait mieux depuis). À partir de cet instant, Claire Chazal et PPDA se trouvent face à une insoluble contradiction. Ils ont à la fois quelque chose à vendre (leur image de stars, leurs livres...) et quelque chose à cacher. Résultat : ils sont plus présents que n'importe quelle autre vedette dans les magazines. Mais ils ne cessent de s'insurger contre l'« intrusion intolérable » des médias, pour reprendre l'expression consacrée, dans leurs vies privées.

Claire Chazal n'a vraiment pas de chance. Deux fois de suite, en deux ans, la baby-sitter de son fils François lui fait faux bond alors qu'elle doit participer à une mondanité. Et voilà le pauvre petit bonhomme victime des méchants photographes, à neuf mois seulement, pour l'inauguration du salon de coiffure Carita ! Une vraie contrariété, sûrement, pour celle qui déclarait, quelques mois plus tôt, à *Paris-Match*[1] : « J'ai envie de protéger le visage de mon fils, aujourd'hui et plus tard, pour lui, pour ses copains et pour toute notre famille. »

Même contretemps au printemps 1998. Claire Chazal doit recevoir le prix Roland-Dorgelès pour la langue française que va lui décerner la Mairie de Paris. Et toujours pas de nounou ! L'enfant paraît à nouveau dans la presse.

1. *Paris-Match,* 20 juillet 1995.

Quelques semaines plus tard, *Paris-Match*[1] reprend le flambeau. Thème général : « Patrick et François : un tendre week-end en public à Monaco avec le fils de Claire Chazal. » Décor : le tournoi de tennis de Monte-Carlo, où le présentateur de télévision se trouve en compagnie de son épouse et du petit garçon. PPDA va présenter l'enfant au prince Albert de Monaco. Papotages, sourires, photographies. Car, incroyable mais vrai, il y a des photographes autour du court sur lequel s'affrontent Cédric Pioline et Carlos Moya ! Patrick Poivre d'Arvor attaquera *Paris-Match* pour « atteinte à la vie privée » et au droit à l'image.

Sa consœur, Claire Chazal, a elle aussi traîné en justice l'hebdomadaire pour un autre article où elle apparaissait en photo auprès du directeur adjoint de l'antenne de TFI, Xavier Couture, que PPDA, pour des raisons inconnues, n'aime guère. Ces contentieux ont apparemment peu d'importance puisque la presse, y compris celle qui suit l'activité des médias, s'y intéresse peu.

Avec les années, Patrick Poivre d'Arvor est devenu un juriste remarquable. Il a fait un usage nouveau et intéressant de cet extraordinaire article 9-1 du Code civil destiné depuis 1993 à protéger l'honneur des personnes malencontreusement mises en examen. Dans *Le Point*[2], le chroniqueur Philippe Meyer s'éton-

1. *Paris-Match,* 7 mai 1998.
2. *Le Point,* 13 juillet 1995.

nait de la présence quotidienne sur le petit écran du présentateur vedette, fraîchement condamné en correctionnelle, dans le cadre du procès Botton au cours duquel il avait été accusé d'avoir reçu divers cadeaux du gendre de l'ex-maire de Lyon. L'homme du 20 heures attaque l'hebdomadaire en référé le 4 août — nuit de l'abolition des privilèges, il est vrai que c'était en 1789 —, au titre de la présomption d'innocence. En première instance, le tribunal lui donne tort, estimant que la protection de cette innocence présumée ne concerne que « les stades de la procédure pénale antérieurs à la comparution de l'intéressé ». Voilà qui semble logique. Sauf que la cour d'appel de Paris infirme ce jugement, donnant raison au présentateur. Au nom de quel principe ? Simple : PPDA a fait appel de sa condamnation. Le tribunal oblige donc *Le Point* à insérer un texte rappelant la présomption d'innocence du condamné. L'hebdomadaire s'est pourvu en cassation et a perdu. Si les journaux ne peuvent plus faire état des condamnations, le métier va vraiment devenir difficile.

Tout aussi attentif à ce qui s'écrit sur lui, le roi du Maroc, décédé en juillet 1999, a obtenu également de bonnes décisions de la justice française. Éric Inciyan du *Monde* avait écrit dans un article rendant compte d'un rapport confidentiel de 1994 de l'Observatoire géopolitique des drogues sur le trafic de cannabis dans ce pays que « la volonté politique de s'y attaquer [semblait] se limiter à des effets d'annonce ». Un journal a-t-il le droit de critiquer, avec une certaine modération de ton au demeurant, la fermeté d'un gouvernement face à un fléau dont chacun reconnaît l'existence ? Eh bien non ! En mars 1997, la cour d'appel de Paris condamnait le journaliste et le directeur du *Monde*, Jean-Marie Colombani, pour offense envers Hassan II. Gilles Perrault avait raison : le roi était bien « notre ami »[1]. Le 20 octobre 1998, la juridiction suprême, la Cour de cassation, a confirmé ce verdict incroyable en estimant que l'article relevait « d'une accusation de duplicité, d'artifice, d'hypocrisie constitutive d'une offense ». La France est un vrai paradis judiciaire, y compris pour les chefs d'État étrangers.

Les conditions exigées par la XVII$^{e}$ chambre du tribunal de Paris — que président en alternance Jean-Yves Montfort et Martine Ract-Madoux — pour relaxer les auteurs de diffamation supposée sont, il est vrai, draconiennes. On reproche souvent aux journalistes de ne pas travailler assez. Mais, quand ils s'appuient sur des documents précis, quelle est l'attitude du juge ? Dans un article consacré aux relations presse-justice paru dans

1. L'écrivain a publié, en 1990, un best-seller, *Notre ami le roi* (Gallimard), qui dressait un portrait très sévère d'Hassan II. L'intéressé n'a pas attaqué en justice ce livre-là.

*Le Monde*[1], Bertrand Le Gendre démontait la perversité de la censure judiciaire : la XVII^e^ chambre refuse par exemple de « considérer comme une preuve régulière les procès-verbaux d'instruction ou autres pièces judiciaires que les journalistes produisent parfois à l'appui de leurs allégations, sous prétexte que ces documents parviennent aux journaux "par un cheminement inconnu du Code de procédure pénale" selon la formule consacrée de la Cour de cassation ».

L'ancien préfet du Var, qui travaillait au SDECE au moment où éclata l'affaire Markovic à l'origine de la fureur de Georges Pompidou, Jean-Charles Marchiani, est lui aussi prompt à dégainer. Lorsque *Le Canard enchaîné*, où le préfet compte pourtant quelques connaissances, fit état de ses démêlés judiciaires passés et voulut prouver, documents à l'appui, la véracité de ce qu'il avait publié, le juge refusa. Condamné, l'insolent *Canard* !

Parfois, le juge se montre plus libéral, on ne sait trop pourquoi. La XVII^e^ chambre, toujours elle, a ainsi reconnu à *L'Événement du jeudi*, attaqué par l'ancien trésorier du PS, Henri Emmanuelli, le droit de produire des documents saisis lors d'une perquisition en remarquant que ceux-ci ne provenaient pas nécessairement du dossier d'instruction. Alors, quelles sont exactement les règles ?

1. *Le Monde*, 20 novembre 1991.

Comme l'a dit un jour un haut magistrat, M. Favard, « le danger pour vous, journalistes, c'est d'aller trop vite et pour nous, magistrats, d'aller trop loin ».

Ces dernières années, le goût des contentieux a atteint des sommets. Georges Quémar, ancien directeur du personnel de la Mairie de Paris — une fonction élevée dans la hiérarchie —, dénonce pour la première fois en avril 1998, dans une interview à Laurent Valdiguié, du *Parisien,* les emplois fictifs de la Ville. Réaction de Jean Tiberi qui y travaille depuis 1973 ? Un procès, bien sûr. Plus courageuse que la plupart de ses amis socialistes, Élisabeth Guigou, alors dans l'opposition, met en cause la réalité du travail effectué par Mme Tiberi pour le conseil général de l'Essonne (les fameux 200 000 francs). Réaction de Xavière ? Un autre procès évidemment. Mme Guigou, devenue entre-temps garde des Sceaux, sera elle-même mise en examen. Kafkaïen. Mme Tiberi finira par retirer sa plainte. Par peur du ridicule ?

Dans la grande famille des procéduriers déchaînés, Jean-Pierre François s'est lui aussi illustré. Cet ami intime de Roland Dumas, qui le présenta à François Mitterrand, est banquier. En Suisse. Il a longtemps fui la lumière. En 1995, Jean-Edern Hallier publie *Les Puissances du Mal*[1] où il révèle que le financier a utilisé

1. *Les Puissances du Mal,* Éditions du Rocher-Les Belles-Lettres, 1995.

l'identité d'un mort. La réaction de Jean-Pierre François ? Un procès selon la procédure d'urgence. Plaidoiries. Et jugement le 18 octobre 1996. Ce jour-là, la vice-présidente du tribunal de Paris, Marie-Thérèse Feydeau, condamne à 10 000 francs l'écrivain pour avoir rendu publique cette information qui ne cause aucun tort à personne et n'est de surcroît pas contestée par l'intéressé. En revanche, la juge veut bien reconnaître que l'amitié avec un personnage comme le président de la République n'est pas un secret d'État. Relaxe, sur ce point, de l'écrivain défendu par une avocate tenace, Me Coutant-Peyre. Deux mois plus tard, la décision vient en appel. Cette fois, le magistrat désavoue sa collègue et considère qu'il « n'y a pas lieu à référé ». Surprise de Jean-Pierre François, si habitué à gagner ses procès : il est condamné aux dépens. Mais que d'énergie pour atteindre ce résultat !

Jean-Christophe Mitterrand, le conseiller Afrique de son père, aura plus de chance. Pour avoir écrit que ce bon vivant préférait « les quartiers chauds de Lomé à ses dossiers », *L'Événement du jeudi* sera sévèrement condamné en référé (80 000 francs) en 1992. Me Jean-Yves Dupeux, l'avocat de *L'Événement*, devra aller jusqu'en cassation pour que son argumentation, fondée sur le délai nécessaire pour préparer sa défense et la liberté d'information, soit enfin reconnue. Ces deux éléments figurent pourtant dans la Convention européenne des droits de l'homme, articles 6 et 10.

Le P-DG d'Elf, Philippe Jaffré, est aussi un grand susceptible. Lui qui a déclenché toute l'affaire en déposant une plainte visant indirectement son prédécesseur, a osé attaquer en justice Christine Deviers-Joncour, coupable d'avoir affirmé que l'entreprise avait de tout temps généreusement financé de nombreux hommes politiques du RPR au PS. Jaffré a moins peur du ridicule que Xavière.

Mais le roi du contentieux est un condamné. Pour complicité de crime contre l'humanité. En octobre 1961, il était préfet de Paris. Une grande manifestation d'Algériens pro-FLN est durement réprimée par la police. Des insultes, des tabassages. Et des morts. Trois selon la vérité officielle qui a duré trente-sept ans. Plusieurs dizaines selon quelques intellectuels téméraires. Plus de deux cents selon Jean-Luc Einaudi, éducateur au ministère de la Justice et historien de la période. Il a publié un livre passé inaperçu, *La Bataille de Paris*[1]. Il récidive plus tard dans *Le Monde*[2] et parle d'un « massacre » organisé « sous les ordres du préfet ». Réaction de l'intéressé ? Une repentance, même tardive ? Vous l'avez compris : un bon petit procès devant la XVII^e^ chambre du Tribunal de grande instance de Paris. Une fois de plus appelé en renfort, le juge Jean-Yves Mont-

1. *La Bataille de Paris,* Le Seuil, 1991.
2. *Le Monde,* 20 mai 1998.

fort admettra en mars 1999 la « bonne foi » de Jean-Luc Einaudi. Le plaignant, qui avait souvent gagné ses procès en diffamation, est débouté. Son nom ? Maurice Papon. Oui, le même.

Le gentil système répressif en place maintient certainement la paix civile en France. À titre anecdotique, il a cependant entraîné la mise en examen de la quasi-totalité des directeurs de journaux parisiens, de leurs « complices », les journalistes d'investigation auteurs d'articles ayant déplu à Roland, Bernard, Patrick, Claire, Hassan, Jean-Charles, Jean et Xavière... Pour éviter à coup sûr les convocations devant la police judiciaire et les mises en examen que nos élites trouvent si humiliantes, les journalistes qui, eux, ne bénéficient guère de la présomption d'innocence, ne disposent donc trop souvent que d'une arme : l'autocensure.

# CHAPITRE 5

# LA CENSURE INVISIBLE

Son manuscrit raconte sa vie. Ingénieur, il a adhéré au Parti. Pour faire carrière comme les autres. Un jour, il est victime d'une vague de purges : du jour au lendemain, le voilà suspecté d'être un ennemi du peuple. Les interrogatoires du NKVD, l'ancêtre du KGB, commencent. Ils durent en général toute la nuit. Mais, le lendemain, il doit travailler normalement à l'usine. Ce calvaire, accompagné de ce que l'on sait aujourd'hui du totalitarisme soviétique, délation, exil, menaces, et, au bout du tunnel, l'exécution possible, dure des mois. Réhabilité, on l'envoie en mission aux États-Unis. Un jour, à New York, c'est le coup de chance : le haut fonctionnaire fait défection. Les Américains le recueillent, provoquant un grave incident diplomatique. La presse fait de lui un héros. Son livre est publié aux États-Unis et, très vite, dans la plupart des pays démocratiques, presque toujours par des maisons d'édition reconnues.

Et en France ? Quel éditeur, en cette année 1947, va publier *J'ai choisi la liberté,* alors que l'armée russe vient d'aider les Alliés à renverser l'Allemagne nazie ? L'atmosphère de règlements de comptes qui règne depuis quelques mois dans la capitale n'arrange rien. Les éditeurs, il est vrai, ont beaucoup à se faire pardonner. Presque tous ont devancé les souhaits des Allemands et de leur ambassadeur à Paris, Otto Abetz, en dressant des listes d'auteurs interdits où communistes, francs-maçons et juifs tiennent une place éminente. On a vu des résistances plus farouches. Par ailleurs, le Parti — c'est ainsi que l'on parle alors des communistes — a obtenu un tiers des suffrages lors des élections législatives. Il incarne une force respectable et une idée d'avenir.

Alors, publier Victor Kravchenko, quelle idée ! Denoël ? Il a édité Elsa Triolet pendant l'Occupation. Mais aussi Céline. La maison figure donc en bonne place sur la liste noire des justiciers du VI$^{e}$ arrondissement sur lesquels les communistes exercent une influence dissuasive. Cette même année 1946, un apparatchik qui se fera un nom, Jacques Duclos, futur candidat communiste à la présidentielle de 1969, a déjà empêché Calmann-Lévy de publier une autre dénonciation du totalitarisme soviétique : *Le Zéro et l'Infini,* d'Arthur Koestler.

Grasset ? Son fondateur a été jugé sévèrement à la libération par le CNE — le Comité national des écrivains — qui met à l'index les uns et dédouane les autres à partir de critères assez obscurs. Sa société est à l'abandon. Stock ? En dépit de plusieurs contacts, l'éditeur renonce.

Quant à Gallimard, son fondateur, « Gaston », doit se faire pardonner d'avoir nommé l'écrivain Drieu la Rochelle, adepte déclaré d'un fascisme transposé dans l'hexagone, à la tête de sa prestigieuse revue, *La NRF.* Sa démarche auprès de l'occupant en 1943, visant à racheter Calmann-Lévy, maison mise sous séquestre car considérée comme « juive », n'a pas été oubliée par tout le monde. La référence dans une lettre révélée par son biographe, Pierre Assouline, au caractère « aryen » des capitaux de Gallimard n'a pas arrangé les choses. Gaston sait qu'on peut facilement ressortir les mauvais souvenirs du placard. D'ailleurs, quelques années auparavant, l'éditeur s'est déjà dérobé lorsqu'il a eu l'occasion de publier l'un des premiers textes dénonçant la dictature soviétique sous la forme d'une biographie de Staline. Son auteur, Boris Souvarine, ancien compagnon des bolcheviques en 1917, a trouvé porte close. L'un des partisans de cette censure ? Un lecteur écouté chez Gallimard qui a tranché, estimant que « si l'auteur a raison, on ne peut le suivre ». Étrange verdict. Signé André Malraux.

Face à la peur qui saisit le milieu éditorial, les quelques millions de morts du Goulag pèsent donc bien peu. Dans son livre consacré à Kravchenko[1], Guillaume Malaurie a raconté les tentatives d'intimidation que subit Jean de Kerdéland, le responsable d'une toute jeune maison, Self, qui défia les belles âmes du communisme parisien : « La nuit, les coups de téléphone [à son domicile] sont assortis de menaces avec promesses d'exécution rapide et de tortures diverses. Lorsqu'il tente d'associer financièrement des confrères à l'entreprise, on se dérobe poliment. Même l'imprimeur de la rue de Lancry, dont le nom figure sur le dernier feuillet, a prudemment préféré se retirer au dernier moment. »

Il ne suffit cependant pas de publier : encore faut-il que les éventuels lecteurs aient une idée de ce que contient le livre. C'est le rôle des médias. On l'a bien oublié aujourd'hui mais, là aussi, l'influence des communistes est grande. Pendant toutes ces années d'après-guerre, un comité central informel, qui ne se réduit pas aux encartés, veille à ce que l'Union soviétique soit traitée avec respect. Les journaux du Parti sont de véritables machines de guerre qui font une plus large place à l'invective qu'à l'information. Ils inspirent une certaine crainte au reste de la presse qui traite avec beaucoup de méfiance les révélations de cet ingénieur à l'apparence si tranquille. Quant aux

1. G. Malaurie, *L'Affaire Kravchenko,* Robert Laffont, 1982.

intellectuels, ils pratiquent dans ce domaine l'omertà de conviction. Il serait déprimant de citer tous ceux qui accueillent avec haine ou sarcasme le témoignage extraordinaire de Kravchenko. Un personnage aussi respecté que Georges Bataille, qui a marqué la littérature française, déclare : « Il semble superficiel de s'attendrir longtemps à l'horreur. » Et le philosophe de conclure : « Ce sont là des objections idéalistes faites à la réalité que déterminent d'inévitables et dures conditions économiques. » Les lecteurs se révéleront plus intelligents. De 1947 à 1955, il se vend plus de 400 000 exemplaires du livre en France.

Aujourd'hui, bien sûr, tout a changé. Vivendi (le nouveau et joli nom de la Compagnie générale des Eaux) n'est pas le Parti communiste. En matière de convictions politiques, Martin Bouygues est un homme ouvert par rapport à Jacques Duclos. Nous vivons au paradis de l'information libre et honnête.

D'ailleurs, quand on parle de censure, on recueille des sourires dans un certain milieu. Et Dumas ? Et Urba ? Et Tapie ? rétorque-t-on. Et la Mairie de Paris ? Et le sang contaminé ? Dans n'importe quel autre pays, cependant, la vérité aurait éclaté dix ans plus tôt. Pour une affaire qui fait scandale, combien restent dans les archives ou dans le secret du microcosme politico-médiatique ? Pas d'ordres, pas d'interventions, pas de licenciements. Le système fonctionne de façon beaucoup plus simple.

Pourquoi aborder les sujets scabreux ? Pourquoi revenir sans cesse sur ces sordides histoires d'argent ? Pourquoi évoquer les liaisons sentimentales sous prétexte qu'elles pèsent en coulisse sur la marche de l'État ? D'ailleurs, pourquoi risquer des procès en diffamation, des confrontations judiciaires, des polémiques permanentes et publiques ?

La vie de la Cour est certes émaillée de petites querelles et de grandes haines. Mais elle ne regarde pas les électeurs. C'est en tout cas la devise du club.

1961. La guerre d'Algérie fait rage. Depuis l'Élysée où le président Coty l'a rappelé trois ans auparavant, de Gaulle est impatient. Les colons l'exaspèrent. L'OAS, qui multiplie les attentats pour faire pression sur lui et terrifier ceux qui seraient tentés par l'indépendance de la colonie, l'énerve encore plus. La presse écrite, à ses yeux, lui est définitivement hostile. Un instrument vient justement de naître : la télévision. C'est l'époque du noir et blanc, de la chaîne unique, et de la ligne directe avec le ministère de l'Information.

Une émission cependant échappe en partie aux pesanteurs de ce qui s'appellera bientôt l'ORTF : « Cinq colonnes à la une ». Pour affirmer l'autonomie de cette nouvelle émission d'information, la direction de la télévision publique a fait appel à des journalistes réputés indépendants — comme Pierre Desgraupes —

et à un patron de presse, Pierre Lazareff qui, à la tête d'un *France-Soir* qui vend chaque jour près d'un million d'exemplaires, fait la pluie et le beau temps. Mais, en dépit des efforts du trio Desgraupes-Dumayet-Lazareff, la censure d'État n'est en réalité jamais très loin. « Pour la majorité des sujets, raconte un ancien journaliste, nous n'avions pas de problèmes et le ton était moins solennel que dans le reste des programmes. Mais quand la situation s'est durcie en Algérie et qu'il y a eu les premiers attentats de l'OAS en métropole, les gaullistes ont voulu suivre de près le contenu de nos reportages. » Quelques dignitaires du régime s'invitent aux projections qui précèdent la diffusion à l'antenne. Pierre Messmer, alors ministre des Armées, ou Maurice Couve de Murville, ministre des Affaires étrangères, ne se privent pas de désigner les séquences à couper ou les commentaires qu'ils jugent déplacés. « Un jour, continue l'ancien collaborateur de "Cinq colonnes à la une", Messmer a exigé qu'on coupe un sujet qui montrait la violence utilisée de part et d'autre pour, disait-il, "ne pas traumatiser les Français". En réalité, parce que ça donnait l'impression que le pouvoir était débordé. Mais nous ne laissions pas faire. Nous cherchions des alliés. C'est ainsi que Lazareff avait eu l'idée de faire venir parfois à ces projections Chaban-Delmas qui était alors président de l'Assemblée nationale mais qui avait surtout l'avantage d'être un de ses grands amis.

Et il arrivait que Chaban nous donne un coup de main face aux ministres. Évidemment, aujourd'hui cela scandaliserait tout le monde. Mais est-ce que les interventions ne prennent pas d'autres formes ? »

Trente-cinq ans plus tard, un sympathique couple qui traverse une passe difficile illustre cette peur des puissants. On soupçonne la femme du maire de Paris d'avoir été payée par le conseil général de l'Essonne pour un rapport fictif. Si on songe à ce qu'ont représenté les déchirements de la guerre d'Algérie, la nouvelle est anecdotique. Elle contrarie cependant son époux qui dirige la première municipalité française, Paris, ville qui offre à tout groupe du BTP de réjouissantes perspectives commerciales. Or, le leader mondial du secteur possède justement deux choses précieuses : la première chaîne de télévision, qui s'appelle maintenant TF1, et un présentateur vedette, Patrick Poivre d'Arvor. Ce soir de décembre 1996, celui-ci est sans doute distrait. Xavière Tiberi vient d'être inquiétée par la justice pour le contrat suspect que lui a signé le président RPR du conseil général de l'Essonne. Pour PPDA, l'actualité est pourtant ailleurs : le puma qui se balade dans une forêt des Deux-Sèvres lui paraît autrement plus inquiétant. Le dernier film de Sylvester Stallone s'impose également. Le puma et Rambo sauveront, ce soir-là, sur TF1, Jean et Xavière. Alors que France 2 évoque l'information. « On a beau écarquiller les yeux [...], écrit Agathe Logeart dans *Le Monde*[1], PPDA, qui devait avoir mieux à faire, n'en a pas touché un mot dans son journal de 20 heures [...]. Sous d'autres cieux, on appelle cela, au choix, la censure ou l'omertà. »

Tiberi est un vieux routier du milieu politique. Quant à Xavière, née (en Corse !) d'un père boulanger, elle incarne les vertus de la grande famille : silence et défense du clan. Cela vaut bien, ce soir-là, une certaine indulgence médiatique.

Le patron RPR du conseil régional d'Île-de-France, Michel Giraud, a lui aussi bénéficié longtemps d'un traitement de faveur. L'image qu'il s'était construite lui a permis de s'accrocher à son fauteuil, tandis que les rapports de la Cour des comptes, puis les interrogatoires des juges s'accumulaient. « Il faut dire que Giraud gérait mieux la presse que sa région, reconnaît ce journaliste qui l'a approché de près. Il jouait à fond de ses origines modestes. Je me rappelle une journaliste du *Figaro*, émue par son passé d'instituteur courageux, qui en avait fait le symbole du renouvellement du milieu politique ! Il a aussi généreusement payé une journaliste d'un autre quotidien pour faire des dossiers de presse. » À quoi a tenu sa longévité politique ? « Quand un papier désagréable sortait, il nous parlait de la mort de son fils dans des conditions tragiques

1. *Le Monde*, 13 décembre 1996.

pour nous culpabiliser. Et sa femme qui ne supportait pas les attaques ignobles dont il était l'objet ! Sa vie privée, comme beaucoup d'autres, il ne se gênait pas pour l'étaler quand ça l'arrangeait. »

L'autocensure, par définition invisible, est ainsi devenue la forme la plus aboutie de l'omertà française. Supplice moderne, les journalistes sont contraints de mutiler eux-mêmes leur travail lorsqu'ils s'attaquent au cœur du système mafieux. C'est ce qui est arrivé à deux d'entre eux qui avaient osé traiter d'un sujet jusque-là négligé : la publicité, ses patrons, ses rentes de situation, ses mœurs florentines. À partir de 1989, pendant dix-huit mois, le manuscrit de Denis Boutelier — aujourd'hui journaliste à « Capital » sur M6 — et Dilip Subramamian va circuler dans toutes les maisons d'édition. Grasset ? Pas intéressé. Flammarion ? La directrice littéraire de l'époque, la fameuse Françoise Verny, envoie d'abord une lettre enthousiaste. Quelques semaines plus tard, après réflexion et sans que les auteurs aient réussi à lui parler au téléphone — sans doute un problème de secrétariat —, elle renonce. Officiellement pour cause de « problèmes juridiques » jugés insurmontables.

Ce que contient le manuscrit ? Des informations souvent explosives, il est vrai. Les auteurs évoquent entre autres les mystères qui ont entouré pendant longtemps les relations entre publicitaires et annonceurs. Leur enquête, cependant, ne s'arrête pas là. On découvre aussi les méthodes très particulières de deux frères devenus en dix ans les rois du milieu publicitaire : Gilbert et Francis Gross. Si le second est aujourd'hui décédé, le premier, qui a vendu depuis son affaire d'achat d'espaces, Carat, profite tranquillement de sa fortune. Le souvenir des excellentes relations entretenues dans les années 70 avec l'un des hauts responsables de BSN, l'un des premiers clients de Carat, s'est estompé. Aujourd'hui, elles provoqueraient sans doute une cascade de mises en examen. Mais les mœurs de l'époque étaient plus accommodantes. Pierre Belfond commence à travailler à fond le manuscrit. Courageux mais pas téméraire, il se rend compte qu'une demi-douzaine de procès se profile. Il demande des coupes et des atténuations aux auteurs. Ceux-ci résistent. Leurs relations se dégradent. Pierre Belfond renonce alors.

Dès lors, chaque fois qu'il passera par le bureau d'un éditeur, le manuscrit va perdre un peu de chair : ici on réécrit une phrase ; là on fait sauter un passage sur un ancien directeur à Europe 1 qui accorde des remises un peu trop généreuses sur les tarifs officiels ; ailleurs, on glisse rapidement sur l'étrange incendie du drugstore Publicis au début des années 70. Un éditeur se révèle enfin plus courageux. C'est le patron de Denoël, Henry Marcellin. Il a d'autant plus de mérite que les interventions ne manqueront pas dans les mois qui précèdent la parution du livre. Certaines personnalités citées se sont en effet procuré — comment ? — le manuscrit. Celui-ci a, il est vrai, beaucoup bourlingué dans le VIe arrondissement. Elles appellent ou font appeler des « amis ». Et puis un jour il y a un coup de fil de l'actionnaire de Denoël : Antoine Gallimard. C'est lui qui a nommé Marcellin, qu'il connaît de longue date, à ce poste. Ce qui se passe ? Un « problème ». Un problème qui s'appelle Pierre Dauzier. Le P-DG de Havas, alors fort redouté, suit en effet de près les pérégrinations de cet inquiétant manuscrit. Il a déjà appelé plusieurs éditeurs. De mauvaises langues prétendront l'avoir vu discuter quelques mois plus tôt avec Pierre Belfond dans les allées du gigantesque bâtiment où se déroule chaque année à Francfort le salon des professionnels du livre. D'autres éditeurs ont été approchés. Coïncidence sans doute : tous ont reculé face à la perspective de cette publication à haut risque. Comment Marcellin va-t-il se sortir de cette situation, alors que Havas vient d'entrer dans le capital de Gallimard, sa maison mère ?

Havas ! Un groupe omniprésent dans l'univers des médias et dont le président est un ami de Chirac. Marcellin, qui vient de prendre ses fonctions, n'a cependant pas envie de perdre tout de suite son crédit. Et puis, il y a le risque d'un scandale toujours fâcheux. C'est ce qu'il explique à Antoine Gallimard. Après de nouvelles coupes, le livre paraît finalement en 1991 sous le titre *Le Grand Bluff*. La presse est favorable. Mais pas de gros titres, pas d'articles sur la cure d'amaigrissement subie en deux ans par le manuscrit, pas de mentions de ce qui reste de gênant dans le livre. Et pas de grosses ventes. Un sérieux investissement, beaucoup de risques, avec, à l'arrivée, de minces résultats. Ce sera le dernier document de ce genre publié par Denoël.

Dix ans plus tard, certains livres connaissent toujours un destin maudit. En 1997, Caroline Monnot, du *Monde,* et Pierre Angel Gay, des *Échos,* signent un contrat avec les éditions Calmann-Lévy pour écrire la biographie de François Pinault. Dix mois plus tard, l'éditeur a changé d'avis. Selon l'expression consacrée, il « rend leur liberté » aux auteurs, qui s'en seraient bien passés.

En fait, ce qui provoque cette modification de la ligne éditoriale, c'est l'identité du propriétaire de la FNAC, un certain François Pinault. Ses magasins assurent près de 12 % des ventes de livres en France.

Une fois « libérés », les deux auteurs constatent d'ailleurs que les autres maisons ne leur réservent pas un meilleur accueil. Le héros du livre n'a même pas eu à agir pour dissuader la quasi-totalité de l'édition parisienne de s'intéresser à lui. Partout, on invoque avec plus ou moins de franchise les « raisons commerciales » qui contrarient la publication de la biographie. Les éditions Balland décident d'ignorer ces terribles contingences et publient finalement avec succès, en mai 1999, *François Pinault, milliardaire. Les secrets d'une incroyable fortune.*

L'omertà française est donc une réalité. Mais une réalité à géométrie variable.

Chaque média, chaque journal, chaque maison d'édition est traversé par des rivalités ou des clivages idéologiques qui, heureusement, laissent parfois filtrer un lambeau de vérité.

Au *Nouvel Observateur,* on ne pratique évidemment pas l'autocensure. En revanche, on réfléchit aux conséquences de ce qu'on publie, ce qui peut parfois retarder l'information des lecteurs. C'est très différent ! À la fin des années 80, Alain Carignon est un homme jeune et actif. Il aime sa région, il aime l'argent et il aime les journalistes politiques qui le lui rendent bien. Bref, il serait incongru d'en dire du mal. Les rumeurs circulent pourtant à Grenoble. On évoque l'apurement des dettes d'un journal acquis au maire en échange de l'attribution du marché de l'eau à la Lyonnaise des Eaux, entreprise réputée pour son intégrité et ses méthodes commerciales transparentes. Après sa réélection en 1989, un jeune journaliste garde un œil sur ce qui n'est pas encore un scandale. Un écologiste local commence à se confier aux uns et aux autres. Et puis, les éléments d'une affaire se mettent en place à travers notamment un déjeuner réunissant tous les protagonistes, au cours duquel a été passé un deal lucratif.

Hervé Gattégno hante les couloirs du *Nouvel Observateur* pour convaincre sa hiérarchie de le laisser enquêter à Grenoble où un policier important, qui n'a pas froid aux yeux, lui donne de précieuses informations. Il écrit un article sévère pour le maire, qui doit paraître la semaine suivante. Au téléphone, on lui promet deux pages dans le journal, mais, au cours du week-end, alors que se déroule une élection cantonale, Carignon appelle la droite « à faire barrage » au Front national. Voilà un combat courageux. Et désintéressé ?

Brusquement, l'article de Gattégno, revenu entre-temps à Paris, préoccupe au plus haut point le chef du service politique de l'hebdomadaire. Robert Schneider, lyonnais d'origine, issu d'un milieu modeste, est un homme onctueux au verbe de prélat. Il n'est dupe de rien, ne croit plus à grand-chose, mais ne veut faire de peine à personne. À la réflexion, la mise en cause d'un Carignon tout à coup saisi par la grâce lui paraît exagérée. Il coupe certains passages. Puis d'autres. La mention d'une discrète rencontre entre Mitterrand et le maire passe à la trappe, renvoyée ailleurs dans le journal, ce qui lui donne un autre sens. L'auteur de l'article proteste contre la cure d'amaigrissement infligée à son papier. Pierre Bénichou, l'un des rédacteurs en chef depuis la nuit des temps et par ailleurs très proche de « Jean » — Jean

Daniel, ex-directeur de l'hebdomadaire et toujours éditorialiste —, est pourtant d'accord avec Schneider : il faut faire attention dans cette affaire complexe. L'article paraît finalement mais, au terme de ce traitement de choc, il a fondu de moitié.

Cet incident a vivement contrarié Hervé Gattégno. Trois ans après cet incident, il est passé au *Monde* où ses papiers sont intégralement publiés. Robert Schneider est toujours rédacteur en chef au *Nouvel Observateur.*

La naissance de la V^e^ République a, un temps, fait disparaître les accusations d'affairisme et de tractations secrètes portées contre les gouvernants sous la IV^e^. Mettre en cause l'intégrité de la classe politique dans ce contexte apparaissait comme démagogique. L'élite des chroniqueurs s'indignait à la moindre occasion de ce poujadisme de bas étage indigne des beaux esprits qui avaient fait du journalisme politique français un modèle de casuistique. Après la révérence qu'inspirent en France tous les pouvoirs, le second pilier de cette censure invisible s'appelle souci des convenances et conformisme médiatique.

Lorsqu'il parle de la fin des années 70 et du début du septennat de Mitterrand, Thomas Ferenczi, qui fut chef du service politique du *Monde* avant d'inaugurer la fonction de médiateur du quotidien, s'efforce avec une rare franchise de reconstituer le contexte dans lequel ils travaillaient, lui et ses confrères : « C'était une époque où on discutait des programmes, des idées. La corruption était aussi grande qu'aujourd'hui, mais c'était un non-sujet. On savait tous que les partis rackettaient les entreprises puisque certaines s'en plaignaient. Mais on n'en parlait pas. » Alors, qu'est-ce qui a changé ? « Les hommes politiques étant incapables de résoudre les problèmes comme le chômage, on est devenu moins tolérant avec eux. Certains journalistes ont joué un rôle. Au *Monde,* l'un d'eux, passé après à l'*Observateur,* nous répétait souvent, dès la fin des années 80, que la réalité était ailleurs que dans les congrès, que la vraie information était du côté des aspects financiers de la vie politique, que si on ignorait ça, on passait à côté de l'essentiel. J'avoue que ça m'avait fait réfléchir. » Certains ouvrages évoquaient pourtant ces liaisons dangereuses entre l'argent et la politique ? « Bien sûr il y avait des livres comme ceux de Montaldo. Mais il n'était pas question de parler des gens qui venaient de l'extrême droite. Évoquer leurs livres c'était déjà leur faire de la publicité... » En clair, pour avoir tenu, il y a vingt-cinq ans, la rubrique télévision de *Minute,* Jean Montaldo pouvait révéler tout ce qu'il voulait : ça n'existait pas en termes journalistiques.

D'ailleurs, une des meilleures manières d'étouffer un scandale est qu'il soit publié par

*Minute* : le reste de la presse considère ensuite le sujet comme indigne d'être traité. Ce fut le cas pour Mazarine, l'appartement du quai Branly, la résidence secondaire de Souzy-la-Briche... André Laurens, ancien directeur du *Monde*, confirme cette tournure d'esprit : « Longtemps, le fait que d'éventuelles vérités dérangeantes fussent véhiculées par l'extrême gauche ou l'extrême droite, a servi de parade convaincante pour en dénier la valeur[1]. » L'information n'aurait-elle pas de valeur en elle-même ? Eh bien non : « Ce qui comptait, confesse ce journaliste politique autrefois influent, c'était le positionnement politique, le statut social, le niveau d'influence dans le milieu parlementaire, le prestige et la qualité du verbe. » En deux mots : le politiquement correct.

Pendant longtemps, les services politiques des grands médias ont donc vécu en autarcie. Ils se sont tenus à l'écart des « vrais gens ». Il y avait une liturgie que l'on respectait. La rentrée des caciques à travers une émission ou une interview en général relue et corrigée par l'intéressé, les congrès dont on connaissait souvent à l'avance les résultats, les livres écrits par un journaliste ami, le déplacement en province tellement bien organisé qu'il avait tout du jeu de rôles, ou la « petite phrase » annoncée en exclusivité par d'habiles conseillers en commu-

1. *François Mitterrand au regard du Monde*, ouvrage collectif, Le Monde Éditions, 1996.

nication. Ces rituels, accompagnés d'une attitude proche de l'autisme pour tout ce qui touchait aux affaires, n'ont pas fondamentalement changé.

Ces journalistes répugnent toujours à donner une mauvaise image du milieu politique. Lorsqu'il reçoit à l'Élysée le judoka David Douillet en 1997 pour le féliciter — officiellement — d'avoir décroché une médaille aux Jeux olympiques d'Atlanta, de quoi lui parle Chirac ? « Il lui a raconté, détails à l'appui, comment, après avoir été appelé sous les drapeaux, il avait été déniaisé par une dame de petite vertu, confie cette journaliste politique qui ne l'a pas écrit dans son journal. L'autre n'en revenait pas. Il s'attendait à un vrai discours sur le sport et voilà que le président de la République lui confiait ses souvenirs de bordel en Algérie ! » Le principe est donc simple : on informe, mais jusqu'à un certain point. Pourquoi irriter les puissants ? Ce souci conduit certains patrons de presse à se mêler des moindres détails. En mars 1997, une journaliste du service politique du *Figaro,* Anne Fulda, qui couvre l'Élysée, publie une biographie de Chirac. Elle est contente du titre qu'elle a trouvé : « Un président sous influences ». C'est irrespectueux et, avec un peu de chance, cela ne nuira pas aux ventes. Son éditeur, Grasset, est d'accord. Hélas, voilà que le P-DG du groupe Hersant, Yves de Chaisemartin, entend, tardivement, parler de l'idée. Inquiet, il met son veto auprès de la journaliste, bien qu'il ne soit pas directement concerné. Le livre s'est intitulé : *Un président très entouré*. Chirac peut continuer à dormir tranquille.

Son prédécesseur a été tout aussi bien traité. Quand sa santé s'est dégradée, des journalistes ont été en situation de le voir. « Je me souviens d'une drôle d'histoire, raconte ce commentateur expérimenté qui travaille au *Figaro*. Début 1995, je couvre l'inauguration du musée Dina Verny par Mitterrand. On monte l'escalier. Au premier étage, un groupe de journalistes se tient respectueusement à l'entrée d'une salle. On sent une grande agitation. Mitterrand vient d'avoir un malaise. Les journalistes sont évacués mais j'arrive à me glisser dans l'entrebâillement de la porte. Mitterrand vient de s'asseoir. Il est là, le souffle court, blanc. Je l'entends demander à Dina Verny : “Quel âge as-tu ?” Puis je perçois des bribes de phrases parmi lesquelles : “Tu as de la chance.” C'est très émouvant. Je fais sobrement allusion à cet épisode dans mon article. Le lendemain, dans le journal, ce paragraphe a mystérieusement disparu. » Au *Figaro,* où Mitterrand n'avait pas moins de connexions que dans les autres journaux — après tout, son directeur Franz-Olivier Giesbert, après une longue brouille, venait de se réconcilier avec lui —, il n'était pas question de « porter atteinte à la fonction présidentielle » en informant les lecteurs de son état de santé.

Cette déférence serait-elle réservée à l'Élysée, lieu sacré en France depuis les débuts de la Ve République ? Non. Car, au-delà du président, la complaisance protège, sous une forme ou une autre, l'ensemble du personnel politique.

Été 1989. Les élections municipales vont avoir lieu. À *L'Express,* on envoie un journaliste faire le portrait du candidat favori à la mairie de Cannes. Un drôle de client, ce Michel Mouillot. Ami de Charasse et de Léotard à la fois, il pratique efficacement un clientélisme qui lui vaudra d'être élu maire. Chaleureusement accueilli, le journaliste se balade en sa compagnie à travers les rues. Lors de la visite d'une maison de retraite, la directrice se tourne tout à coup vers Mouillot et lui dit : « Vous savez, pour dimanche, tout est prévu. » Faisant allusion à ses pensionnaires et aux bureaux de vote, elle ajoute : « On a des cars pour les transporter, ils voteront bien, ne vous inquiétez pas... » Guillaume Malaurie, de retour à Paris, raconte la scène. L'article est froidement accueilli par la hiérarchie du service politique et par son supérieur, Dominique de Montvalon. Celui-ci prend l'initiative, quelques mois plus tard, d'inviter Michel Mouillot à déjeuner dans un restaurant proche du journal. « Le maire est revenu sur l'article pour le critiquer, ce qui était son droit, bien sûr, confie l'un des participants à ces agapes. Mais le plus surprenant, c'était qu'à chaque réflexion de Mouillot, Montvalon, au lieu de soutenir le journaliste de son service, s'écriait : “Ah ça, c'est vrai !” Finalement Malaurie s'en est pris à son chef et a parlé de lâcheté de sa hiérarchie. Après, Montvalon est allé voir Jérôme Dumoulin, le rédacteur en chef, pour se plaindre du journaliste qui, il est vrai, n'était pas toujours facile. Et vous savez ce qu'il lui a dit ? “Guillaume ne se rend pas compte, s'il continue, il va nous fâcher avec Mouillot.” Une simple colère du maire de Cannes — de Cannes ! — et la perspective d'une brouille avec Léotard suffisaient à inquiéter un chef de service de l'un des grands hebdomadaires français. »

Michel Mouillot, après quatre mois en prison, a dû abandonner son poste de maire.

Dominique de Montvalon est aujourd'hui chef du service politique du *Parisien.*

En quelques années, la situation a cependant évolué. Une poignée de juges ont fait leur métier avec un courage difficile à apprécier pour qui n'imagine pas ce que fut la frilosité du milieu judiciaire. Van Ruymbeke, Halphen, Joly, Courroye, d'Huy, Desmure — pour ne citer que ces juges d'instruction — mais aussi des substituts et parfois des procureurs ont osé défier la nomenklatura politique. Car la combinaison des affinités parisiennes et des lois du silence a pendant des décennies rendu impossible la mise en cause des élus. « La presse n'était pas seule responsable de la situation, raconte Jacques Duquesne, cofondateur du *Point,* aujourd'hui président du conseil de surveillance de *L'Express.* Je me rappelle qu'un entrepreneur du BTP à Nantes était venu me voir, dans les années 70, pour dénoncer le racket des marchés publics. Mais il ne voulait ni apparaître ni témoigner à visage découvert. Sinon, disait-il, je n'aurai plus jamais un contrat. Pendant longtemps, la presse s'est tue parce que personne n'osait parler. »

Il reste que certaines personnalités bénéficient toujours d'une protection médiatique fort efficace.

Roland Dumas a ainsi illustré à merveille celui qui a réussi à Paris. Le séducteur dont personne n'a envie de dire du mal. Bien sûr, il y a toujours eu des rumeurs à son sujet. Mais rien d'accablant. Admirateur de l'un de ses illustres prédécesseurs, Talleyrand, à qui Napoléon reprochait au lendemain de la débâcle de son expédition en Russie de s'être vendu aux Autrichiens — ajoutant ainsi la trahison à la corruption —, l'ancien ministre des Affaires étrangères aura traversé sans encombre le siècle. Au moins jusqu'à sa — malheureuse — rencontre avec Christine.

Un petit contretemps cependant à signaler dans une carrière parfaite : le patron d'un cercle de jeux très suspect, Marcel Francisi, est abattu en 1979 par des tueurs qui ne seront jamais identifiés. Des écoutes téléphoniques laissent à penser que l'avocat Dumas a essayé d'intervenir pour empêcher la fermeture de ce cercle où la police a cru identifier nombre de malfrats. Mais l'affaire est rapidement classée par le pouvoir giscardien.

Les articles consacrés à Dumas n'évoquent guère cet aspect du personnage. Ce regrettable incident lui coûtera cependant une place de ministre dès 1981. Il devra attendre trois ans, ce qui est long pour un homme aussi talentueux.

Dans le milieu médiatique, certains pensent qu'ils sont des amis de Roland. L'inverse n'est pas forcément vrai. L'aura dont a longtemps bénéficié le président du Conseil constitutionnel tient aussi à un autre facteur : il est l'avocat du seul journal qui aurait pu réduire à néant sa carrière, *Le Canard enchaîné*. C'est un coup de génie. Il a d'ailleurs été longtemps l'un des informateurs privilégiés du journal (les échos de la page deux lui devaient beaucoup) et entretient les relations les plus amicales avec plusieurs journalistes. L'un d'eux, Nicolas Brimo, est un ancien de l'hebdo du PS, *L'Unité*. Également administrateur de l'hebdomadaire satirique, il n'a pas hésité à intervenir à plusieurs reprises à chaque rebondissement de l'affaire. La légendaire susceptibilité du *Canard* n'interdit donc pas d'évoquer le retard à l'allumage dont a bénéficié Dumas lorsque a éclaté le scandale. Le contexte est, de surcroît, devenu délicat. L'un des avocats du journal était

Arnaud Montebourg, élu député en juin 1997. Or, c'est le premier élu socialiste qui a osé demander la démission du président du Conseil constitutionnel. Ses amis du *Canard* n'ont pas tous apprécié.

En vérité, peu de chose a changé à Paris depuis les *Illusions perdues*. Certains ministres volent la République. Les journalistes en quête d'un destin se servent avec prudence d'une plume qu'ils savent plus redoutable que l'épée. Et le bon peuple, qui n'est pas plus dupe que du temps de Balzac, avale, sans grande conviction, ce qu'on a concocté à son intention. L'intégrité de Carignon, l'Algérie intime de Chirac, les autocars de Mouillot ne sont pas les seuls sujets à éviter dans la presse comme dans l'édition.

Février 1993. C'est l'agitation chez Robert Laffont, l'une des maisons d'édition du groupe de la Cité, filiale d'Havas. Un nouveau patron, Bernard Fixot, prend ses fonctions. L'un des collaborateurs du P-DG débarqué, responsable du secteur des documents, se fait du souci. Il a en effet commandé dix-huit mois plus tôt un livre sur la vie privée du président Mitterrand qui inquiète l'Élysée. Son titre est à lui seul, il est vrai, menaçant : « Le président qui aimait les femmes ». L'auteur ? Une journaliste du *Point*, Marie-Thérèse Guichard. Que faire ?

Bien sûr, il pourrait jouer à l'imbécile, traiter ce livre qui évoque à mots couverts les maîtresses du président comme un ouvrage ordinaire et attendre qu'il sorte de l'imprimerie. Un mea culpa sur cette inattention, la promesse d'un succès attendu et le tour serait joué.

Mais c'est une stratégie risquée. Fixot, d'un tempérament volcanique, peut s'énerver. Et puis ce n'est pas très « déontologique ». Le directeur de collection va donc voir son nouveau patron et lui expose la situation. Fixot n'aime guère les livres politiques, encore moins tout ce qui touche à l'investigation. Va-t-il bloquer la sortie de cette enquête habilement rédigée et qui ne donnera lieu à aucun procès ? Il fonce : le livre doit sortir à la date prévue. « Attendez, il y a quand même un aspect délicat, c'est Mazarine », dit alors son nouveau collaborateur. L'éditeur comprend vite. La fille cachée du président est alors un sujet tabou. Personne n'en a encore parlé publiquement. C'est finalement la publication du livre de Philippe Alexandre, *Plaidoyer impossible pour un président oublié des siens,* en 1994, qu'utilisera Roger Thérond pour briser la loi du silence. Une spectaculaire couverture de *Match* entrera dans l'Histoire sous les commentaires navrés des confrères qui se sont tus pendant dix ans.

« Eh bien, faut y aller, rajoutes-en même, réplique Fixot, Anne Pingeot, Mazarine, il faut raconter toute l'histoire. » Le nouveau P-DG des éditions a-t-il déjà pensé à Thérond dont il est très proche et au lancement que pourrait faire *Match* ? Le manuscrit est en tout cas envoyé sans modifications à l'imprimerie. Les gros titres de la presse ne sont plus très loin. Le livre raconte que Mitterrand a « une seconde famille » et signale la présence dans un voyage officiel de Mitterrand à l'étranger d'« une de ses amies intimes, Anne Pingeot », qui habite un appartement de fonction quai Branly où le président a ses habitudes. Tout est dit, avec tact mais sans ambiguïté.

Une semaine plus tard, coup de théâtre. Fixot vient de se rappeler qu'il est aussi le gendre d'un ancien président de la République, Giscard. Il convoque son collaborateur et Marie-Thérèse Guichard. Dans son immense bureau, il paraît gêné. Il explique qu'en définitive il est impossible de parler de la vie privée de Mitterrand : « Ça ne se fait pas, tout le monde va nous tomber dessus. » Fixot songe-t-il à la vie privée de son célèbre beau-père qui l'a d'abord méprisé ostensiblement avant de reconnaître ses qualités professionnelles et d'en faire l'éditeur de ses mémoires *Le Pouvoir et la Vie* ? Craint-il les réactions de sa femme, Valérie-Anne ? A-t-il une pensée pour Christian Brégou, le discret président du groupe de la Cité qui vient de le nommer ? Est-il conscient des risques juridiques qu'il s'apprêtait à prendre ? Tous ces ingrédients ont sans doute joué. Vingt-cinq lignes sont supprimées *in extremis* sur épreuves, c'est-à-dire sur le texte prêt à être imprimé. Les Français n'ont pas encore le droit de savoir.

Cette autocensure ne se limite pas à la sphère politique. Un jour de l'été 1984, un ami et proche collaborateur de Michel David-Weill, P-DG de la Banque Lazard et homme d'influence, rend une visite « informelle », selon ses vœux, à l'éditeur Pierre Belfond. Celui-ci s'apprête à publier une biographie d'André Meyer, l'ancien patron de la banque. Un homme dont les méthodes ont été souvent brutales comme le montre l'auteur de l'enquête, Cary Reich, un journaliste américain réputé, qui dirige une très sérieuse revue financière. L'un des chapitres est ainsi consacré à la façon dont Lazard a aidé, dans les années 70, la multinationale ITT à contourner les sévères lois antitrust.

Pour l'envoyé spécial de la Banque Lazard chez Belfond, il faut empêcher la parution de cet ouvrage ou au moins le vider de son contenu sulfureux. D'autant qu'un autre chapitre le préoccupe. Il y est question des « femmes » du grand banquier, de ses vacances dans son chalet suisse entre son épouse et l'une de ses amies proches et de toutes sortes d'autres choses que l'on peut publier aux États-Unis[1], en Allemagne, en Angleterre, en Espagne, en Italie, au Brésil ou en Argentine

1. Où l'ouvrage sera diffusé sans aucune modification.

mais pas en France. Pierre Belfond croit comprendre qu'il serait donc préférable, « si on veut éviter des procédures ennuyeuses », de supprimer les deux chapitres, celui sur les femmes et celui sur les relations entre Lazard et ITT. L'idée d'introduire dans le livre une préface de la banque qui mettrait en garde le lecteur innocent contre les absurdités collectées par un auteur manifestement mal intentionné est lancée. Puis abandonnée : ce serait le meilleur moyen de faire scandale, aucun journaliste ne pouvant rester indifférent à un pareil avertissement.

La discussion aura plusieurs effets. La préface sera oubliée. Le chapitre sur la vie sentimentale d'André Meyer ? La menace de procès est claire. Mieux vaut y renoncer. Quant au passage sur ITT, il est convenu de suggérer à l'auteur de le supprimer. Mais Cary Reich ne cède pas. Pierre Belfond lui donne finalement raison et publie dans le livre ce chapitre qui inquiétait tant la banque. En tendant l'oreille à ces conseils amicaux, Pierre Belfond craignait-il une offensive en Bourse sur sa société ? Impossible, elle n'est pas encore cotée ; ce ne sera le cas qu'un an plus tard, en 1985.

Des psychodrames semblables agitent quotidiennement le microcosme parisien. Lorsque les pressions amicales rencontrent une certaine complaisance, tout devient donc possible. Beaucoup de rédacteurs en chef et d'éditeurs aussi peu désireux les uns que les autres de se lancer dans des vendettas risquées savent qu'on retrouve souvent à Paris ceux que l'on a offensés la veille : dans une telle ville, le droit à l'information doit être manié avec une grande circonspection.

L'omertà française ne se résume pas à une censure bête et méchante. Elle est autrement plus subtile. On glisse l'information, discrètement, mais on la met dans un écrin. On soigne la présentation. On finit par rendre anodin ce qui ne l'est pas. Et on fabrique un mythe. François Mitterrand en a bénéficié pendant trente ans.

Dans un ouvrage collectif consacré aux relations entretenues pendant vingt-cinq ans entre l'ancien président et *Le Monde,* André Laurens s'offusquait des critiques adressées ces dernières années au journal qu'il avait lui-même dirigé de 1982 à 1985. Il écrivait, au bord de l'indignation : « Peut-on lui reprocher [au quotidien] de n'avoir pas écrit ce qu'il ne savait pas ? » Malgré ses moyens, *Le Monde,* donc, ignorait des aspects essentiels du grand homme. Les chefs successifs du service politique ne s'intéressaient vraiment pas aux multiples activités de Mitterrand sous l'Occupation.

Dans la presse, plus globalement, on mentionnait, certes, le « passage à Vichy » mais sur le ton de l'excursion champêtre. Celle-ci, même si les dates restent incertaines un demi-siècle après, a tout de même duré près d'un an et demi. Reprenant la version de l'intéressé, on y voyait un subtil camouflage pour tromper ces imbéciles de maréchalistes ! « Faut-il aujourd'hui lui faire grief d'avoir travaillé durant quelques mois pour "l'État français" ? » s'interrogeait en 1977 Franz-Olivier Giesbert alors au *Nouvel Observateur* dans une biographie[1] qui fera date. Invoquant l'itinéraire trouble d'un gaulliste comme Couve de Murville — passé de Pétain à Giraud puis de Giraud à de Gaulle ! — le journaliste répond, catégorique : « Ce serait injuste. » D'ailleurs la Résistance, écrit-il, Mitterrand « la cherche ». Il a mis longtemps à la trouver, entre un passage au Commissariat à l'information — organisme de propagande où on rédige des fiches sur les opposants — et un autre, plus long, au Commissariat général aux prisonniers de guerre. Aujourd'hui au *Figaro*, Giesbert défendait alors avec conviction cet itinéraire complexe. Cette critique, dit-il dans son livre, est contredite par « les faits ». Lesquels ? C'est simple : « Il soufflait sur le Commissariat l'esprit de la Résistance. » Ah bon ! Le futur président écrit un article dans une revue modeste à laquelle contribuaient des pétainistes patentés, voire antisémites ? Réponse : « La forme est obscure, la pensée anodine. » Mais il y a un dernier obstacle pour faire de Mitter-

1. Franz-Olivier Giesbert, *Mitterrand,* Le Seuil, 1977.

rand un authentique résistant : la francisque. Cette décoration, il fallait la demander et elle n'était accordée qu'aux fidèles du Maréchal. Celle de Mitterrand porte le numéro 2202. « Devant les attaques sur sa prétendue collaboration, écrivait Giesbert, il est toujours resté silencieux. » Sa logique ? « Il estime [...] à bon droit, qu'il n'a pas de comptes à rendre à ses détracteurs ». « À bon droit » ? Au nom de quoi l'ancien collaborateur du régime de Vichy se dispensait-il de répondre aux questions gênantes ? Quant à « son passé qui ne serait pas sans tache, poursuivait le journaliste, qu'ils le prouvent ». Et le biographe tranchait : « Cabré contre le nazisme, le Mitterrand de la Résistance a cherché à satisfaire son goût de l'absolu dans le combat collectif. » Admirable défense d'un homme compromis. Il est seulement dommage que le livre ait contribué à banaliser cet épisode peu glorieux et à lui fabriquer son image d'homme de gauche.

Les Français ont eu droit à la séquence « Mitterrand et la Résistance ». Mais comment négliger l'émouvante série « Mitterrand et les amis » ? Ils ont ainsi découvert les liens touchants qui l'attachaient à Badinter, à Mauroy, ou à l'écrivain Élie Wiesel (avant que celui-ci ne s'avise, tardivement, de ses états de service). Mais où étaient passés les amis de trente ans ? Ceux de Vichy ? Ils étaient toujours là, mais en coulisse. Jean Védrine, chargé lui aussi d'un mouvement de prisonniers de guerre.

François de Grossouvre, membre du SOL[1], prédécesseur de la redoutable Milice. Jean-Paul Martin, un ancien collaborateur de Bousquet pendant la guerre au ministère de l'Intérieur. Et André Bettencourt. Cet ancien condisciple du fameux foyer du « 104 » de la rue de Vaugirard, devenu l'époux de Liliane, héritière de la multinationale L'Oréal et fille d'un financier de la Cagoule[2], sortait en mauvaise posture de l'Occupation. Confiant, Mitterrand lui donna un certificat de résistance : son ami s'occupait, paraît-il, de gérer les fonds de la Résistance. À Genève. Cela ne s'invente pas.

Mitterrand ne poussait toutefois pas le sens de l'amitié jusqu'à s'afficher avec ces hommes honnis par les militants du PS. À la fin du second septennat, il croise un jour par hasard Robert Hersant au Parlement européen. L'ancien adhérent pendant la guerre du groupuscule fasciste Jeune Front — conviction qui lui a valu un bref séjour en prison à la Libération — connaît Mitterrand depuis trente-cinq ans. Alors que les deux hommes, qui se voient peu par précaution, se lancent dans une discussion amicale, un photographe s'approche pour immortaliser la scène. L'entourage présidentiel s'interpose avec fermeté. Protection de la vie privée sans doute !

1. SOL : Service d'ordre légionnaire.

2. Organisation secrète, responsable entre les deux guerres de nombreux attentats dont certains firent plusieurs victimes. L'un de ses complots valut à ses membres des arrestations décidées par le ministre de l'Intérieur de Léon Blum, Marx Dormoy.

Quant à René Bousquet lui-même, patron de la police sous l'Occupation à partir de 1942, et responsable à ce titre de la déportation des juifs, on sait aujourd'hui qu'il fut assez intime avec le premier secrétaire du PS pour être invité à Latché. L'immense majorité des conseillers de l'Élysée et des ministres des deux septennats n'ont jamais eu droit à pareille marque d'attention. Il est vrai que Bousquet avait aidé financièrement le futur président pendant sa traversée du désert. À l'époque, les soutiens n'étaient pas légion. Or, jusqu'à la parution en 1994 du livre de Pierre Péan[1], jamais Mitterrand ne fut interrogé sur ces amitiés pour le moins surprenantes. « On ne savait pas » ? C'est faux. Ceux qui ne voulaient pas savoir ne savaient pas, c'est tout. L'écrivain Max Gallo, qui fut porte-parole du gouvernement Mauroy en 1983-1984, l'a reconnu avec honnêteté[2] en évoquant ces relations troubles : « Cela se savait. On ne voulait pas l'entendre. » C'est le moins que l'on puisse dire.

Au *Nouvel Observateur,* près de cinquante ans après la guerre, le passé de Mitterrand restait un sujet qui fâche. Même les amis. À la fin du second septennat, éclate l'affaire Bousquet. Une journaliste, Pascale Froment, publie en 1993 une biographie de l'ami de Mitterrand[3]. Le patron de Stock, Claude Durand, qui

1. *Une jeunesse française,* Fayard, 1994.
2. *Libération,* 9 mai 1998.
3. *René Bousquet,* Stock, 1993.

est aussi l'éditeur de Pierre Péan, a donné son accord. Une photo compromettante figure à l'intérieur du livre. Les participants font en effet revivre Vichy en un seul cliché. On y voit Bousquet reçu fort amicalement par le couple Mitterrand dans sa bergerie de Latché. Parmi les convives, on reconnaît aussi Jean-Paul Martin, son ancien chef de cabinet au ministère de l'Intérieur en 1943, qui occupa les mêmes fonctions auprès de Mitterrand ministre de la IVe République. Et voilà la direction du *Nouvel Observateur* fort embarrassée. Le livre est bon, riche en révélations. Un papier est prévu. Mais faut-il aller jusqu'à publier la photo accusatrice ? Est-ce vraiment le rôle d'un journal de gauche ? La discussion au sein de la hiérarchie est vive. Le chef du service politique, Robert Schneider, et Pierre Bénichou, directeur adjoint de la rédaction, soutenus par quelques autres, montent à nouveau au front ! Très réservés, ils s'interrogent d'un ton grave. C'est la querelle des anciens et des modernes. Bousquet, ami et financier du président socialiste ? Un demi-siècle après la fin de la guerre, une partie de l'état-major de l'hebdomadaire se refuse toujours à reconnaître l'évidence. L'épreuve de force, finalement, tourne à l'avantage des modernes. La loi du silence passe à la trappe, l'incident reste confidentiel, et la fameuse photo est publiée.

Chez Gallimard aussi, l'Occupation a laissé de mauvais souvenirs. Après 1981, on s'apprête à sortir en librairie dans la vénérable maison le dernier tome du *Journal* de Vincent Auriol, ancien président de la IV^e République. Ce qu'il raconte ? Que le socialiste Mitterrand a été un pétainiste convaincu. L'éditeur du livre, l'historien réputé Pierre Nora, a donné son imprimatur. À l'Élysée, on entend parler de l'affaire. Et voilà brusquement le Centre national des lettres saisi d'effroi : après avoir jusqu'ici favorisé la parution de ces mémoires en accordant une subvention pour chaque tome, il se ravise. L'aide prévue pour le dernier ouvrage est supprimée d'autorité par cet organisme dépendant du ministère de la Culture dirigé par l'éternel Jack Lang. Certes, rien n'interdit à Gallimard de publier le livre en question. Mais soudain les considérations économiques deviennent déterminantes, et la direction de la maison renonce.

Ce lourd secret n'en était pourtant pas un. Dès 1948, comme le signale Franz-Olivier Giesbert[1], *L'Humanité-Dimanche* tire à boulets rouges sur le nouveau secrétaire d'État à l'Information[2] : « Ce sous-ministre fut l'un des premiers vichystes de France », ce qui lui valut, ajoute l'hebdomadaire du PC, la francisque. En 1958, c'est la SFIO — Mitterrand n'est pas encore « converti au socialisme » — qui prend le relais en dénonçant la fameuse décoration. Le 3 décembre 1954, c'est un député gaulliste,

1. *Mitterrand, op. cit.*
2. *L'Humanité-Dimanche,* 14 novembre 1948.

Raymond Dronne, qui lui reproche à l'Assemblée d'avoir « arboré successivement la fleur de lys et la francisque ». En 1972, des parlementaires UDR de la « France libre » récidivent. Rien n'y fait.

En 1977, paraît un dossier sur Mitterrand qui raconte l'histoire de la francisque. Faut-il y faire ne serait-ce qu'une allusion ? Les rédactions ne se posent même pas la question : *Le Crapouillot,* qui publie cet article, c'est l'extrême droite ! En 1984, une journaliste politique reconnue, Catherine Nay, ose enfin ignorer cette censure invisible. Son livre sera un best-seller. Sans reprocher d'ailleurs son attitude à Mitterrand, elle explique dans *Le Noir et le Rouge* que cette médaille n'était pas décernée aux ennemis du régime. Les deux parrains du jeune postulant — il a alors vingt-quatre ans — sont d'ailleurs, en bonne logique, deux maréchalistes fervents pour ne pas dire plus : Georges Soulès (plus connu aujourd'hui sous son nom d'auteur Raymond Abellio) et Gabriel Jeantet, un polémiste de droite d'avant-guerre apprécié du Maréchal. Erreur de jeunesse ? Qui pourrait juger Mitterrand trente ou quarante ans plus tard ? Le problème c'est que, pendant toute sa vie, celui-ci n'a pas cessé de mentir sur ce sujet. L'encombrante décoration ? Il a longtemps assuré qu'il ne l'avait jamais reçue puisqu'il était à Londres le jour de la cérémonie. À une époque, il affirma d'ailleurs ne l'avoir jamais demandée.

Personne ne s'interroge sur ces explications confuses, à la limite du ridicule. Aveuglement ? Militantisme inavoué ? En tout cas, cette complaisance a duré trente ans.

Même les adversaires de Mitterrand ont respecté scrupuleusement cette loi du silence. Car les leaders de la droite de la génération de Mitterrand n'ignorent pas grand-chose de ce passé inavouable. Il y a d'abord les anciens pétainistes passés dans le camp gaulliste. Comme préfet de police de Paris dès 1958, ce qui lui donnait accès aux archives de la police — notamment celles des Renseignements généraux —, Maurice Papon a su assez tôt. On comprend le peu d'enthousiasme du président Mitterrand, quarante ans plus tard, à l'idée de juger cet homme bien informé. Raymond Marcellin, ministre de la Santé sous de Gaulle et de l'Intérieur sous Pompidou, avait, lui aussi, une excellente raison de connaître la situation : il avait lui-même reçu la francisque ! Maurice Couve de Murville, haut fonctionnaire au ministère des Finances sous Pétain jusqu'en 1943, savait également. Tout comme Jacques Foccart qui travailla sous l'Occupation pour le compte des Allemands avant de devenir le confident du Général.

La liste est loin d'être close : d'authentiques résistants comme l'ancien ministre Albin Chalandon ou Pierre de Bénouville, des gaullistes comme l'ancien premier ministre Jacques Chaban-Delmas ou Roger Frey, ancien ministre de l'Intérieur, savaient aussi. C'est d'ailleurs Roger Frey qui proposa au Général, à la veille de l'élection de 1965, de sortir dans la presse la fameuse photo où l'on voit ensemble Pétain et Mitterrand. L'homme de la France libre refusa : pour ne pas porter atteinte à la fonction présidentielle, dit-il, au cas où celui qu'il appelait aimablement « l'Arsouille » l'occuperait un jour. Les Français n'étaient pas jugés assez intelligents pour se faire leur propre opinion.

Le portrait démarre sur une note émouvante « Il est né pauvre, et s'en soucie fort peu, circule en métro lorsqu'il n'est pas ministre [et est] indifférent à la possession des biens matériels. » Et maintenant, comment traiter la phase délicate de l'Occupation ? « Arrivé à Metz après toutes sortes d'aventures, communes, dit-il à tous ceux qui se sont évadés, trop communes pour les mentionner davantage, il demande une chambre dans un hôtel. Le patron décèle l'évadé, le dénonce aux Allemands. » Et il est repris. Après la troisième évasion, réussie, « c'est l'engrenage classique [...]. Il retrouve en France l'organisation clandestine ». Et puis ce sont « les allers et retours avec Londres, etc. ».

Le lecteur est invité, à travers cette touchante description, à comprendre que : 1) François Mitterrand est modeste, même quand il se montre héroïque ; 2) sa volonté de combattre l'occupant est si farouche qu'il passe directement du camp de prisonniers à l'action clandestine (bien qu'il ait décliné la proposition de De Gaulle en décembre 1943 de se joindre à une unité combattante) ; 3) que ce caractère intrépide le destine à l'évidence aux plus hautes fonctions.

Le livre d'où est extrait ce passage s'appelle *Le Tout-Paris*. Il a été publié en 1952. L'auteur ? Françoise Giroud.

Une péripétie politique, l'engagement imprudent d'un jeune homme qui aimait, à sa manière, son pays, est ainsi devenue, au fil des années, une névrose nationale. À partir de 1984, pourtant, le doute n'est plus permis. C'est en effet cette année-là qu'un homme qui a beaucoup fréquenté Mitterrand commence à noircir des feuillets de sa fine écriture. Pourquoi Jean-Edern Hallier se met-il en tête d'écrire un pamphlet sur le président de la République ? Par esprit de contradiction, en pleine période de célébration du génie mitterrandien ? Par déception de ne pas avoir obtenu ce qu'il convoitait ? Après la victoire, l'écrivain a en effet menacé ses anciens amis : il lui fallait un poste ou une émission à la télévision sinon... Chantage ? Même ceux qui furent ses proches le reconnaissent du bout des lèvres. Quoi qu'il en soit, il se met à la tâche. Mais surtout il parle. Beaucoup. Aux hommes politiques, aux journalistes et à tous ceux qu'il croise dans les dîners en ville où ses formules assassines sont très appréciées.

Il reste un détail : trouver un éditeur. Une formalité aux yeux de Jean-Edern Hallier qui vient de se brouiller avec le sien, Albin Michel. Il va vite déchanter. Il a fait le tour des maisons d'édition parisiennes. On vante son style, mais on s'en inquiète aussi. Il est vrai que certains passages du manuscrit sur l'impuissance présumée du président ou ses pratiques sexuelles ne sont pas du meilleur goût. Mais personne n'obligeait les éditeurs à publier le texte tel quel. Les refus s'accumulent donc. Même les imprimeurs — une dizaine sont contactés — se dérobent, effrayés par les représailles du pouvoir.

Mais, un jour, un éditeur se montre tout à coup intéressé. Lorsque Jean-Edern Hallier fait lire à André Balland quelques pages de son manuscrit, celui-ci, impressionné, lui dit : « Vous allez faire tomber le régime », ajoutant d'un air enthousiaste : « Moi, c'est sa corruption qui m'enchante. » Le manuscrit est enterré. Cette interdiction officieuse ne surprend personne, n'indigne personne. De nombreux journalistes l'ont lu. Aucun n'en a parlé publiquement, même pas Franz-Olivier Giesbert qui n'a pourtant pas à l'époque les faveurs de l'Élysée. Le futur patron de la rédaction du *Figaro,* d'ailleurs, aime bien « Jean-Edern » qui lui écrit beaucoup : le journaliste a lu et même pris la peine d'annoter l'une des versions de son manuscrit. Mais il se gardera bien d'aller plus loin ! Il n'en parle ni dans ses articles, ni dans ses livres — y compris *Le Président*[1], pourtant publié en 1990 —, ni dans les nombreuses interviews qu'il accorde à ses confrères.

Un éditeur surgit finalement lorsque le règne s'achève sur fond de scandales et de désillusions. S'il avait été publié avant 1988, Mitterrand aurait-il été réélu ? On peut se poser la question. « Dans la première version de *L'Honneur perdu de François Mitterrand*[2], confie en effet le frère de l'écrivain, Laurent Hallier, tout y était : Mazarine, le cancer, la Collaboration, la francisque, les fausses confidences sur son passé et même ses liens avec la Cagoule. »

Sa fille aura plus de chance lorsqu'elle fera ses premiers pas dans l'édition. Mazarine Pingeot publie ainsi facilement chez Julliard, en avril 1998, *Premier roman.* Spectaculaire campagne de promotion et un plan-médias à la Johnny. TF1, *Le Monde, Le Nouvel Observateur.* Pour dire, à chaque fois, l'enfer de la presse : paparazzi, journaux à scandales et éditorialistes sérieux, tous dans le même sac ! La jeune romancière a-t-elle songé qu'elle n'aurait jamais bénéficié d'un tel battage, d'un tel tirage, qu'elle n'aurait sans doute même pas été publiée sans son illustre filiation ? Une équation que le critique littéraire Angelo Rinaldi

1. *Le Président,* Le Seuil, 1990.
2. *Op. cit.*

n'hésita pas à dépeindre d'une féroce métaphore dans sa chronique de *L'Express*[1] : « S'il est vrai que vous êtes la fille d'un gros bonnet de la mafia, dont le nom est resté dans la chronique que ses amis au surplus continuent de défrayer, tranquillisez-vous, on vous publiera. » Étrange époque que celle où les victimes autoproclamées de la persécution journalistique sont les premières à manier sans vergogne les médias.

Le 29 avril 1982, un éminent professeur de droit, Maurice Duverger, livre aux lecteurs du *Monde* un papier consacré à la recension de deux ouvrages politiques. L'un est signé par Alain Duhamel[2], qui est en train de sortir du purgatoire où l'avait brièvement envoyé l'alternance, l'autre par Charles Moulin, un homme qui croisera un moment la vie de Mitterrand[3]. Les deux auteurs évoquent-ils le sujet maudit, celui de cette Occupation qui reste, cinquante ans après, une névrose nationale ? Un an après l'élection, ce serait pourtant le moment. Eh bien non : aucun des deux ne s'intéresse à ces vieilles histoires et, cela tombe bien, Maurice Duverger non plus.

C'était il y a si longtemps. Le professeur de droit a pourtant toutes les raisons de se souvenir de cette époque trouble. Jeune agrégé, il avait livré, en 1941, à une revue spécialisée,

1. *L'Express,* 16 avril 1998.
2. *La République de M. Mitterrand,* Grasset, 1982.
3. *Mitterrand intime,* Albin Michel, 1982.

une savante étude, aujourd'hui absente de certaines bibliothèques universitaires. Son analyse justifiant, sur le plan juridique, le statut des juifs que venait de faire adopter le Maréchal, n'était pas passée inaperçue des spécialistes. À chacun sa croix. La morale de l'histoire ? C'est le rédacteur en chef du *Figaro Magazine*, journal qui ne passait pourtant pas pour rassembler les thuriféraires du président, qui la donne à sa manière, laquelle peut surprendre. Évoquant le fonctionnement des médias depuis vingt ans, Henri-Christian Giraud commente sobrement : « La francisque de Mitterrand ? On ne parlait pas de cette époque et de ce genre de choses dans les journaux. »

Il n'est malheureusement pas toujours possible de s'arranger entre amis. Parfois, les étouffeurs doivent sévir.

Pendant dix ans, Tapie vide les comptes de ses entreprises, achète des matches de foot, fait de la « cavalerie », souvent au bord de la faillite, toujours repêché par Mitterrand. La presse le présente en héros des temps modernes. Tapie fait de la télévision, Tapie crée des emplois, Tapie est riche, vive Tapie ! Les journalistes l'aiment. Il les impressionne, il les fascine. Un détail : il leur fait peur. La violence, symbolique ou réelle, est en effet une composante indispensable de la censure invisible.

Certes, les médias traitent des malheurs de Tapie. Mais, pendant des années, ils le font sur le ton de la péripétie, du clin d'œil. On parle des comptes de l'OM, de valises portées par un homme de main corse, de l'hôtel particulier de la rue des Saints-Pères, de toutes ces entreprises reprises « à la hussarde » mais avec le sourire : tout cela, c'est le folklore d'un parvenu génial. Il est vrai que Tapie sait séduire les journalistes. Il les tutoie, leur tape sur l'épaule, leur joue la comédie de la complicité. Et eux ont le sentiment de partager l'intimité et les petits secrets d'un dur de la politique et des affaires. Les plus fervents disciples sont conviés sur le *Phocéa,* où l'on se moque des confrères aigris et jaloux qui « tapent » sur « Bernard ».

Au fil des ans, Tapie a fini par disposer d'une garde rapprochée au sein même des médias. À chaque fois que le patron de l'OM est mis en cause, l'un de ses défenseurs, Maurice Szafran, alors journaliste à *L'Événement du jeudi*, traque ainsi le « complot anti-Tapie ». En 1994, le scandale du match acheté, Valenciennes-OM, éclate. On découvre que l'un des joueurs, Christophe Robert, a enterré dans un jardin 200 000 francs. Le nom de Tapie est prononcé. Dans un couloir de *L'Événement*, Szafran va alors jusqu'à affirmer, péremptoire, devant deux de ses confrères médusés, que le patron de l'OM n'y est pour rien. « J'ai le nom », dit-il en parlant de celui qui serait le vrai coupable.

Mais cette fausse piste partira en quenouille, et c'est bien Tapie qui sera finalement condamné pour corruption. Maurice Szafran a toutefois la religion des faits : lorsque son mirobolant ami tombe deux ans plus tard, il entame une tardive conversion. Il encourage ainsi deux de ses confrères, Airy Routier et Valérie Lecable, à publier une biographie du personnage. Le livre est un réquisitoire.

Car l'imposture a fini par éclater. Mais il aura fallu du temps. Quelques journalistes, assez isolés au départ, vont jouer sur ce plan un rôle important. Alain Vernon se bagarre au sein de sa rédaction et du service des sports de France 2 pour faire passer des sujets moins complaisants. Tapie commet alors une erreur : il s'énerve. Son bras droit, Jean-Pierre Bernès, menace physiquement le journaliste dans les vestiaires d'un stade russe, ce qui ne semble pas émouvoir ses confrères. Hervé Gattégno, alors au *Nouvel Observateur,* lève de son côté un coin du voile sur les méthodes du personnage. Insultes et propos équivoques de la « victime » qui se met en transes quand son persécuteur lui dit simplement « Bonjour ». Car Tapie n'est pas habitué à ces insolences.

Avec lui en effet les représailles n'ont jamais été longues à venir. Les lois du silence, il connaît. En 1985, *L'Express* publie une enquête très fouillée de Jacques Derogy sur lui. On y apprend pour la première fois qu'il a fondé une société d'assistance médicale à domicile, Cœur-

Assistance. Fâcheries avec un associé. Puis faillite. Avec au milieu un mort à cause d'une organisation défaillante : un malade au cœur fragile. Tapie éructe. Il envoie des lettres furibardes au journal. De fait, celui-ci, légalement, n'aurait pas dû parler de ce scandale : une amnistie est passée par là. Finalement, il n'y aura pas de procès. Jacques Derogy, décédé depuis, est alors une figure de la presse : Tapie sait qu'il aurait affaire à forte partie. Mais Cœur-Assistance devient un sujet tabou dans les médias.

C'est en 1990 que tout va basculer. Christophe Bouchet, qui travaille à l'AFP, écrit une biographie[1] qui, pour la première fois, montre que Tapie a construit sa carrière et son image sur une série de mensonges ou d'exagérations presque comiques. Très documenté, ce livre courageux que publient les éditions du Seuil est reçu sans excès d'enthousiasme par les confrères. Pas de scandales, pas de polémiques. Quelques articles soulignant le « sérieux » de l'auteur, et l'affaire est classée.

Dans la série « Français, tout va bien, dormez tranquilles », il a été longtemps tout aussi impossible de parler de la Corse. Enfin d'en parler pour évoquer autre chose que « l'île de Beauté », le « sous-développement » local, les « traditions insulaires » (sous-entendu : violence, népotisme et corruption quotidienne...),

1. *Tapie*, Le Seuil, 1990.

les touristes « seule ressource » de la région, la « monoculture », bref toute la panoplie des clichés disponibles dans ce domaine. Au *Monde,* c'est un journaliste d'origine corse, Jean-Louis Andréani, qui a longtemps été en charge de l'île. Pour lui, les choses étaient claires : bien sûr il y avait des attentats, dus aux « dérives » de quelques esprits égarés, mais les responsables, les vrais, étaient ailleurs. À Paris, symbole du méchant État français incapable de « se donner les moyens » (encore plus de milliards !) d'apporter la prospérité à une population honnête et dure à la tâche. Le directeur du *Monde*, corse lui aussi, qui a longtemps caressé l'éventualité d'une carrière politique locale, est d'ailleurs susceptible sur ce point. Un autre journaliste, ayant un jour fait allusion à la paresse légendaire des autochtones, fut convoqué par Jean-Marie Colombani qui lui fit d'aigres remarques sur ce genre de propos.

L'assassinat du préfet Érignac, de ce point de vue, n'a pas seulement bousculé les habitudes du milieu politique. Ceux qui traitaient jusque-là la Corse dans le journal ont cédé la place à un confrère moins militant. Les informations sur les liens entre nationalisme et gangstérisme publiées depuis la mort du préfet, en février 1998, dans *Le Monde,* par Jacques Follorou prouvent bien que la complaisance n'est pas une fatalité. Mais, à vrai dire, un seul homme dans la presse française avait depuis des années brisé la loi du silence francocorse. Guy Benhamou n'a cessé d'alerter l'opinion dans les colonnes de *Libération* sur l'ampleur des règlements de comptes locaux et les complicités favorisant le statu quo, sans oublier la terrible responsabilité des élus et de trois ministres de l'Intérieur — Pasqua, Joxe et Debré — dans cette dérive qui a gangrené le cœur de l'État.

*U Ribumbu* n'a pas la notoriété du *Monde*. Mais il est lu par tous les journalistes qui suivent le dossier corse. Ses colonnes regorgeaient régulièrement de menaces envers les « ennemis du peuple corse » et d'insultes tout aussi plaisantes à l'égard de ceux qui faisaient simplement leur métier. Un antisémitisme larvé y était même parfois perceptible. L'un des deux correspondants du *Monde* dans l'île, Michel Codaccioni, fut longtemps très proche du FLNC-Canal historique. Condamné pour diffamation envers le journaliste de *Libération* après avoir publié un ouvrage fantaisiste le mettant en cause, il ne s'était jamais fait l'écho du ton scandaleux de la presse nationaliste corse, où il était question du « juif Benhamou ». Ses confrères n'en ont pas fait plus état dans leurs papiers.

Jean-Louis Andréani est aujourd'hui responsable des pages « Régions » au *Monde*. Michel Codaccioni est toujours correspondant du quotidien.

Même Karl Zéro, l'animateur du « vrai-faux journal » de Canal Plus, fenêtre impertinente sur l'actualité, avait renoncé à traiter de la vraie Corse, expliquant à ses collaborateurs qu'il avait une maison là-bas. Autrement dit, qu'il ne tenait pas à la voir plastiquée le lendemain du reportage ! Quand on connaît le nombre de journalistes ou de présentateurs de journaux télévisés qui sont dans la même situation, on comprend que les Corses aient si longtemps été traités avec autant d'affection ! La crainte que suscitaient les nationalistes était d'ailleurs suffisamment vive pour que beaucoup de journalistes aient recours à un pseudonyme pour signer leurs articles. C'est dire l'ambiance « Chicago des années 30 » qui entoure l'information dans ce qui a été pendant des décennies une zone de non-droit.

Les (mauvaises) habitudes ne se perdent pas facilement. Car, mis à part Guy Benhamou, rares sont les accrédités chargés des affaires de police à avoir, avant l'assassinat du préfet, décrit dans leurs articles la manière dont les nationalistes corses s'y sont pris pour s'attirer les complaisances des ministres de l'Intérieur. Rien sur les instructions données aux patrons successifs de la police de ne pas inquiéter les responsables, souvent identifiés, d'attentats ou de meurtres. Rien sur ces fonds secrets que le ministre Pierre Joxe attribua généreusement à certains mouvements extrémistes pour obtenir une illusoire « trêve des attentats ». Rien non plus sur cet argent africain qui avait auparavant profité à ces mêmes nationalistes grâce à l'obligeance du prédécesseur de Joxe, Charles Pasqua, plus ferme en paroles qu'en actes avec cette Corse où il a recruté de si nombreux amis politiques. On comprend dans ce contexte violent que l'origine du « système pré-mafieux qui s'installait » *(dixit* le préfet Bernard Bonnet) soit si longtemps restée un mystère qui s'inscrit dans une série déjà longue chez nous, du Masque de fer au collier de la reine Marie-Antoinette. Au fait : ce système, qui doit beaucoup à nos compatriotes corses, n'aurait-il pas touché le continent ?

Récemment, quatre-vingt-seize journalistes et producteurs ont fait leur autocritique. Ils ont reconnu pendant des années avoir « déformé des faits » et « fabriqué de fausses nouvelles » avant de présenter leurs « regrets » au public. Ça se passait en Corée du Sud.

## CHAPITRE 6

## « J'AI DÎNÉ AVEC LE PRÉSIDENT »

En ce printemps 1997, le juge qui a enquêté sur l'argent de Roger-Patrice Pelat, affolant ainsi l'Élysée, refait parler de lui. L'occasion ? Un livre[1] qu'il vient de publier sur le scandale du Crédit Lyonnais. À l'occasion de son enquête, Thierry Jean-Pierre a épinglé les « chéquards » de la presse : une vingtaine de journalistes payés par un homme d'affaires italien, Florio Fiorini, P-DG de la SASEA, aujourd'hui considéré comme un orfèvre du détournement de fonds. À quoi servait cet argent, qui en a profité ? C'est la question.

Avec l'extravagant Paretti, l'homme qui a coûté des milliards au Crédit Lyonnais et au contribuable, Fiorini a longtemps formé une fine équipe. La distribution de chèques à la presse remonte aux années 1988-1992. À

1. Thierry Jean-Pierre, *Crédit Lyonnais,* Fixot, 1997.

l'époque, aucun bénéficiaire ne s'en vante publiquement. Si les opérations douteuses de la banque publique n'avaient pas fait l'objet d'une instruction judiciaire, personne n'en aurait rien su. Mais d'interrogatoires en découvertes de comptes à l'étranger, l'ampleur des détournements apparaît peu à peu. Le 18 avril 1994, Florio Fiorini est convoqué par le juge genevois Jean-Louis Crochet qui l'interroge sur des versements apparemment injustifiés de sa société à de nombreux destinataires. On en arrive à un journaliste de télévision qui a reçu la bagatelle de 1,3 million de francs (en plusieurs fois). « Cette personne, révèle Fiorini au juge, travaille pour France 2 (ex-Antenne 2). [Elle] s'est occupée des rapports du groupe SASEA avec la presse française pendant plusieurs années. » Pour être plus clair, il s'agissait en fait d'un cumul d'emplois. L'heureux récipiendaire, n'ayant jamais quitté le service public, était à la fois rédacteur en chef dans la principale chaîne de télévision publique et attaché de presse informel d'une société aux relents mafieux. Étrange — mais juteux — mélange des genres. Dans *L'Express* du 23 octobre 1997, Jérôme Dupuis et Jean-Marie Pontaut évoquent les bénéficiaires des largesses de MM. Paretti et Fiorini, citant au nombre de ceux-ci « un journaliste réputé d'une chaîne de télévision française » sans toutefois mentionner son identité. Quelle va être la réaction de la direction de la chaîne ?

À l'intérieur, peu de gens, il est vrai, sont au courant. Mais, par une coïncidence fâcheuse, Paul Nahon et Bernard Benyamin ont commandé pour « Envoyé spécial », le grand magazine d'information de France 2, un reportage sur... le Crédit Lyonnais. « En travaillant sur le sujet, les journalistes sont tombés sur le nom de leur confrère, raconte l'un de ceux qui ont suivi cette délicate affaire. Malaise à la rédaction ! Bien sûr, le réflexe a été immédiat : on n'est pas là pour dénoncer, et puis on n'est pas des juges. Ils ont tout de même informé leur hiérarchie... »

Paul Nahon et Bernard Benyamin, les deux valeureux responsables de l'émission qui se plaisent à faire raconter à leurs reporters, en fin d'émission, les coulisses de leur reportage, sont donc saisis. Les voilà brusquement encore plus soucieux que d'habitude : eux, enterrer une affaire ? Eh bien oui !

Embêté lui aussi par cette sale histoire dont il se serait bien passé, le directeur de la rédaction Albert du Roy convoque l'intéressé. Il ne le reçoit pas les mains vides : il a la trace des virements bancaires qui sont arrivés sur le compte du journaliste. Accablé, celui-ci reconnaît les faits et s'enlise dans d'obscures explications. Une semaine plus tard, il reçoit d'ailleurs une lettre recommandée de son directeur, datée du 10 novembre 1997, qui fait référence à cet entretien : « Je vous ai donné connaissance de la photocopie d'un document faisant état de ce que vous avez perçu en Suisse de mai 1989 à février 1992, de la société SASEA, des honoraires de consultant pour un montant de 333 881 francs suisses, et ce alors que vous occupiez des fonctions de rédacteur en chef à France 2. Vous n'avez pas contesté la véracité de ces faits [...]. Lorsque je vous ai interrogé sur la nature des prestations fournies à la SASEA, vous m'avez donné des réponses insatisfaisantes au regard des honoraires perçus. » De plus en plus inquiet par la tournure prise par les événements, Albert du Roy n'esquive pas ses responsabilités : il informe immédiatement Xavier Gouyou Beauchamps, le président des deux chaînes publiques. Peut-on s'en tenir là et faire comme si rien ne s'était passé ? Dans n'importe quel pays un journaliste « acheté », membre de surcroît de la hiérarchie, et ayant reconnu les faits, serait licencié et poursuivi en justice. Mais nous sommes en France. D'ailleurs, à l'intérieur, on ne voit dans l'affaire qu'un « ménage » un peu trop bien payé. Pas vraiment autorisé. Mais pas interdit non plus selon la « déontologie » de la chaîne.

C'est la directrice générale de la chaîne, Michèle Pappalardo, qui est chargée d'« opérer » le fautif. Lettre recommandée. Entretien. Nouvelle lettre recommandée, en décembre 1997, où il est question de « sanction disciplinaire pouvant aller jusqu'au licenciement ». Une date est fixée pour un conseil de discipline.

Dès cet instant, un extraordinaire défilé commence : celui des amis. De certains syndicalistes comme l'ex-communiste Marcel Trillat — qui assure par écrit que l'intéressé n'a pas tenté de faire pression en faveur de la SASEA —, aux plus grands noms de la rédaction de France 2, les bonnes volontés se mobilisent. Claude Carré, ancien directeur de l'information, atteste que les fonctions du rédacteur en chef ne demandaient pas une présence permanente. Alain Denvers, ex-numéro un de la rédaction, assure qu'il était informé de ces activités extérieures et précise qu'en 1992, quand Hervé Bourges (alors président de la chaîne publique) a recommandé la fin des prestations extérieures, l'accusé s'est exécuté.

Il faut bien reconnaître que les hommes politiques ou les patrons qui apparaissent dans les journaux télévisés à l'occasion d'une mise en examen ou d'un scandale ne profitent plus d'une telle bienveillance. Qui est donc ce « rédacteur en chef » qui provoque une telle unanimité — en sa faveur ! — au sein d'une rédaction qui se réclame tant de grands principes journalistiques ? Il s'appelle Gérard Sebag. Et pour qui voulait l'identifier, l'enquête n'était pas impossible même si elle n'a pas spontanément soulevé un grand enthousiasme parmi tous ceux, nombreux, qui apprécient « Gérard ».

L'histoire ne s'arrête pas là. Gérard Sebag va passer en conseil de discipline. Enfin la transparence ? Pas tout à fait. Car la version retenue pour décider de son sort est assez différente de la réalité consignée par le juge Crochet. D'abord, incroyable mais vrai, il n'est pas question de la somme perçue — 1,3 million rappelons-le, soit une dizaine d'années de salaire pour la plupart des Français. Parler d'argent, au sein de la chaîne de référence du service public, est sûrement trop vulgaire. Deuxième tour de passe-passe : les « prestations » fournies en contrepartie de cette somme sont très vaguement évoquées. Il est simplement question de « ménages » pour des « entreprises suisses ». Pas totalement convaincus, les délégués syndicaux dénoncent en annexe du procès-verbal l'hypocrisie des dirigeants « qui ne se préoccupent de déontologie que quand ils y sont acculés par une impérieuse nécessité ».

Ménages ? Dans la profession, le terme désigne les prestations extérieures qu'effectuent les journalistes pour arrondir leurs fins de mois. Le ménage a toujours une motivation moins intellectuelle qu'alimentaire : animation de colloques, réalisation de plaquettes publicitaires, films promotionnels, publi-reportages en tout genre... Dans beaucoup de rédactions, dont les membres s'estiment mal payés (mais qui ne l'estime pas ?), ces « extras » sont quasiment considérés comme un complément de salaire légitime.

Résultat des courses ? Le conseil de discipline inflige à Gérard Sebag un blâme avec suspension de salaire pendant... un mois. Ce n'est vraiment pas cher payé. Mais il se trouve tout de même, au sein de France 2, des gardiens de l'éthique pour trouver la mesure « sévère ». Quand on évoque, aujourd'hui encore, cette affaire devant certains d'entre eux, les commentaires ont de quoi sidérer : « Pauvre Gérard, ils ont quand même été durs avec lui... »

Que nous apprend cette petite scène de la vie audiovisuelle ? Qu'il se trouve des journalistes pour assurer à grand prix les relations publiques d'une entreprise, qui plus est douteuse. C'est déjà contrariant. Mais, après tout, aucune corporation n'est à l'abri de ce genre de fautes individuelles.

Ce qui est plus intéressant, c'est ce qui se produit à partir du moment où ce lien financier dérangeant — ne parlons pas de corruption ! — entre une entreprise et un journaliste est révélé à la hiérarchie et à certains collègues. Ceux qui savent s'empressent de se taire. C'est le premier échelon de l'omertà.

Les syndicats qui siègent au conseil de discipline ? Peu curieux, ils s'en tiennent à une version édulcorée des événements qui leur est servie : il est simplement question de « prestations extérieures ».

La haute hiérarchie ? Elle couvre et se couvre. Elle couvre en ne prenant aucune mesure disciplinaire forte, puis en minimisant l'affaire auprès de ceux qui auront à en juger. Interrogé à chaud par *Le Point* sur cette ténébreuse affaire, Albert du Roy répond : « Nous nous sommes renseignés. La personne en question — qui bénéficie de la présomption d'innocence — n'a de toute façon jamais été en position d'infléchir la ligne éditoriale de France 2 sur ce point[1]. » Nous voilà rassurés ! Xavier Gouyou Beauchamps, président de France-Télévision, et ses proches collaborateurs donnent eux aussi l'impression de laver plus blanc : le fautif est — très symboliquement — sanctionné. Mais sur quels motifs exactement ? On ne le saura jamais. C'est là toute la subtilité.

Même les deux vitrines de l'investigation-maison, Bernard Benyamin et Paul Nahon, préfèrent ne pas voir et ne pas savoir. Question de délicatesse.

Voilà un exemple d'école de ce que peut produire le système. On ferme les yeux sur des liaisons dangereuses. La crainte du scandale oblige les protagonistes à bouger. Par solidarité, par esprit d'entreprise, par peur des ennuis, par habitude aussi, chacun, à son niveau, s'attache à édulcorer, à minimiser, à occulter. Au bout du compte, personne n'est vraiment coupable. Les responsables ont pris des mesures symboliques. Le fautif a été — mollement — réprimandé. Le dossier est classé. De nouveaux venus se sont tranquillement installés dans la carriole désormais bien chargée des étouffeurs.

Leur credo : la déontologie « à la française ».

1. *Le Point*, 6 décembre 1997.

Dans ce contexte éthique, les donneurs de leçons les plus fanatiques ne sont pas les derniers à se vendre à des institutions qui entendent bien en avoir pour leur argent. Il existe pourtant une charte de la profession. Que dit-elle ? Qu'« un journaliste digne de ce nom [...] ne touche pas d'argent dans un service public ou une entreprise privée où sa qualité de journaliste, ses influences, ses relations seraient susceptibles d'être exploitées ; [il] ne signe pas de son nom des articles de réclame financière ou commerciale ». Ce texte précis date de 1918[1].

Il y a, de surcroît, une convention collective des journalistes. Celle-ci dispose qu'aucun d'entre eux ne doit « user de la notoriété acquise dans sa profession pour servir, hors de cette profession, la publicité d'un produit, d'une entreprise ou d'une marque ».

C'est exactement l'inverse qui se produit. Chaque journaliste se bricole sa petite morale sur mesure. Parce qu'il refusait systématiquement les « ménages », le présentateur du 20 heures Bruno Masure est passé pour un simplet à TF1 puis à France 2. Dans l'audiovisuel, il faut en effet chercher longtemps pour trouver un journaliste vedette qui ne se commette pas plus ou moins régulièrement dans une ani-

1. Il a fait l'objet d'une révision en 1938.

mation de débat pour une maison de champagne, la dynamisation d'une convention commerciale de Paul Ricard ou la réalisation d'une vidéocassette pour Rhône-Poulenc.

Et après ? Problèmes. Le commanditaire a en effet un peu de mal à oublier qu'il a des employés intermittents dans certaines rédactions. À France 2, un journaliste économique insiste un jour pour faire un sujet au 20 heures sur l'introduction au second marché de la société Garonor, événement qui ne rentre pas dans une actualité brûlante. Il faisait des « ménages » pour cette entreprise. À France 2 toujours, un journaliste réalise un jour un reportage assez acide sur les relations sociales à l'usine Citroën d'Aulnay-sous-Bois. La direction de la communication de la firme automobile lui fait savoir que son chef de service travaille depuis longtemps pour l'entreprise. Sous-entendu : « Si vous voulez rester en bons termes avec votre chef que nous subventionnons, calmez-vous. » Celui-ci a été depuis... promu.

À TF1, la vertu n'est pas plus grande. En pleine affaire Elf, une responsable d'édition fait le forcing pour consacrer un sujet du journal au livre insipide que le P-DG d'Elf, Philippe Jaffré, vient de faire réaliser sur l'histoire de son entreprise. Rusée, elle manœuvre ainsi pendant un week-end, quand les hiérarques présents sont moins nombreux. Face aux réticences, elle livre l'argument ultime : elle fait « quelques ménages pour Elf », alors, elle s'est « arrangée avec eux ». Pour cette journaliste, la révélation de sa situation ambiguë ne sonne pas comme un aveu honteux, mais comme une raison logique et valable pour faire une place dans le 20 heures à un sujet sans intérêt.

Pourtant, TF1 a connu une soudaine poussée de vertu due aux excès de Michel Chevalet. C'est par lui que le scandale est arrivé. Depuis des années, le petit milieu sait bien que le « Monsieur Sciences » de la chaîne privée a su faire passer la pratique des « petits extras » à l'ère industrielle. Mais, en 1998, il doit répondre d'une plainte pour abus de biens sociaux déposée par une ancienne employée. On apprend ainsi que Michel Chevalet, journaliste à TF1, étoffe ses fins de mois grâce à Chevalet Michel, actionnaire principal (93 % du capital) de la société Science Vidéo Service (SVS), spécialisée dans... la communication scientifique et technique. Depuis 1992, il a, certes, cessé d'en être le P-DG. Mais, à TF1, cette comparution d'un collaborateur connu devant la XIe chambre du tribunal correctionnel de Créteil ne fait pas bon genre. Et sa médiatisation encore moins. « S'il y avait la moindre preuve d'utilisation de l'antenne de TF1 pour générer des collaborations extérieures, je prendrais alors des sanctions très fermes, voire un licenciement », assure le directeur de l'information, Robert Namias, au journal *Libération*[1]. Le journaliste sera, de fait, licencié. Sans créer de vent de panique, cette petite mésaventure a conduit quelques-uns de ses collègues à réviser leur situation.

Depuis des années, le chroniqueur judiciaire de la chaîne, Jean-Pierre Berthet, dirigeait la formation continue des magistrats aux techniques de communication. Il n'est pas certain que ce contrat de confiance longue durée lui eût été signé à l'identique s'il ne monopolisait pas l'information judiciaire sur la chaîne la plus regardée de France. Ne reculant devant aucun sacrifice, Berthet préfère lâcher cette noble mission pédagogique pour se mettre aux nouvelles normes en vigueur dans sa rédaction.

Il faut donc qu'un scandale éclate pour que les dirigeants réagissent. En temps ordinaire, tout le monde se garde bien de poser des questions sur les frontières floues qui séparent la « prestation » de la « corruption ». « C'est une vieille tradition française, remarque l'éditorialiste Philippe Meyer. Au début du siècle, c'est grâce aux enveloppes distribuées par l'ambassadeur du tsar aux journalistes que l'emprunt russe a connu un tel succès. » Plus loin encore, Balzac s'est livré à une critique acerbe de la profession, et plus spécialement de ceux qu'il appelait les « attachés », plus liés aux ministres qu'à leurs rédactions.

Quand, en avril 1984, il devient rédacteur en chef des pages « Culture » de *L'Express,* Phi-

1. *Libération,* 3 juillet 1998.

lippe Meyer, qui succède à Danièle Heyman, comprend vite que la tradition des « attachés » ne s'est pas perdue. « Quelques jours après ma nomination, je déjeune avec le P-DG d'une grande société de production française. Il me parle du dossier de presse d'un film pour lequel il aimerait me demander un texte. Devant mon manque d'enthousiasme, il précise qu'on me préparera un canevas, et que j'aurai juste à y rajouter ma patte. Je suis de plus en plus stupéfait. Mon interlocuteur croit que je m'inquiète du tarif : 50 000 francs, ce qui en 1984 représente beaucoup d'argent. Je blêmis. Il pense que je suis déçu par le montant, et me précise alors : "Attention, ce n'est pas déclaré. Et puis, vous en ferez entre 5 et 6 par an." Quelque temps plus tard, la maison concurrente me fera une proposition tout aussi ahurissante. Les plus petites, par manque de moyens, se contentent de distribuer des billets d'avion pour assister à un tournage aux Seychelles. » Les interlocuteurs de Philippe Meyer semblaient ne pas en revenir qu'il décline leurs offres alléchantes. Il est vrai que la majorité de ses semblables se montrent moins regardants. Le journaliste Pierre Billard s'est ainsi fait épingler, en 1997, pour avoir publié un grand article dans *Le Point* sur le film de Bernard-Henri Lévy *Le Jour et la Nuit*. Mélange des genres ? Peut-être bien. C'est en effet un certain Pierre Billard, coïncidence, qui avait signé — de son nom ! — le dossier de presse du même film.

La plupart de ses confrères ont eu la chance de ne jamais se faire prendre : la profession peut se prévaloir d'une remarquable discrétion sur ces sujets.

Parfois, une poussée de fièvre vertueuse vient détruire cette belle harmonie. À France 2, on a laissé passer l'affaire Sebag-SASEA mais on n'a pas raté Laurence Piquet, ex-présentatrice du journal sur France 3. Celle-ci se laisse aller à présenter un faux journal de la chaîne publique, tourné dans le studio, avec le décor et les moyens de réalisation du vrai. Le bénéficiaire de cette prestation ? Le laboratoire Pfizer, qui s'est fait connaître depuis comme l'inventeur du Viagra. Mais, à l'époque, ce sont les mérites d'un antidépresseur, Zoloft, qu'il convient de vanter auprès de cinq mille psychiatres qui recevront une vidéo de la prestation à leur cabinet. Après visionnage de la cassette, il ne fait aucun doute que cette parodie de journal n'est qu'une immense opération de promotion, n'ayant aucun rapport avec l'information. Parmi les personnes intervenant en plateau, on retrouve d'ailleurs Michel Cimes, le spécialiste santé de France Info. Celui-ci ne cache d'ordinaire rien de ses larges capacités en matière de ménages, ajoutant qu'il est médecin, pas journaliste, et qu'il n'a d'ailleurs jamais demandé sa carte de presse. Le seul problème, c'est que l'ensemble des auditeurs de France Info peuvent, malencontreusement, croire de bonne foi qu'ils écoutent un journaliste quand ils entendent Michel Cimes. Les voilà donc prévenus.

Laurence Piquet est mal tombée. Elle sera sanctionnée. Elle n'aurait pourtant eu aucun ennui si Christian Blachas n'avait pas montré, sur M6, le spot dans son émission « Culture Pub » du 16 mars 1997. Neuf autres films publicitaires avaient en effet été réalisés dans des conditions comparables à France 3, avec le feu vert au moins tacite de la direction. On croit rêver.

Un peu plus tard un tract de la CGT circule, mettant en cause la directrice adjointe de l'information, Arlette Chabot. Intitulé du tract : « Arlette fait son ménage à France Telecom. » Quelques jours auparavant, au MIP-TV de Cannes, Xavier Gouyou Beauchamps, président de France Télévision, avait déclaré : « Nous ne sommes pas des flics, mais si on nous apporte des preuves, nous les regarderons. »

La CGT, justement, semble assez bien renseignée sur la prestation d'Arlette Chabot. C'était en avril 1996, au moment du débat sur la privatisation de France Telecom. La journaliste a réalisé une opération de « communication interne » pour l'entreprise, qui consistait notamment à interviewer son P-DG, Michel Bon, et des salariés sur le thème de la libéralisation des télécommunications. Arlette Chabot, qui est en même temps une éditorialiste politique avisée, n'a-t-elle pas vu le contenu très politique d'une telle prestation ? En tout cas, l'affaire va coûter son poste à... une autre journaliste. Ève Métais, déléguée CGT, est en effet à l'origine du scandale. Elle est aussitôt écartée de sa fonction de numéro 2 du service économique. Officiellement pour avoir insulté sa supérieure hiérarchique, Françoise Laborde, au cours d'une réunion interne qui a tourné au pugilat. En réalité, pour avoir révélé le « ménage » d'Arlette Chabot. Cette sanction est évoquée très discrètement par la presse.

Il faut dire qu'Ève Métais était depuis un moment sous surveillance. En septembre 1994, elle avait une première fois subi les foudres de sa hiérarchie pour avoir « manqué de respect » à Nicolas Sarkozy, ministre du Budget, porte-parole du gouvernement et favori du premier ministre de l'époque Édouard Balladur. Un soir où le jeune espoir d'alors s'était invité au journal de 20 heures pour présenter quelques mesures fiscales propres à amadouer le contribuable — car ce sont, parfois, les invités qui s'invitent sur les plateaux —, elle osa faire un sujet démontrant que la baisse d'impôt annoncée aboutirait en réalité à un alourdissement de la fiscalité. Cette séquence rendit le ministre du Budget furieux. Si furieux que ses supérieurs demandèrent à Ève Métais d'aller s'excuser auprès de lui. Parce que les chiffres qu'elle avait présentés à l'antenne étaient faux ? Non. Simplement parce qu'il n'était pas « convenable » de mettre ainsi le ministre face à ses contradictions.

Deux journalistes, sur TF1, ont pu mesurer, eux aussi, la nécessité qu'il y a de rester convenable en toutes circonstances. Le premier s'appelle David Pujadas, le second Thierry Rolland, que l'on ne présente plus. 24 juin 1993. On vient d'apprendre qu'un joueur de Valenciennes aurait reçu 200 000 francs pour ne pas forcer son talent face à l'OM à la veille de la finale de la Coupe d'Europe. Le lendemain un autre joueur, de Marseille cette fois, est mis en garde à vue par la police. Même en URSS il aurait été difficile d'ignorer ces péripéties. David Pujadas expose, sobrement, les faits. Il se trouve que ce jour-là Tapie est en Bretagne dans la maison du patron de TF1, Patrick Le Lay. Un ami. Le Lay, furieux, appelle le directeur de l'information, Gérard Carreyrou. Exécution immédiate. Celle des ordres, naturellement. Dès lors, Pujadas est écarté au profit de Jean-Pierre About. Celui-ci présentera désormais l'affaire avec une prudence qui, en d'autres temps, lui aurait valu une belle promotion. Il est vrai qu'il est déjà à l'époque chef du service des informations générales de la première chaîne de télévision. David Pujadas, considéré comme « incontrôlable », va traverser une période désagréable avant de quitter TF1 pour exercer ses talents dans la « chaîne de l'info » du groupe Bouygues, LCI.

Thierry Rolland, lui, est un malin. Les matches truqués, les arbitres achetés, les coulisses peu glorieuses du football, il n'est pas dupe. Mais il se garde bien de dénoncer ce business. Il se contente de commenter le spectacle. Sauf quand il dérape. « Dans cette histoire, Tapie a voulu protéger ses joueurs avant une finale de Coupe d'Europe et il a eu raison. » La suite ? « Moi, à sa place, j'aurais fait pareil. Vous savez, si j'avais autant de billets de 500 francs que j'ai vu de matches faisandés dans ma carrière, je serais millionnaire. » Qui parle avec cette franchise et cette distinction ? Eh oui, c'est bien Thierry Rolland, journaliste sportif de TF1 dans un entretien accordé à Éric Maîtrot, auteur d'un instructif ouvrage[1] sur le sport. Tout le monde trouve apparemment normal ce genre de déclaration. Personne ne s'en émeut : ni TF1, ni les fédérations professionnelles, ni les confrères. Certains journalistes vedettes procèdent avec plus de discrétion en se livrant, pour reprendre une expression de Philippe Meyer, à une sorte de « courtage en notoriété ». Les faveurs qui leur sont proposées, et les rémunérations qui s'y attachent, sont directement proportionnelles à leur célébrité. Souvent, il s'agit de journalistes politiques, qui font aussi, à leurs heures perdues, des « trainings » d'hommes politiques, ces séances de fausses interviews où l'on « répète » en vue d'une émission à venir. Il arrive que le même journaliste joue l'entraîneur de l'ombre puis l'interviewer apparemment impitoyable.

Il est vrai que les acteurs de la vie publique

1. Éric Maîtrot, *Sport et télé*, Flammarion, 1995.

font tout pour séduire les médias. Exemple : en 1987, Michel Giraud, alors président de la région Île-de-France, convie quelques journalistes à Mexico pour assister à la manifestation Metropolis. Dans leur chambre d'hôtel, les journalistes invités — tous frais payés — trouvent chacun une sympathique enveloppe avec 2 000 francs, en liquide. Marie-Thérèse Guichard, du *Point,* et Françoise Berger, de *Libération,* s'inquiètent de cette anomalie auprès de l'attachée de presse. Celle-ci leur répond qu'il s'agit de couvrir leurs « faux frais ». Ces deux journalistes rendent l'argent, et s'étonnent de ne pas être imitées par leurs confrères et consœurs. Aux États-Unis ou en Grande-Bretagne, la démarche du cabinet de Michel Giraud aurait provoqué une polémique sanglante.

L'enveloppe en liquide est facultative. Souvent, un beau voyage suffit pour amadouer les reporters en mal d'exotisme. L'industrie pharmaceutique offre en pagaille des voyages gratuits aux journalistes médicaux pour qu'ils assistent à des congrès dont elle finance également l'organisation, dans des lieux qui n'ont rien de repoussant. Quand une grande entreprise est ennuyée d'avouer de mauvais résultats, son P-DG décide d'aller les annoncer en Australie ou en Nouvelle-Zélande, où il convie une partie des journalistes économiques. Le climat océanien semble avoir opéré : les articles ne seront pas trop critiques. L'exemple le plus caricatural reste celui de Jacques Crozemarie. Le fondateur de l'ARC ne reculait devant aucun sacrifice lorsqu'il s'agissait de s'attirer les bonnes grâces des médias. Venise, la Chine, les Antilles : les « attachés » de l'ARC répondaient en masse à ses invitations, puisqu'ils furent plus de trente à arpenter la Grande Muraille grâce aux dons contre le cancer.

Il n'y a pas que l'argent dans la vie. C'est la bonne nouvelle. Car le plus troublant, dans le monde des *happy few* qui nous dirigent et nous informent, c'est que la complaisance n'a la plupart du temps aucune contrepartie financière. La fascination pour le pouvoir suffit. C'est la mauvaise nouvelle.

« J'ai dîné avec le président. » Même s'il s'agit d'un dîner de trois cents couverts, où on a juste échangé une poignée de main avec le maître des lieux, cette phrase magique vous pose auprès de vos interlocuteurs. Cette attirance pour les puissants est si forte qu'elle a même pour effet de pousser la caste journalistique à se confondre avec ceux qu'elle transforme inconsciemment en modèles. Combien d'éditorialistes jouent, dans l'ombre, au conseiller du prince ? Ainsi naît la connivence, au moins aussi efficace que les lois du silence et la censure invisible.

Dîner en ville à Paris. On y parle de ces élites qui n'inspirent plus guère confiance aux Français. L'un des invités trouve le procès excessif. Sans le dire ouvertement, il y voit un réflexe populiste, poujadiste, qui fait naturellement « le jeu de l'extrême droite ». « D'ailleurs, ajoute-t-il en se levant pour passer à table, à part la corruption et le chômage, tout ne va pas si mal en France. »

Journaliste politique depuis vingt-cinq ans, l'auteur de ces propos, Robert Schneider, est rédacteur en chef au *Nouvel Observateur.* C'est l'homme qui coupait les articles sur Carignon, « faute de place dans le journal ». Il a, en tout cas, réussi à Paris. Sa femme, Anne-Sylvie, connaît aussi bien que lui le monde politique. Elle a été attachée de presse de Laurent Fabius et a officié, sans tapage, comme conseil en communication pour le compte de nombreuses personnalités de gauche. Après la victoire de Jospin, elle a travaillé au service de presse du ministre de l'Industrie, Christian Pierret, qu'elle a quitté au printemps 1999.

Trois cent soixante-quinze élus mis en examen, selon les chiffres officiels du ministère de l'Intérieur en 1998 ? Trois millions de chômeurs ? Un million de SDF ? Trois à quatre millions de familles au niveau du seuil de pauvreté : c'est pour ce couple de gauche le prix du progrès. L'idée qu'il y a peut-être un lien entre l'explosion des dessous-de-table, le gaspillage de l'argent public et le retour de la misère pour beaucoup ne semble pas les effleurer. En revanche, ils restent à l'écoute du pays.

Récemment, lors d'un dîner parisien, Robert Schneider rapportait ce qu'il entendait autour de lui : « Les gens commencent à en avoir assez de tous ces juges. » D'où lui venait cette fulgurante analyse ? De ses rencontres aux sports d'hiver ? De Deauville dont il apprécie l'ambiance chaleureuse ? Calomnies ! C'est à Saint-Nom-la-Bretèche où il va en Safrane — rachetée à un ministre — jouer au golf dans un des clubs les plus fermés de France, que ce journaliste engagé avait, de son propre aveu, recueilli ces témoignages indignés.

Le système a donc atteint une sorte de perfection dans la sphère politique. De journées parlementaires en congrès, de meetings en universités d'été, journalistes et élus ne se quittent pas. Où est le mal ? Nulle part, si cette complicité permet de mieux informer. Mais est-ce toujours le cas ?

Dans tous les pays, les journalistes dépendent en effet des « sources » qui les informent. Et en France plus qu'ailleurs, vu les traditions de secret et la puissance de l'autocensure. Le problème, chez nous, ce sont les amis de trente ans. Ainsi, comment Gérard Carreyrou, qui tutoyait Pierre Bérégovoy, pouvait-il traiter avec la distance souhaitable l'affaire de son prêt sans intérêt ? Le directeur de l'information de TF1 considérait-il le premier ministre en oubliant leurs vingt années de complicité et leur passage au PSU dans les années 60 ? Carreyrou a lui-même admis avec une franchise inhabituelle l'ambiguïté de sa position.

Un autre premier ministre, Rocard, qu'il tutoyait lui aussi et dont il était proche, l'interpelle un jour à la veille d'une échéance importante. Le journaliste a raconté[1] la scène : « C'était en plein débat sur l'amnistie des hommes politiques [...]. Il me demande ce que je pense de l'amnistie. Je lui dis : "Michel, te lance pas là-dedans, c'est une immense connerie. Toi qui es l'image du type propre, tu vas d'un coup apparaître [...] comme celui qui couvre toutes les manipulations." » Rocard lui explique alors qu'il est coincé par les socialistes : il va devoir avaler la couleuvre. Le premier ministre lui fait confiance en lui parlant aussi librement. L'idée d'utiliser ces confidences à l'antenne ne traversera pas l'esprit de son interlocuteur lorsqu'il commentera un peu plus tard la décision du gouvernement. Sur le plan humain, cette discrétion honore évidemment Carreyrou. Mais en termes strictement professionnels ? N'aurait-il pas pu au moins dire que Mitterrand voulait couler Rocard en lui faisant porter un chapeau dont celui-ci ne voulait pas ? Que l'amnistie était le prix à payer pour son maintien à Matignon ? L'information du public y aurait gagné.

Que les journalistes politiques fréquentent les hommes politiques, qu'ils déjeunent avec eux ou même qu'ils aient leurs préférences n'a

1. Pierre Péan et Christopher Nick, *TFI, un pouvoir*, Fayard, 1997.

rien en soi de diabolique. S'ils veulent être informés, c'est même préférable. Mais il y a une frontière au-delà de laquelle les relations changent de nature. Quand le directeur adjoint de la rédaction du *Nouvel Observateur,* Pierre (Bénichou), donne, en 1983, en pleine campagne électorale, un coup de main à son ami Jack (Lang) pour trouver de bons nègres capables d'écrire ses brochures de propagande, est-il tout à fait dans son rôle ? Se faire tutoyer par un ministre, voyager à côté de lui dans un avion privé au lieu de s'entasser dans le car destiné à la presse, le voir en vacances — « quelle coïncidence, vous êtes aussi à Spérone[1] cet été ? » —, recevoir de ses mains une décoration quelconque, dîner chez lui à Paris, tous ces rites apparemment innocents de la vie parisienne risquent à la longue de tourner à la compromission.

Le 10 décembre 1998, le Quai d'Orsay est illuminé. Le ministre des Affaires étrangères, Hubert (védrine), remet à Jean-Pierre (Elkabbach) les insignes de chevalier de la Légion d'honneur, décoration attribuée par Édouard (Balladur) en personne en 1995. Nicolas (Sarkozy), Simone (Veil), Philippe (Douste-Blazy), Robert (Hue) et même Roland (Dumas) sont là, aux côtés de quelques amis comme Ivan (Levaï), Serge (July) ou Franz-Olivier (Gies-

1. Village corse apprécié de nombreux hommes politiques et de quelques journalistes influents.

bert). Selon *France-Soir*[1], le récipiendaire aurait affirmé un jour : « Jamais je ne me suis senti doué pour les honneurs. Longtemps, je les ai crus incompatibles avec le journalisme, comme une “faute professionnelle”. » Jean-Pierre (Elkabbach) a, à l’évidence, changé d’avis. À Hubert (Védrine) qui dit lui remettre cette décoration « plus en tant qu’ami devenu ministre qu’en ministre devenu ami », l’interviewer vedette d’Europe 1 répond : « J’appartiens à la famille du journalisme de curiosité et de conviction qui continue de croire que l’information est un bien commun et non une marchandise. ».

Quand Jean-Marc Sylvestre, le chroniqueur économique de TF1, partageait un voilier avec Gérard Longuet, il avait certainement le sentiment de naviguer avec « l’ami devenu ministre » plutôt qu’avec le « ministre devenu ami ». Sinon, pourquoi les deux hommes auraient-ils posé, en short, bras dessus, bras dessous, devant l’embarcation ? Évidemment, quand Gérard a eu affaire à la justice, Jean-Marc a dû être ennuyé pour son ancien coéquipier.

Et que dire de Claire Chazal ? Cette femme a un secret : elle aimait Édouard. À peine celui-ci était-il désigné à Matignon qu’elle lui consacrait une biographie[2] révélant une adoration rafraîchissante dans ce milieu où il est de bon

1. *France-Soir*, 11 décembre 1998.
2. *Édouard Balladur*, Flammarion, 1993.

ton d'avoir l'air blasé. À la télévision, elle l'interrogeait, certes sur les affaires, mais à sa manière : « N'êtes-vous pas frappé, monsieur le premier ministre, par la chasse à l'homme [*sic*] à laquelle se livrent les juges ? » Avec des questions pareilles, le candidat à la présidence ne risquait pas de sortir fâché du studio. Au-delà de la présentatrice, c'est, il est vrai, toute la maison TF1 qui a partagé cette « balladurophilie ». Au moins jusqu'au soir de l'élection de Chirac. Ce jour-là, Nicolas Bazire, le jeune directeur de cabinet du premier ministre, est affecté. En présence d'une journaliste du *Monde*, Claire Chazal et Jean-Marc Sylvestre essaient, compatissants, de le réconforter. Bazire a alors un pâle sourire avant de les remercier d'une façon ambiguë : « Pourtant, vous aurez tout fait... » Une phrase terrible. « En France, les journalistes sont souvent beaucoup trop proches de ceux sur lesquels ils écrivent », jugeait d'ailleurs récemment[1] un quotidien britannique. Il ne faut jamais oublier que le 10 janvier 1995, jour où Balladur venait de présenter ses vœux à la presse, il fut accueilli par... une vague d'applaudissements ! Il faut préciser que le premier ministre venait, il est vrai, de dire : « Globalement, je crois que je ne vais pas me plaindre de vous. »

La façon dont *Le Monde* a traité la rivalité Chirac-Balladur pendant la dernière campagne présidentielle en témoigne. Le coup d'envoi de

1. *The Guardian*, 10 mai 1998.

ce distrayant vaudeville ? La candidature de Chirac en novembre 1994 à Lille. Le journaliste du *Monde*, Olivier Biffaud, décide d'emblée qu'elle ne résistera pas longtemps à la pression des faits[1]. Dès lors, le quotidien va occulter avec obstination un aspect important de l'affrontement : la loyauté de Balladur envers Chirac. En 1990, le futur premier ministre avait recommandé, pour aller à Matignon en période de cohabitation, un homme qui ne soit pas tenté par la présidence. En 1993, sur le plateau d'Anne Sinclair, Balladur avait récidivé : il ne serait jamais candidat à l'Élysée, surtout pas contre Chirac.

Deux mois plus tard, en janvier 1995, Olivier Biffaud couvre une réunion de Balladur au cours de laquelle celui-ci déclare que sa candidature est la suite « dans une certaine mesure » de sa décision d'accepter la fonction de premier ministre. Le journaliste ne commente pas cette phrase extravagante[2]. L'un de ses confrères du service politique, Thierry Bréhier, apprécié à Matignon, reste sur le même registre pendant trois mois. Alors que le candidat commence à comprendre que l'affaire n'est pas gagnée d'avance, la foi de Thierry Bréhier ne faiblit pas. Un mois et demi après les débuts pourtant bien laborieux de la campagne, il écrit[3] que, « contrairement à celle de M. Chi-

1. *Le Monde,* 4 novembre 1994.
2. *Le Monde,* 31 janvier 1995.
3. *Le Monde,* 25 février 1995.

rac, elle ne disposait pas d'une infrastructure et d'une machine toute prête ». C'est juste : M. Balladur ne disposait que de Matignon, de ses cinquante conseillers, de ses 200 millions de fonds secrets et d'une administration qui lui était alors largement acquise. Ce n'est qu'en avril 1995[1], alors que l'échec de Balladur se profile, que le journaliste cite une déclaration amère du maire de Paris faisant allusion à la promesse non tenue de son ami de trente ans.

C'est finalement l'effondrement de Balladur dans les sondages qui va renverser le jeu. Comme d'autres journaux, la direction du *Monde* réalise qu'elle a été trop loin. Il faut revenir à un traitement plus équilibré, mais en douceur et dans la discrétion. Fin mars 1995, c'est un journaliste des « infos géné », extérieur au service politique, qui rend compte du grand meeting du premier ministre au parc des Expositions du Bourget. Le ton change. Dominique Le Guilledoux décrit un homme « décontenancé », face à ses « amis déchaînés » et qui finit, « agacé », par lancer à la foule, en espérant la faire taire : « Calmez-vous, calmez-vous[2]. »

*In extremis*, Thierry Bréhier[3] lui-même semble retrouver une partie de sa lucidité. Le voilà qui s'en prend à « cette pompeuse déclaration de candidature où le candidat s'est drapé

1. *Le Monde,* 4 avril 1995.
2. *Le Monde,* 28 mars 1995.
3. *Le Monde,* 8 avril 1995.

dans ses habits de chef de gouvernement ». Brusquement le journaliste découvre « les erreurs commises » au début de l'offensive et par exemple « la préparation d'une campagne minimale où la télévision devait être plus importante que les déplacements sur le terrain ». Il y aura même un entretien avec Édouard Balladur au cours duquel les questions désagréables finiront par être posées : « Vous soutenez qu'il n'y avait pas de pacte fondé sur un partage des tâches pour l'avant et l'après 95 entre vous et Chirac alors que lui-même affirme que cet accord existait. Le lecteur risque d'être désorienté. » Un seul regret : que l'interview date d'octobre 1995[1], six mois après sa défaite.

La communication politique est une discipline admirable. Elle parvient à placer certains journalistes en état de quasi-hypnose. Dans ses recherches poussées sur la question, Giscard s'est dispensé de la phase d'expérimentation sur les souris. À partir de 1974, il est passé directement au cobaye humain. C'est d'ailleurs un ancien journaliste politique du *Figaro* recruté par la présidence, Michel Bassi, qui a mis au point une méthode simple : l'accès direct au président pour quelques plumes de la presse parisienne auxquelles on distille des

1. *Le Monde,* 28 octobre 1995.

confidences destinées à ne pas être publiées mais à éclairer le contexte (le « off » en langage du métier). Parmi ces privilégiés, une future vedette : Jean-Pierre Elkabbach, décidément incontournable. Sur la recommandation de leur ami commun, Louis Bériot, Bassi le fait entrer dans le club des « amis de l'Élysée ». Il dira un jour à Giscard pour le convaincre de recevoir régulièrement Elkabbach : « Vous verrez, vous ne le regretterez pas. » De fait, celui-ci, devenu entre-temps directeur de l'information d'Antenne 2, dira un jour à l'un de ses interlocuteurs de l'Élysée : « Il faut tuer Mitterrand ! » Sur le plan politique naturellement. Pendant quatre ans, de 1977 à 1981, il est à la hauteur de la confiance qu'on a placée en lui au point d'exaspérer l'entourage de Mitterrand. Le dérapage le plus grave se produit à la veille de l'élection présidentielle de 1981. Elkabbach a accepté de faire passer à l'antenne le président sortant après la fin de la campagne officielle. Gaston Defferre l'appelle et l'insulte. On se menace de part et d'autre. Finalement, un compromis est trouvé : Antenne 2 donnera quelques minutes à Rocard pour répondre aux attaques de Giscard sur le programme de la gauche, réputé provoquer un désastre économique immédiat. Mais, aux yeux des proches du futur président, la réputation d'Elkabbach est faite.

L'organisation de ces rencontres personnelles avec le président vise aussi à prévenir des incidents comparables à celui qui s'est produit en début de septennat.

En novembre 1974, *Le Monde* publie son premier grand article critique, intitulé « Un certain "exercice solitaire" du pouvoir »[1]. L'auteur, Thomas Ferenczi, veut démontrer que le chef de l'État entend exercer sa fonction comme un métier, pas comme un sacerdoce, et alléger les contraintes qui pèsent sur lui. « Durant le week-end, M. Giscard d'Estaing disparaît sans que l'on sache s'il est à Chanonat, dans la gentilhommière de ses parents, à Authon, dans la propriété de famille de sa femme, ou ailleurs : seule une lettre scellée, portant indication du lieu où il peut être joint, permet en cas de besoin à celui de ses collaborateurs qui assure la permanence d'entrer en contact avec lui. »

Les lignes qui suivent sont encore plus scabreuses, du moins par rapport au discours tenu dans les rédactions : « Les déplacements privés du chef de l'État, qui tient à vivre la vie d'un citoyen comme les autres, préoccupent les services de sécurité : ils craignent l'accident de voiture ou l'agression. On a parlé à cet égard de plusieurs incidents, dont un accrochage, au petit matin, avec un camion de laitier. Vraie ou fausse, cette rumeur, formellement démentie à l'Élysée, commence à devenir un fait politique dès lors que des dirigeants de parti en font état publiquement. »

1. *Le Monde,* 27 novembre 1974.

Audacieux, cet article nécessite d'être décodé. D'abord, le démenti de l'Élysée doit être pris pour ce qu'il est : un mensonge. Car le cabinet du président ne sait que trop la réalité de cette histoire d'accident. Ensuite, ç'aurait pu être bien pis pour les stratèges élyséens. Giscard revenait en effet d'une soirée chez le réalisateur Roger Vadim et roulait dans une Ferrari empruntée. Mauvais pour l'image ! D'autant qu'il a proposé quelques billets au chauffeur pour qu'il reste discret. Enfin, « les dirigeants de parti qui en font état publiquement » se limitaient, en réalité, à une femme politique qui avait évoqué, dans un congrès, ce « président qui emboutit les camions de laitier ».

Pour ces quelques lignes, Thomas Ferenczi, accrédité à l'Élysée, va être « interdit de séjour » au « Château ». Le voilà exclu du cercle des *happy few* autorisés à fréquenter le pouvoir. « Les conseillers avaient ordre de ne plus lui donner aucune information, se souvient un membre du cabinet présidentiel. Nous savions que c'était une manière de le griller car *Le Monde,* dans son rôle de *Journal officiel,* doit absolument publier avant les autres des informations comme le contenu du Conseil des ministres... Il a tout de même tenu plus de deux ans ! »

Car *Le Monde* a sa dignité. Et ne veut pas céder aux pressions d'un Yves Cannac, par exemple. Secrétaire général adjoint de l'Élysée, celui-ci demande, sans succès, à Jacques Fauvet, le directeur du quotidien, le changement d'affectation du coupable lors d'un dîner du « Siècle ». Néanmoins, une riposte si musclée pour un tel délit a laissé des traces dans la mémoire de plus d'un journaliste. À commencer par le principal intéressé : « Aujourd'hui, dit Thomas Ferenczi, je regrette d'avoir fait allusion à cette rumeur. J'aurais dû faire une enquête à l'américaine, retrouver le laitier. » Il est vrai que l'entreprise n'était à l'époque guère aisée.

Au-delà de cette agaçante péripétie, Giscard a su cultiver des relations à la fois amicales et ambiguës avec un petit cénacle médiatique qui le fréquente.

Patrice Duhamel était lui aussi bien en cour. Il jouait presque toutes les semaines au tennis avec Giscard au Polo de Paris, un club très fermé du XVIe arrondissement. Ce qui ne l'empêchait évidemment pas d'appartenir à l'autre club, celui des amis de l'Élysée. Les liens entre le chef du service politique de TF1 de ces années-là et Xavier Gouyou-Beauchamp, alors porte-parole de Giscard, ont résisté au temps. C'est d'ailleurs Patrice Duhamel que le président des chaînes publiques avait nommé, en juin 1998, directeur général de France 2, poste où il a tenu un an.

Le système a survécu à Giscard. Il s'est même sophistiqué. Et pour cause : il arrange tout le monde. Même l'opposition bénéficie souvent d'un traitement de faveur. Pendant quinze ans — de 1975 au début des années 1990 —, Chirac a eu ainsi son correspondant au *Monde*. Amical, disponible, André Passeron était reçu au RPR comme chez lui. Il n'était pas avare de ses conseils que Chirac écoutait — ou feignait d'écouter — avec son attention habituelle. À la rentrée, en septembre, paraissait en général une grande interview où Passeron annonçait « le nouveau Chirac », sa maturation, sa métamorphose, bref tout ce que son entourage souhaitait lire dans la presse. À cette occasion, le journaliste faisait les questions et allait souvent jusqu'à écrire lui-même certaines des réponses du maire de Paris.

« On constate de plus en plus souvent que la ligne directe qui est censée relier le journaliste à sa rédaction et à son public est court-circuitée, et qu'il s'y substitue un rapport perverti par la loi de l'*omertà*, explique Dominique Jamet dans son livre *Carte de presse*[1]. C'est ce que l'on peut appeler le syndrome de l'accrédité [...]. Notre journaliste gagne par son sérieux, sa compétence, son assiduité, la confiance de ses interlocuteurs habituels. Il s'ouvre peu à peu un accès de plus en plus privilégié à des informations exclusives, sous embargo, confidentielles, secrètes. On lui dit ce qu'on ne dirait pas à d'autres [...]. Fort de son carnet d'adresses, de ses amitiés, de la discrétion dont on lui sait gré, il en saura sans cesse

1. Dominique Jamet, *Carte de presse*, Balland, 1996.

davantage — tant mieux pour lui — et en dira de moins en moins — tant pis pour son média — s'il n'a pas le feu vert de ses amis. Ce serait trop bête de se griller. Le piège s'est refermé. Par un glissement progressif dont souvent il n'est pas entièrement conscient, Untel est devenu, de représentant de son média auprès du PS, de Force ouvrière ou de la Préfecture de police, représentant de la Préfecture de police, de Force ouvrière ou du PS auprès de son média. »

Ce risque n'a pas échappé aux patrons de journaux. Mais comment corriger pareille dérive ? « S'il faut enquêter sur une affaire embarrassante, c'est souvent un journaliste d'investigation qui prend le relais de l'accrédité », expliquait Laurent Joffrin lorsqu'il dirigeait la rédaction de *Libération*[1].

Balzac soulignait déjà le respect excessif des institutions chez les gens qui sont justement payés pour les dépeindre sans fard. Cette déférence s'accompagne en même temps fréquemment d'une grande familiarité envers les dépositaires de l'autorité. On tape dans le dos du directeur des stups mais on n'envisage pas une seconde d'écrire que le service fonctionne mal. On sait que ce juge placé à un poste sensible a participé à la campagne de Chirac — on croisait beaucoup de monde à la permanence du candidat avenue d'Iéna en ce temps-là —,

1. Il est aujourd'hui directeur de la rédaction du *Nouvel Observateur.*

mais on garde cette information utile pour ses vieux jours. Il faut bien ménager son « réseau », tous ces « correspondants » qu'on appelle régulièrement pour leur soutirer de quoi nourrir le prochain article. Sous perfusion de telle administration, tel parti, telle entreprise, l'enquêteur finit trop souvent sa carrière comme « honorable correspondant » du service.

Exemple pratique : les accrédités au ministère de l'Intérieur. Leur portefeuille est vaste sur le papier : police, drogue, politiques d'immigration, répression des crimes et délits en tout genre, proxénétisme, pédophilie, trafic des œuvres d'art, renseignement, écoutes téléphoniques... Mais le conflit d'intérêts entre amitiés à préserver et scandales à dénoncer est permanent dans cette corporation aux mœurs étranges.

Avril 1997. Un ancien commissaire, Patrick Rougelet, s'apprête à publier un livre violent sur les méthodes de l'une des dernières polices politiques du monde : les Renseignements généraux, largement mis à contribution par les différents gouvernements depuis cinquante ans. On y apprend comment il a espionné *Le Monde,* l'existence de notes des RG sur les voyages galants de Giscard en Centrafrique, lorsqu'il était à l'Élysée, l'impunité de certains délits d'initié commis autrefois au sein d'un service, les soupçons de corruption que nourrissent certains juges envers la sous-direction des courses et jeux ou encore la façon dont certains policiers importants se constituent des dossiers compromettants sur la classe politique pour sauver leur tête éventuellement menacée par une alternance. Souvent cité : le directeur des RG, Yves Bertrand. Pour lui, ce livre est une bombe : il contient de quoi nourrir de regrettables polémiques, d'autant que l'auteur, qui a été révoqué de la police, n'a plus rien à perdre. Quelle va être l'attitude des journalistes face à un flic qui brise la loi du silence, met en cause son administration et les ministres successifs qui l'ont dirigée ?

Du côté de la maison d'édition, Albin Michel, on a pris quelques précautions avant le lancement. Les RG ayant en effet des correspondants dans la plupart des imprimeries — parfois même chez les éditeurs — qui leur remettent discrètement les épreuves[1] de certains ouvrages avant parution, un pseudonyme et un titre fantaisiste doivent protéger jusqu'au dernier moment le secret. Pourquoi cette prudence ? Pour éviter que les journalistes ne soient dès le départ mis en condition par les RG. Il faut au moins qu'ils ouvrent le livre et se fassent leur opinion sur le sujet. La précaution n'a rien d'excessif.

Au Bristol, en ce mois de mars 1997, le bar n'est pas bondé. Deux hommes assis à une

1. Les épreuves : il s'agit du texte qui sort de chez les compositeurs et va être mis en fabrication chez un imprimeur. À ce stade, il n'est en général pas encore relié.

table. Le premier est éditeur chez Albin Michel. L'autre, qui a sollicité ce rendez-vous confidentiel, c'est Yves Bertrand en personne. La démarche est exceptionnelle. Le patron des RG sort quelques documents de sa mallette. But de l'opération : discréditer l'auteur, qu'il a contribué à chasser de la police, aux yeux de l'éditeur. Ce dernier refuse de prendre connaissance des documents. Le patron des RG n'y va pas en douceur : l'ancien commissaire, selon lui, aurait accompli de basses besognes en Afrique pour le compte de gouvernants discrédités. En face, aucune réaction. Il se fait alors menaçant, parle d'actions en justice, d'une éventuelle saisie du livre. La hiérarchie de la maison, informée de cette tentative d'intimidation, décide néanmoins de sortir le livre à la date prévue. Les plaignants ne manqueront pas pour, dès sa sortie en librairie, mobiliser les lois du silence. Cette offensive sur le terrain judiciaire se double d'une opération de persuasion, moins visible mais ô combien efficace auprès des journalistes chargés de la police.

Plusieurs responsables des RG de la fameuse section presse chargée de diffuser la bonne parole du ministère font la tournée des accrédités. Ceux-ci croient comprendre que l'auteur est un ripoux et qu'on a un « dossier » sur lui. Les preuves ? Elles manquent pour l'instant. Mais on peut croire les RG sur parole, non ? On ne saura que deux ans plus tard, en mars 1999, que le procès-verbal de l'IGPN (la

« police des polices ») qui a conduit à la révocation du commissaire avait été trafiqué.

En ce printemps 1997, trois semaines avant la sortie en librairie, plusieurs médias sont donc contactés par l'éditeur. Les jours passent. Pas de réactions. C'est alors que deux juges d'instruction s'attaquent aux polices parallèles de l'État. Éric Halphen convoque le très puissant Yves Bertrand afin de comprendre comment des notes rédigées dans les services des RG n'ont pas été transmises à la justice. Au même moment, un de ses collègues, Jean-Marie Charpier, saisit les archives de l'ancien chef de la fameuse cellule élyséenne, Christian Prouteau, où il est beaucoup question d'écoutes téléphoniques. Cette actualité qui s'emballe suscite une vague d'articles. Une curiosité cependant : alors que les dérives de la cellule sont condamnées sévèrement, les pratiques des RG — souvent les mêmes ! — sont décrites comme un mal nécessaire.

On écoutait les opposants politiques ? On rédigeait des notes sur les liaisons des élus ou de certains ministres ? Ah, la belle affaire ! Tout le monde le sait. Après tout, un bon accrédité est un homme blasé. Rien ne le surprend. C'est la première fois qu'un commissaire confirme dans un livre des dérives policières ? Ah oui ? Mais justement, répond le chœur des accrédités, le problème c'est l'auteur : un ancien flic sanctionné pour avoir enquêté sur le patrimoine de son supérieur et qui a « des comptes à régler ». Dans les principaux journaux, la cause est entendue : le livre est nul. C'est finalement *Le Nouvel Observateur* qui lance le débat en publiant une longue interview de Patrick Rougelet. Au ministère de l'Intérieur, on écume de rage. Le ministre Jean-Louis Debré défend ses services sur un ton proche de l'hystérie.

Malgré l'énergie déployée en haut lieu pour enterrer le livre, on va en parler. L'un des responsables de la rédaction de France 2, Pascal Guimier, accepte de lire le livre. Michèle Fines réalise un reportage incisif qui passe dans le journal de 20 heures. Michèle Cotta ose consacrer sa chronique matinale de RTL à l'ouvrage. Quelques semaines plus tard, elle veut inviter l'auteur à son émission dominicale, sur France 2. Jean-Louis Debré, qui se croit toujours au temps de l'ORTF — et de son père — lui fait savoir que ce serait « inopportun ». Elle n'en a cure. Rougelet sera sur le plateau de « Polémiques » ce jour-là. Quant à Michel Field, qui anime alors une émission l'après-midi sur Europe 1, il interrogera l'auteur pendant deux heures entières et fera état à l'antenne des pressions qui se sont exercées sur lui juste avant l'émission.

Il n'est pas le seul à en avoir subi. Au *Parisien,* où les RG ont leurs entrées jusqu'au plus haut niveau — Yves Bertrand lui accordera sa seule interview à l'époque —, il n'est pas question de critiquer, même de façon voilée, ce service. Évoquant la guerre sans merci que se livrent, par médias interposés, Bertrand et Rougelet, Serge Grangé, le chef des informations générales du quotidien, dira tranquillement à un interlocuteur qui lui demandait s'il y aurait un papier : « De toute façon, dans cette affaire, il faut choisir son camp et nous, nous avons choisi le nôtre. » Sous l'impulsion de son directeur, Laurent Joffrin, et d'un des rédacteurs en chef, Jean-Michel Helvig, *Libération* tranche avec la peur qui règne dans certaines rédactions en consacrant au sujet trois pages du journal malgré les réticences exprimées par les accrédités, Patricia Tourancheau, et surtout Alain Léauthier, qui avait pris à partie l'auteur lors d'un procès en diffamation intenté par celui-ci contre lui. Au *Canard enchaîné*, André Rougeot, le coauteur du désormais célèbre ouvrage sur Yann Piat, est un ami dYves Bertrand. Il ne s'en cache d'ailleurs pas. Après quelques jours d'une discrète rivalité interne au moment de la sortie du livre, c'est donc un autre journaliste qui rédigera en fin de compte un papier substantiel. Pour l'anecdote, la spécialité de Jean-François Julliard au journal était l'environnement. Au *Figaro,* la prudence est de mise. Les seuls papiers auront pour objet d'annoncer les plaintes que le syndicat des commissaires de police et certains fonctionnaires déposeront contre l'auteur et l'éditeur.

Pourquoi des connivences aussi fortes ? La longévité professionnelle joue un grand rôle. Flics et journalistes font carrière ensemble. À l'image de leurs confrères des services politiques qui vivent finalement la même vie que les élus. Ils ont trente, quarante puis cinquante ans et finissent par penser (à défaut de se l'avouer) : « Nous nous sommes tant aimés... »

La scène se passe au milieu du premier septennat socialiste. Jean-Edern Hallier, qui commence à être harcelé par tous ceux qui veulent se faire bien voir de l'Élysée, organise une conférence de presse informelle. Son objet ? Parler du livre qu'il est en train d'écrire et qui deviendra bien plus tard un best-seller : *L'Honneur perdu de François Mitterrand.* Jean-Marie Pontaut est là. Ce journaliste malicieux et bien informé est apprécié par ses confrères mais aussi par ses interlocuteurs d'un ministère, celui de l'Intérieur, qu'il fréquente depuis vingt-cinq ans. Il fait partie des gens qui pourraient faire un papier sur le « manuscrit maudit » ou sur l'intimidation dont est victime l'écrivain. À un moment, celui-ci le tire par la manche. Il veut lui présenter un de ses confrères d'une agence de presse, Reuters. Jean-Edern Hallier est fier. Même les Anglo-Saxons suivent ses démêlés avec le président de la République. Pontaut s'avance. L'écrivain lui désigne un homme que le journaliste connaît bien. Et pour cause : c'est le responsable de la « section presse » aux Renseignements généraux. Celui-ci s'est fait passer pour un confrère afin de pouvoir mieux espionner Hallier. En droit pénal, cela s'appelle le délit de fausse identité, passible d'emprisonnement. Comment, dès lors, va réagir Pontaut ? Démasquer l'imposteur ? Les suites prises par l'affaire le justifieraient.

Après avoir embarqué le manuscrit encore secret, à l'époque, de l'écrivain, le fonctionnaire des RG l'a lu et a rédigé dans l'urgence une note confidentielle à l'intention du préfet de police de Paris de l'époque, Guy Fougier. Quand il en a pris connaissance, le préfet s'est effondré. Les détails du comportement sexuel prêtés à Mitterrand sont en effet obscènes. « Qu'est-ce que je peux faire de cette note ? se lamentait-il. Je ne peux même pas la passer à l'Élysée ! » Le préfet a fini tout de même par s'en faire l'écho. Entre-temps, l'homme des RG s'est arrangé pour susciter une dépêche de l'agence Reuters qu'il a utilisée comme camouflage. Jean-Marie Pontaut, qui ne connaîtra tous les détails de l'histoire que plus tard, n'a alors pas l'intention de s'en prendre « à un copain ». Va-t-il tout de même mettre en garde discrètement l'écrivain, bien naïf, en lui révélant le stratagème utilisé par le policier ? Raconter l'histoire dans un papier bien tourné ? Finalement, le journaliste serre la main de l'homme des RG. Il ne dira rien à l'écrivain et n'évoquera l'anecdote que pour en rire entre amis.

Les frontières entre la presse et la police finissent par devenir de plus en plus floues.

Pierre Feuilly fut longtemps un pilier du service des informations générales à l'AFP et un syndicaliste influent dans la maison. Lorsqu'il embauchait un journaliste, il consultait ses amis flics. Rien de grave ? Peut-être. Pourtant, certains de ses confrères pensent que ces conversations où l'on évoquait la personnalité des candidats n'étaient pas sans conséquences. Celui qui était mal vu de la hiérarchie policière avait-il autant de chances que ses concurrents ? Pas sûr. La bénédiction de la place Beauvau, sollicitée officieusement, n'était pas neutre. Et puis, était-il indispensable de montrer à tel directeur du ministère le questionnaire d'embauche rempli par un candidat ? Ces bonnes manières feraient scandale à l'étranger. C'est évidemment une coïncidence mais il se trouve que, lorsque le juge Jean-Pierre perquisitionna les locaux d'Urba, l'AFP, première agence de presse française, fut atteinte d'un brusque dysfonctionnement. Alors que ses dépêches concernant l'actualité brûlante sortent en général en temps réel, il fallut près de vingt-quatre heures pour que le service de Pierre Feuilly, par ailleurs militant au PS — tendance Poperen —, répercute cet événement. Ce ratage est d'autant plus funeste que le juge fut instantanément dessaisi — par fax ! — du dossier par le garde des Sceaux, le socialiste Henri Nallet, ancien responsable, encore une coïncidence, de la campagne de Mitterrand en 1988.

Pierre Feuilly, en aussi bons termes avec Tapie qu'avec Pierre Joxe, est aujourd'hui correspondant de l'AFP à Bonn, un des beaux postes de l'agence.

Il est vrai que l'AFP ne fait rien pour arranger les choses. L'accrédité police, M. Sicurani, est en confiance au ministère puisqu'il y dispose d'un bureau et circule plus librement place Beauvau que les fonctionnaires astreints, eux, au port de badges contraignants. Cette familiarité géographique qui dure depuis plus de dix ans ne favorise évidemment pas l'investigation !

Daniel Schneidermann — le chroniqueur télévision du *Monde* — s'en prenait un jour[1] à un familier célèbre de la police. Il ironisait sur ce « géant de "Droit de savoir", allégorie barbouzo-gendarmesque » prompte à célébrer les prouesses héliportées du GIGN et les exploits des motards de la police. Et Schneidermann de poursuivre : « Charles Villeneuve est plutôt du côté [...] du RAID [...], des brigades anti-criminalité et autres chasseurs de Moussa[2]. » Ce qui est sûr, c'est qu'en dix ans de « Droit de savoir », ce journaliste n'a jamais diffamé la police nationale ou le ministère de l'Intérieur. Les « bavures » ? Quelles « bavures » ? Les flics ripoux ? Connaît pas. L'accueil dans les commissariats ? Pas un sujet ça, coco ! Les

1. *Le Monde,* 14-15 juin 1998.

2. Moussa, censé incarner l'Afrique, était l'une des figures géantes de la parade organisée à Paris pour inaugurer les festivités du Mondial.

manipulations, les enquêtes orientées ? Les écoutes téléphoniques ? Les violences en garde à vue ? Les caisses noires de certains services de police qui permettent d'arrondir les fins de mois ? Mais puisqu'on vous dit que ça n'existe pas. Pas plus que les boîtes de nuit protégées par les commissaires — sur les Champs-Élysées ou ailleurs. Ou les maisons closes protégées par d'anciens avocats proches de Mitterrand devenus ministres et que l'Intérieur ne ferme pas parce qu'on y récolte des « tuyaux » utiles. Ou les « notes blanches » du ministère mettant en cause le goût pour les petits garçons de ce journaliste chargé des affaires policières ou de cet ancien conseiller d'Alain Juppé à Matignon. Ce n'est pas le genre de la maison ! D'ailleurs, si ça existait, les accrédités en parleraient, non ?

Un jour, hélas, il y a eu un incident. Oh ! pas grand-chose : un pasteur proche des milieux pédophiles a eu des ennuis. En fait, il est mort. Assassiné. Pourtant, il connaissait beaucoup de monde. Jusqu'à l'Élysée où, sous Mitterrand, les amis des petits enfants avaient leurs entrées. De quoi provoquer des ravages. Là, il a bien fallu s'agiter. Même à TF1, une ou deux fois par an, il faut faire des concessions à l'information. Donc, il y a eu toute une émission du « Droit de savoir ». Sur quoi ? Ah ! voilà le génie de l'omertà française. Car on n'est pas en Sicile. Pas de crimes politiques ou mafieux chez nous, c'est bien connu. Surtout dans le Midi ou en Corse. En tout cas, c'est le credo de Villeneuve et de beaucoup de ses confrères. TF1, donc, s'est intéressée au meurtre du pasteur Doucé. À sa manière. Pas de mise en cause des RG qui enquêtent secrètement sur des affaires ultrasensibles, non pour les dénoncer à la justice mais pour alimenter les notes remises chaque jour au ministre.

Pas d'enquête non plus sur les pontes du sérail politique de l'époque, indirectement mêlés à cette sordide tragédie. Alors comment traiter ce sujet dangereux ? Au « Droit de savoir », on est à la pointe du journalisme d'investigation. On veut des coupables. Et justement, dans ce cas précis, il y en a un de disponible : l'inspecteur Jean-Marc Dufourg. Certes, son rôle dans l'assassinat est loin d'être établi, mais il a beaucoup menti à ses supérieurs dès les débuts de l'affaire. TF1 fait de ce fonctionnaire — qui sera révoqué — le bouc émissaire idéal. Villeneuve a sa conscience (professionnelle) pour lui : il a osé prendre tous les risques en évoquant — à l'antenne ! — l'existence des RG.

Il y a tout de même des limites à l'information. Une séquence instructive a ainsi disparu de l'émission. On entendait Claude Bardon, le directeur des RG à la préfecture de police, grommeler : « Il faudra bien qu'il parle, ce pasteur, car il en sait des choses. » C'est un journaliste du « Droit de savoir » qui, en faisant du footing avec Claude Bardon, un peu trop en confiance ce jour-là, avait obtenu ce scoop. Heureusement, Charles Villeneuve veillait au grain. Car cette fâcheuse confidence tendait à prouver que la hiérarchie de Dufourg était plus au courant qu'elle ne l'a dit des méthodes d'enquête musclées de l'inspecteur.

Après une si bonne émission, le « Droit de savoir » a bien sûr cherché à faire toute la lumière sur d'autres sujets importants. Citons pour l'année 1995 : « Ces femmes qui commandent les hommes », « Diana à cœur ouvert » ou encore, « Condamnés à vivre ensemble à perpétuité ». En 1996, on a enfin su toute la vérité sur les mères de quinze ans, le combat des infirmières ou... l'aéroport de Roissy.

Mais quelquefois, le grand investigateur de TF1 sait réagir à chaud. En février 1994, Yann Piat est assassinée. Un « Droit de savoir » lui est consacré. Mais on ne s'attarde pas sur les sujets sensibles : marchés truqués et accords politico-mafieux.

Il faut attendre novembre 1997 pour que Charles Villeneuve s'intéresse à nouveau au sujet. Il a une raison supplémentaire, peu connue, d'être bien informé sur l'affaire : sa femme. Elle évolue tous les jours dans les coulisses de la politique varoise. À quel titre ? Elle est conseillère municipale de Hyères. Hyères ? La ville dirigée par un élu UDF folklorique et controversé qui porte des chaussures bicolores, Léopold Ritondale. La ville où Yann Piat habitait et dont elle briguait la mairie. Et de quoi s'occupe Mme Geneviève Leroy-Villeneuve dans cette mairie qui a souvent fait la une de la presse locale ? Du chauffage urbain ? De l'enlèvement des ordures ménagères ? Non. Elle est déléguée à la communication et aux relations publiques.

En novembre 1997 donc, changement de ligne du « Droit de savoir ». Le Var est brusquement présenté sous des couleurs moins riantes. Mais toujours pas de pistes politiques, pas de défaillances dans l'instruction, pas de témoins ignorés par la justice. Un journaliste de *Var Matin* qui vient de consacrer un livre à l'affaire[1], Claude Ardid, ironise sur l'émission en parlant du « droit de laisser supposer ». Là, Villeneuve réagit, et vite. Un procès pour l'insolent ! Il lui réclame 800 000 francs de dommages et intérêts. Le prix de son honneur bafoué. Espérons que les juges auront le sens de l'humour...

1. *Yann Piat, histoire secrète d'un assassinat,* C. Ardid et J.M. Bourget, Plon, 1998.

# CHAPITRE 7

# LE SECRET INSTITUTIONNALISÉ

Arlette Laguiller et Pierre Joxe ont un point commun : ils ne balancent pas de noms. À Lutte ouvrière, les camarades, dirigeants compris, ne sont désignés que par leur pseudonyme, au cas où le passage dans la clandestinité s'imposerait. À la Cour des comptes, pas d'identification non plus des fonctionnaires et des élus pris en faute.

Cette haute juridiction a pourtant pour fonction de traquer les irrégularités, les gaspillages et les détournements de l'argent public. C'est donc potentiellement un formidable instrument de réduction des dépenses de l'État et des collectivités locales. À condition, bien sûr, que son action s'exerce de façon dissuasive. Pour l'essentiel, ce n'est pas le cas. Pourquoi ? Parce que, entre la première rédaction des rapports destinée aux seuls magistrats de la Cour et celle qui va être portée des mois plus tard à la connaissance de l'opinion, un numéro de prestidigitation — sans malle et sans sabre — réussit immuablement : la disparition magique des noms des coupables dans le texte du rapport annuel. Cette opération s'appelle rue Cambon l'« anonymisation ».

Les responsables de cette opération ne peuvent même pas invoquer la présomption d'innocence puisque les rapports rendus publics ont fait l'objet d'une procédure contradictoire : chaque personne mise en cause peut faire valoir, par écrit, ses arguments qui sont d'ailleurs publiés avec le rapport. Alors ? C'est cul-tu-rel. Ça n'est pas convenable. Et puis, si tous les gars de l'ENA commencent à se balancer les uns les autres, on n'en sortira pas ! Cette autocensure débouche parfois sur des situations amusantes. La Cour des comptes s'est ainsi intéressée aux mandarins qui ont une clientèle privée à l'hôpital, activité fort lucrative. Le relevé des abus a été consigné dans le rapport 1997 sur les comptes sociaux mais de façon anonyme. Dans le même temps, la revue *Actualité juridique et documents administratifs* publiait les résultats de la mission, mais en faisant apparaître les noms. La République ne s'est pas écroulée pour autant.

Voilà une forme d'omertà apparemment anodine. Elle ruine pourtant en partie le combat, bien réel, pour la transparence que l'institution a intensifié ces dernières années.

« Il y a encore quelques sujets tabous sur lesquels la Cour des comptes ne peut pas enquêter, confie, anonyme lui aussi, un haut personnage de la rue Cambon. Mais, franchement, ils sont en diminution. Aujourd'hui, nous pouvons contrôler des secteurs tels que la Défense nationale ou la justice. Bien sûr, ce n'est pas demain que nous irons fouiner dans les comptes de l'Élysée. Il ne faut tout de même pas exagérer. » D'une manière générale, la prudence est de mise puisqu'il convient « de ne pas flatter le poujadisme rampant des Français. Certains rapports, comme ceux que nous avons entrepris sur la fonction publique, posent en effet des problèmes de présentation ». Pourquoi ? « Les données récoltées, poursuit ce responsable, risquent de heurter le contribuable : comment lui dire que des fonctionnaires de la Direction des impôts ne déclarent pas certaines de leurs primes au fisc ? Et que, bien sûr, la "maison" ferme les yeux ? » « On manipule des sujets si sensibles que la Cour traque les fuites que peuvent être tentés d'organiser certains magistrats en direction de la presse. Nous ne devons pas nous transformer en machine à révéler les scandales. »

Derrière le discours, une réalité plus crue : la vérité n'est pas à mettre entre toutes les mains. Ils sont magistrats. Ils sont inamovibles. Donc indépendants ? Le problème, c'est que la majorité d'entre eux, sortis brillamment de l'ENA dans la catégorie des grands corps, ont d'autres rêves de carrière en tête que de traquer les notes de frais de Lang à Blois ou de vérifier les liasses comptables du Quai d'Orsay du temps de Dumas. Ces énarques se voient plutôt dans les cabinets ministériels et les palais officiels rejoindre Chirac, Séguin ou Hollande (tous issus de la Cour).

Dans l'ensemble, les magistrats ne sont donc pas là pour nourrir les polémiques. L'ambition a son prix. D'ailleurs, pourquoi faire du zèle alors que personne ne vous demande rien ? C'est aussi le cas de ceux qui ont été nommés au « tour extérieur », cette charmante procédure qui permet au président (en accord avec le premier ministre en cas de cohabitation) de nommer amis de la famille ou serviteurs zélés. Les anciens porteurs de valises qui ont loyalement accompli les basses besognes peuvent donc être conduits, fraîchement promus et repentis, à en contrôler le contenu. Par le biais du tour extérieur, le chef des Français ne remercie pas seulement ses obligés. Il marque aussi son mépris pour l'institution.

Celle-ci ne le lui rend pas. Elle a, certes, le goût de l'indépendance, mais aussi celui du secret. Un secret qui sert le prince. Un goût qui tourne parfois à l'obsession.

Une note interne de la Cour en date du 26 février 1988 a pour objet les « précautions et procédures relatives à la protection des rapports ». Et là, attention, on ne plaisante pas. Tous les aspects sont abordés dans leurs moindres détails. La dactylographie, le « collationnement », la reproduction, la conservation.

Un document plus ancien du 12 juillet 1984, toujours en vigueur de nos jours, donne une idée de l'état d'esprit qui règne dans la juridiction. Il y est question, sur huit feuillets denses, des « Dispositions à observer pour garantir le secret des informations et documents détenus par la Cour ». Le langage martial emprunte aux militaires. On y parle de « classification », comme pour le code de la bombe atomique ou d'autres questions tout aussi sérieuses. Il existe, explique ce document, deux niveaux de classification : « confidentiel Cour » et « secret Cour ». Cette dernière est réservée, précise la note, à des informations dont la divulgation est de nature à nuire à l'intérêt national. Qui, en ce cas, ne conviendrait que la discrétion est indispensable ? Pour le niveau « confidentiel », rien en revanche n'est précisé. Quelles informations justifient de telles précautions ? Peut-être ce qui pourrait expliquer certaines affaires.

L'assassinat de Yann Piat a ainsi fait resurgir le dossier, bien oublié, de terrains militaires situés dans la région d'Hyères, la ville de la députée, et de Toulon. Or, le ministère de la Défense dirigé entre 1991 et 1995 par Pierre Joxe, puis par François Léotard, avait vendu certains de ces terrains. À qui ? À quel prix ? Pourquoi ? Un jeune fonctionnaire de la Cour des comptes, Christophe Lannelongue, travaille sur ce sujet explosif. Son rapport ne sera jamais divulgué par la Cour. Son auteur ne fera de confidences à personne. Ce mutisme s'explique facilement. D'une part, l'auteur du rapport est chargé de contrôler l'action de l'ancien ministre de la Défense, qui est devenu son supérieur hiérarchique, un certain Pierre Joxe. De plus, cet ancien cadre de la Banque de France appartenait lui-même au cabinet du ministre de l'époque. Il est donc chargé en un sens de se contrôler lui-même. Un gage sérieux de discrétion.

Plus généralement, la révélation de certains travaux de la Cour peut mettre le gouvernement en difficulté.

Le rapport sur la mise à disposition des personnels enseignants auprès des syndicats au ministère de l'Éducation nationale en est l'illustration. Même si le titre paraît soporifique, cette étude contient de la dynamite : une vérité difficile à faire passer, à savoir l'incroyable complaisance des directions d'administration centrale, mais aussi des ministres successifs vis-à-vis des syndicats. Il y a de la cogestion dispendieuse dans l'air et de furieuses polémiques à attendre, notamment avec le SNES.

La MNEF ? Le scandale auquel plusieurs caciques du PS sont mêlés éclate en 1998. Mais il attend en coulisse depuis un moment... Quatorze ans exactement. À deux reprises, la Cour a préféré enterrer le dossier. En 1983, un premier rapport dénonce des frais de personnel exorbitants, un déficit abyssal et quelques privilèges bien éloignés de la vie quotidienne de l'étudiant moyen. Les erreurs de gestion relevées sont si impressionnantes qu'on décide, dans un premier temps, de déférer le président et le directeur général de la MNEF devant la Cour de discipline budgétaire et financière (CDBF), une sorte de banc d'infamie dans le monde en général assez indulgent des ministères. Pierre Bérégovoy, ministre des Affaires sociales, en est informé par le premier président Jean Rosenwald, par écrit. Il est prévu d'insérer, pour l'exemple, le rapport sur la MNEF dans le rapport public annuel de la Cour, cuvée 1984. Puis, plus rien. Le rapport ne sera jamais rendu public, les dirigeants de la MNEF jamais déférés devant la CDBF.

Comment l'Élysée et Matignon, inquiets de voir cette base arrière du PS mise à nu, s'y sont-ils pris pour réduire au silence les têtes brûlées de la rue Cambon ? « Secret Cour ». Les années passent. Et, au hasard du calendrier des contrôles, voilà l'affaire qui resurgit en 1998. Le nouveau rapport est toujours aussi accablant. Il souligne le taux d'anomalies de gestion anormalement élevé, puisque trois fois supérieur à celui de la Sécurité sociale. Et puis il y a l'aspect le plus explosif de l'affaire : les filiales de la mutuelle. Ce sont en effet elles qui ont financé certains caciques du PS. Vont-ils être inquiétés ? Le traitement de cet aspect du dossier n'est initialement pas prévu. Sous la pression des médias, l'omertà administrative va reculer. On s'attaque sans enthousiasme au cœur du système. Habituellement, c'est toujours en effet vers les filiales, les sociétés prestataires de services, bref les entreprises périphériques liées à l'institution contrôlée que s'opèrent massivement les détournements de fonds. L'affaire de l'ARC, remarquablement menée par la Cour, a bien montré que les turpitudes, quand elles existent, ne s'exercent pas dans l'organisation principale, considérée comme trop voyante et en situation d'être plus facilement contrôlée.

Alors pourquoi à l'origine cette étrange impasse dans l'enquête ? « S'il y a eu des irrégularités dans les filiales, cela ne peut pas représenter beaucoup d'argent, plaidait un proche du premier président de la Cour des comptes. En tout cas beaucoup moins que le gaspillage qui existe au sein de la MNEF elle-même. Nous avons donc choisi l'efficacité : frapper où il y a le plus d'argent à économiser. » Ce raisonnement, d'un pragmatisme admirable, est tout à fait étonnant. Dans certains cas, il s'agit donc de faire des rapports « rentables », dont les conclusions permettront de réaliser de grosses économies. Dans d'autres, il s'agit au contraire d'agir pour le principe, au nom de règles qui doivent être respectées. L'option retenue varie au gré des circonstances. Comment peut-on, enfin, évaluer l'ampleur d'une gabegie avant même le début du contrôle ?

Mais il y a mieux encore : le rapport Blanchard, rédigé en 1984. Il n'existe tout simplement pas de terme officiel pour qualifier son degré de classification. Même avec beaucoup d'imagination, il est difficile d'envisager en quoi il pourrait menacer l'intérêt national. Ce texte, commandé par Pierre Mauroy quand il était à Matignon, concerne les primes et les rémunérations dites « accessoires » (ce n'est évidemment pas le cas) versées aux fonctionnaires. Ce document-là est, depuis quinze ans, mieux protégé que l'organigramme de la DGSE ou les secrets nucléaires de la Cogema. Il n'a été imprimé qu'en quelques exemplaires dont un pour le coffre de Matignon — mais tenu hors d'atteinte des conseillers, même les plus proches de Mauroy — et un autre pour celui du premier président de la Cour.

À l'époque, son contenu suscite toutes les convoitises. Des citoyens curieux saisissent la CADA (Commission d'accès aux documents administratifs), sans succès. Des députés, parmi lesquels le socialiste Raymond Douyère, chargé d'un rapport parlementaire sur la fonction publique, réclament de le consulter au nom du pouvoir d'investigation de l'Assemblée nationale. Fin de non-recevoir.

L'affaire est remontée jusqu'à l'Élysée qui dispose aussi d'un exemplaire du sulfureux rapport. C'est Ségolène Royal, alors membre du cabinet présidentiel, qui a été chargée de le lire et de l'annoter. Sa note souligne deux problèmes : les rémunérations annexes des membres du corps des Ponts et Chaussées, alimentées par une « tirelire » remplie par les collectivités locales dès qu'elles ont besoin des conseils de ces fonctionnaires, d'une part ; les primes dont bénéficient les hauts fonctionnaires des Finances (elles peuvent représenter jusqu'à 30 % de leur salaire), d'autre part. Le rapport compromettant sera soigneusement enterré : on a vu des fonctionnaires descendre dans la rue pour moins que cela !

Un document de la Cour connut un sort plus funeste encore. Il concernait l'affaire des « avions renifleurs », cette rocambolesque aventure dans laquelle Elf (déjà !) avait perdu des centaines de millions de francs, versés aux « inventeurs » d'une prétendue nouvelle méthode de prospection pétrolière. Une première mission, effectuée sous le septennat de Giscard, concluait à la disparition de plus de 300 millions versés par l'entreprise pétrolière. Une bagatelle pour ces messieurs. À l'époque, le président et son premier ministre Raymond Barre n'avaient aucune envie que cette affaire ridicule mais limpide remonte à la surface. Que fit alors le premier président de la Cour des comptes, M. Bernard Beck ? Décida-t-il de classer ce document « confidentiel Cour ? » Ou « secret Cour » ? Non : il ne réussit pas à empêcher une destruction malencontreuse du rapport. Sans doute un malentendu. En tout cas, Bernard Beck pouvait soit se retrouver devant un tribunal, soit faire paisiblement valoir ses droits à la retraite. Devinette : que s'est-il passé ?

Entre la Saint-Sylvestre et la Saint-Valentin, la France connaît un rituel : la publication du rapport annuel de la Cour des comptes. La presse se charge d'en reproduire les extraits les plus pittoresques sur un sujet éternel : la gabegie politico-administrative. Le rapport est une grande affaire. En effet, il représente moins de 15 % des recherches de la Cour. Mais c'est ce qui est porté à la connaissance du bon peuple. La sélection des « morceaux choisis » obéit donc à des règles très précises mais — injustement — méconnues. Oui à la transparence, mais jusqu'à un certain point. Chaque « chambre », spécialisée dans un secteur d'activité, fait donc un premier tri. Puis se réunit le « comité du rapport public », où siègent tous les présidents de chambre et quelques hauts fonctionnaires de la maison doués pour le déminage des dossiers mal engagés. Ce comité fonctionne dans le plus grand secret et ne rend de comptes qu'au premier président de la Cour des comptes. À l'issue de ces réunions, le choix des travaux jugés dignes d'être portés à la connaissance du citoyen se fait avec tact. Le reste, soit 85 % des enquêtes ? Il n'a, assure-t-on à la Cour, aucune valeur pédagogique. Ce n'est pas sûr.

Parrain de la décentralisation, le ministre de l'Intérieur Gaston Defferre fait une petite bêtise en 1982. La loi qu'il fait voter prévoit la création de chambres régionales des comptes (CRC). Il s'agit d'instituer une surveillance des élus, émancipés depuis peu. Mais celle-ci doit rester à la fois amicale et discrète. Le problème, c'est que les responsables de ces nouvelles instances ont pris leur mission au sérieux. Quinze ans après, les chambres régionales des comptes jouent un rôle déterminant dans la révélation des scandales. De fait, ces vingt-cinq assemblées affichent un beau tableau de chasse : Médecin à Nice, Boucheron à Angoulême, mais aussi Carignon, Noir, ou l'ancien président du conseil général du Gard, Claude Pradille. Elles ne se contentent pas de transmettre les affaires les plus graves à la justice, elles vont parfois plus loin. Ainsi Jean-François Mancel, le président du conseil général de l'Oise, a vu ses grotesques dépenses personnelles « classées sous conditions » par le tribunal de Beauvais. La CRC de Picardie, elle, le jugera « comptable de fait » en juillet 1998 pour avoir irrégulièrement soustrait des caisses du département 3,3 millions de francs.

Les chambres régionales, dans leur grande majorité, font bien leur travail. Ce n'était pas prévu au programme. Cette efficacité inopportune a donc fait réagir petits et grands étouffeurs. En 1997, deux sénateurs RPR, Patrice Gélard et Jean-Patrick Courtois, entraînent une soixantaine de leurs pairs dans la signature d'une proposition de loi à la française, comme on les aime. Elle prévoit de restreindre le champ d'investigation des chambres régionales, accusées de mettre leur nez dans les choix de gestion des assemblées délibérantes, et d'interdire toute publication de leur part d'observations définitives tant que la Cour des comptes, érigée en instance d'appel, n'aura pas rendu un avis. Quand on sait qu'environ 1 000 documents sont rédigés chaque année par ces chambres, il est aisé d'imaginer la suite de la manœuvre subtile imaginée par le couple Gélard-Courtois. L'engorgement ainsi créé aurait permis aux élus indélicats de gagner quelques précieuses années avant de voir leurs débordements rendus publics. La tentative a fait long feu, au grand déplaisir de ses initiateurs. Ceux-ci, en effet, n'étaient pas tout de blanc vêtus : Jean-Patrick Courtois, vice-président du conseil général de Saône-et-Loire, avait été sérieusement réprimandé par la CRC de Bourgogne. Quant à l'exécutif départemental de la Seine-Maritime, où Patrick Gélard était élu, il avait eu quelques démêlés avec la chambre de Haute-Normandie...

En mai 1998, c'est un autre sénateur, bien connu pour son goût de la transparence, qui monte, pour une fois sans bruit, dans la carriole des étouffeurs. Michel Charasse rédige un petit amendement, qui modifie le code électoral, et doit se glisser parmi les « diverses dispositions d'ordre économique et financier ». Il s'agit juste de changer les règles de démission d'un élu déclaré « comptable de fait ». Un détail. L'illustre sénateur socialiste semble trouver excessif qu'il faille, sur injonction de quelques magistrats, qu'un homme politique abandonne son gagne-pain même s'il a précédemment essayé de l'améliorer aux frais du contribuable. Dans l'esprit de l'amendement Gélard-Courtois, il propose, sans doute au nom des droits de l'homme, de renforcer les procédures et les voies de recours. L'objectif ? Repousser la démission de l'élu aux calendes grecques. L'initiative tombe à pic : il y a justement, dans les Bouches-du-Rhône, un président de conseil général socialiste dans le besoin. François Bernardini, un récidiviste, vient d'être déclaré comptable de fait pour la gestion irrégulière d'une association municipale. Il refuse, à l'époque, de démissionner. Michel Charasse voulait sûrement débloquer la situation. Mais son initiative fera long feu.

À Paris, on est moins rude que dans les chambres régionales, même si, entre 1992 et 1995, les affaires jugées suffisamment graves pour être transmises à la justice pénale sont passées de 17 à 64. Ce que le parquet en fait, après, est une tout autre histoire...

Mais quand il s'agit de lancer une grande enquête sur la fonction publique, initiative que le premier président de la Cour, Pierre Joxe, a soutenue, les rémunérations, les statuts et les primes, les hautes instances de la maison délibèrent longuement pour savoir par quel ministère attaquer. Pour ne pas paraître trop agressifs, ce ne peut être ni les Finances, où les privilèges sont criants, ni l'Intérieur, symbole de l'autorité de l'État. « De toute façon, on peut toujours demander des renseignements aux Finances, raconte un conseiller-maître. Dans le meilleur des cas, ils nous répondent qu'ils ont autre chose à faire que de répondre à nos questions stériles. »

Tellement stériles que la Cour des comptes, dans certains cas, évite de les poser. Certes, à l'issue d'un contrôle du Secrétariat général du gouvernement, la Cour a envoyé, en 1998, une injonction au premier ministre, Lionel Jospin, sur le traitement des veuves de présidents de la République : cette disposition généreuse qui ne concerne, il est vrai, que deux personnes, ne repose sur aucun texte légal.

Certains tabous sont plus inattendus. Ainsi, la Cour a théoriquement le droit de contrôler les NMPP (Nouvelles Messageries de la presse parisienne), qui détiennent un monopole dans la distribution de journaux et sont contrôlées par le groupe Hachette. Tous ceux qui connaissent un peu la presse savent qu'il y a là matière à trouver quelques pépites. Pourtant, la Cour s'abstient. « À ce niveau, un contrôle serait interprété par Jean-Luc Lagardère (propriétaire du groupe Hachette) comme un geste d'agression politique, explique un magistrat de la Cour passé par les cabinets ministériels. Il est impossible de l'entreprendre sans un feu vert de Matignon. Alors, on préfère contrôler la Comédie-Française tous les quatre ans. Ça plaît aux journalistes pour le folklore, et ce n'est pas un sujet sensible. »

C'est dans un secteur inattendu que la résistance est encore la plus opiniâtre... et la plus efficace : celui de l'agriculture. « Les subventions aux agriculteurs, leurs mécanismes, leurs montants, cela fait partie des secrets les mieux gardés de France, assure un magistrat de la Cour. Il y a là des milliards de francs dépensés sans contrôle. Mais aucun premier ministre n'a jamais voulu y toucher, par clientélisme à l'égard du monde rural, mais aussi par peur de ce qu'on allait trouver et des réactions de violence que cela pourrait provoquer. »

Mais c'est quand on touche à l'argent-qui-n'existe-pas — primes en tout genre échappant au contrôle du Parlement — que l'ambiance se dégrade vraiment. À Bercy, au cabinet du ministre, on fait par exemple savoir à la Cour que la rallonge budgétaire qu'elle a réclamée pour l'année suivante risque, vu les circonstances, de ne pas être accordée. Frissons garantis rue Cambon !

« Le pire, raconte un conseiller-maître, c'est que les membres de la Cour touchent des primes assez substantielles fondées sur le même système que celles des Finances. Même chose pour le Conseil d'État. J'imagine que l'on voit dans cette survivance du passé une excellente manière de nous empêcher de dénoncer des privilèges dont nous profitons aussi. »

Cette question des rémunérations dites « accessoires » est à l'origine d'une création extravagante. Pour ne pas révéler leur existence et leur montant, l'omertà française a inventé le « décret secret ». Pas de publication des décrets ou des arrêtés organisant le système au *Journal officiel* ou dans les bulletins des différents ministères. D'où viennent en effet ces primes ? D'une cagnotte, les « fonds de concours », alimentée par des recettes ne figurant pas au budget général de l'État et échappant à ce titre à la curiosité déplacée des élus (sans parler de celle des journalistes).

Les primes des trésoriers-payeurs généraux (TPG), ces super-comptables de l'État qui règnent sur tout un département ? Elles sont assises sur l'épargne qu'ils collectent. Au nom de quoi ? D'un arrêté secret, justement, pris pour la première fois en 1966. Cette soulte représentait tout de même, d'après les calculs de la Cour des comptes[1], la somme de 560 millions en 1995. Cent quarante autres millions

1. Cour des comptes, *L'exécution des lois de finances pour l'année 1995*, les Éditions du Journal officiel, juillet 1996.

revenaient aux ingénieurs de l'Équipement, au titre de leur activité de « conseil aux collectivités locales ».

Les TPG doivent à un autre arrêté secret d'être exemptés de la taxe d'habitation. Anecdotique ? Pas vraiment. La plupart d'entre eux bénéficient de très vastes logements de fonction, qui donneraient lieu à une imposition substantielle. Les préfets, qui acquittent en revanche la taxe d'habitation pour les palais départementaux qu'ils occupent, en savent quelque chose. Au total, ces règles dérogatoires au droit commun permettent de sortir dans la discrétion environ 1 milliard de francs chaque année. La Cour des comptes ne sait guère comment aborder ce chapitre embarrassant dans la grande enquête qu'elle a lancée depuis 1997 sur la fonction publique. Elle redoute probablement de réveiller le « poujadisme latent des Français ».

Les députés, qui votent chaque année la loi de finances et en contrôlent l'exécution, sont évidemment tenus à l'écart de ces petits arrangements. Certains d'entre eux s'en sont d'ailleurs émus. Par exemple, en 1990, le président de la commission des finances à l'Assemblée avait soulevé cette question scabreuse des textes non publiés qui permettent à l'administration d'échapper à tout contrôle. Beaucoup avaient pensé qu'il souhaitait mettre dans l'embarras le ministre des Finances de l'époque, Pierre Bérégovoy. Taquineries entre caciques socialistes.

Le problème, c'est que ce mauvais esprit s'appelle Dominique Strauss-Kahn. Devenu lui-même ministre, il a détesté que certains magistrats de la Cour, dotés d'une bonne mémoire, lui rappellent cette ancienne facétie.

Est-ce la promesse d'une carrière ministérielle future, le poids des convenances ou la peur de la marginalisation ? En tout cas, la quasi-totalité des parlementaires, suivant en cela l'exemple des magistrats de la Cour, sait rester à sa place. Ils disposent pourtant de moyens efficaces pour contrôler le pouvoir. Même en France, les élus ont en effet la possibilité d'enquêter, « sur place et sur pièces », à propos de toutes les questions qui leur semblent le mériter. Ils n'en ont, en vérité, jamais abusé.

La procédure semble simple : il suffit de déposer une demande de création d'une commission d'enquête, demande qui est examinée par la commission des lois dans un délai d'un mois. Une fois l'avis de celle-ci rendu, la conférence des présidents inscrit le sujet à l'ordre du jour. Ces présidents, ce sont les hommes qui dirigent les groupes RPR, PS et autres à l'Assemblée ou au Sénat. D'ordinaire, ce sont eux qui verrouillent les travaux parlementaires. Contrairement aux autres pays, un député en France ne peut pas, par exemple, poser une question, écrite ou orale, au gouvernement s'il n'a pas l'aval de son parti. Après inscription du sujet à l'ordre du jour, ce qui ne va pas forcément de soi, il reste à trouver une majorité de députés ou de sénateurs.

L'institution des commissions d'enquête parlementaires a une longue histoire puisqu'elle remonte au XIX^e siècle, du temps de la monarchie de Juillet. Mais leur fonctionnement a connu quelques péripéties. En 1953, une loi durcit la règle du secret : « Jusqu'au dépôt du rapport général d'une commission d'enquête parlementaire, tous les membres de cette commission ainsi que ceux qui, à un titre quelconque, assistent ou participent aux travaux, sont tenus au secret. » Pas question, évidemment, d'envisager, comme dans les autres démocraties européennes, sans parler des États-Unis et de leurs impitoyables *hearings* qui se tiennent sous l'œil des caméras de télévision, la publicité des auditions.

En 1958, la norme du secret se renforce encore : elle ne s'applique plus seulement jusqu'au dépôt du rapport, mais sans aucune limitation dans le temps.

Il faut attendre 1991 pour que quelques parlementaires, majoritairement socialistes, s'émeuvent de cet écart flagrant et choquant entre nos voisins européens et nous-mêmes : Allemagne, Italie, Royaume-Uni, partout la règle est celle des audiences publiques, sauf exception. Le principe du secret est donc usé, mais il a bien servi. La commission d'enquête sur l'affaire de Broglie, où il était question de savoir si Michel Poniatowski, ministre de l'Intérieur au moment de l'assassinat de ce compagnon de route de Giscard, devait être renvoyé devant la Haute Cour de justice pour avoir ignoré — c'est la version officielle — les renseignements de ses services faisant état de menaces de mort, a pu se dérouler gentiment, à l'abri des regards. À la manœuvre, un jeune parlementaire astucieux, Gérard Longuet, rapporteur de la commission. Le futur trésorier du PR fait merveille et son collègue-ministre est blanchi.

Après leur victoire en 1981, les socialistes veulent instruire le procès des barbouzes gaullistes : on s'intéresse donc aux activités du SAC (Service d'action civique), ce groupuscule qui a été mêlé à d'innombrables affaires nauséeuses. Sous la Ve République, le PS a subi, dans l'opposition, les méthodes violentes de cette milice déguisée. Pour une fois, une certaine publicité est donc organisée autour des débats et le rapport de la commission d'enquête est publié. Mais il est vrai que les « méchants » ont perdu le pouvoir et que les médias sont tout disposés à condamner les mercenaires vaincus. Marcel Dassault a lui aussi un moment tremblé. Mais les députés, qui promettaient de mener une enquête turbulente, ont finalement, sans bruit, accepté le principe d'une commission sur les « fonds publics et parapublics destinés à l'industrie aéronautique ». Un moyen assez sûr d'éviter de découvrir que l'avionneur distribuait ses aides à tous et peut-être un peu plus à ses amis du RPR.

Voilà comment les commissions d'enquête parlementaires, qui auraient dû être redoutées, sont devenues un inépuisable sujet de plaisanteries. En 1977, le RPR naissant annonce, par la voix de Chirac, son intention de demander la constitution d'une commission d'enquête parlementaire sur l'information. Les gaullistes, auxquels on ne connaissait pas pareil sens de l'humour, dénoncent les « pressions » exercées par l'Élysée de Giscard sur les chaînes de télévision. Dans son éditorial du *Monde*[1], Pierre Viansson-Ponté s'amuse : « Enfin, on va savoir. On va savoir comment, avec quel argent, par quels canaux secrets, politiques ou autres, pour quels objectifs, politiques encore, s'est constitué, du *Figaro* à *France-Soir,* l'empire de presse de M. Hersant. On va savoir dans quelle mesure ces opérations ont été préparées et conduites à l'instigation et avec l'appui de l'entourage de M. Chirac. On va savoir d'où a été lancée, par qui a été téléguidée et encouragée, au début de 1976, la campagne visant *Le Monde*. On va savoir si M. Poniatowski a eu raison, depuis deux ans, de mettre en cause à diverses reprises des journalistes de la télévi-

1. *Le Monde,* 17 février 1977.

sion, trop “chiraquiens” à son goût. On va savoir ce qu’il en est réellement des écoutes téléphoniques, dont on affirme alternativement qu’elles n’existent pas et qu’elles vont être supprimées. On va tout savoir. Encore une fois : enfin ! Bravo ! »

« Ne nous berçons pas d’illusions cependant, poursuit l’éditorialiste. On ne saura rien, en tout cas rien de tout cela. » La suite, évidemment, a donné raison à ce journaliste impertinent.

De fait, chez nous, les mœurs parlementaires sont curieuses. N’est-ce pas un député PS, François Massot[1], qui s’inquiétait d’une déplorable dérive : « Les commissions d’enquête semblent avoir pris l’habitude de publier non seulement la liste des personnes auditionnées mais aussi tout ou partie des procès-verbaux de leurs auditions. » De plus, s’indignait-il, les « fuites » dans la presse sont devenues plus fréquentes. « Elles sont parfois intervenues au cours des travaux des commissions (commission d’enquête sur les activités du SAC) et n’ont donné lieu qu’à des communiqués du président de la commission, rappelant les règles en vigueur en matière de secret. »

Malheureusement pour les étouffeurs, la pression de l’opinion se manifeste parfois. Elle contraint alors les élus à organiser un simulacre d’investigation sur un vrai sujet. Fin 1991, le député socialiste Jean Le Garrec est le rapporteur d’une commission d’enquête parlementaire

1. Rapport n° 1020 du 2 mai 1991.

sur le financement des campagnes électorales et des partis politiques. Voilà un thème brûlant, puisque le PS se débat dans l'affaire Urba. Mais pas de mauvais esprit : la commission va fonctionner dans le consensus. Son président ? Le RPR Pierre Mazeaud. L'homme que Chirac nommera au Conseil constitutionnel et qui manifestera un soutien constant à Roland Dumas. Lors de la présentation du rapport, Jean Le Garrec donne tout de suite le ton : « Certains lecteurs [...] seront sans doute déçus [...]. Bien qu'on y parle beaucoup finances, on n'y règle ses comptes à personne [...]. La commission a simplement préféré à une dénonciation nécessairement partielle une explication globale[1]. » Plus crûment, la teneur de ce rapport peut se résumer ainsi : six cent vingt pages, pas une révélation. C'est que les parlementaires ont le sens des convenances, comme le confirme sans sourire un membre de la commission : « Les députés ne sont ni des flics ni des magistrats, et il leur était difficile de revenir cinq fois à la charge quand une personne auditionnée ne voulait pas répondre[2]. » Courtoisie, quand tu nous tiens !

Pourtant, les parlementaires disposent de moyens de pression considérables. Tout témoin qui refuse de répondre sous serment encourt une peine de deux ans de prison, 50 000 francs d'amende et la privation de ses

1. *Libération,* 22 novembre 1991.
2. *Le Figaro,* 22 novembre 1991.

droits civiques. De quoi faire réfléchir les plus récalcitrants. Pourquoi ces moyens ne sont-ils presque jamais utilisés ?

François d'Aubert, rapporteur en 1993 d'une commission d'enquête sur l'infiltration de la mafia dans le sud de la France, avait démasqué, à Grenoble, M. Pagano, un de ces nouveaux parrains venus d'Italie et tranquillement installés sur le territoire français. Que s'est-il passé ? Alain Carignon a porté plainte contre X. Contre l'intéressé et les milieux mafieux ? Non, le maire de Grenoble a mentionné dans sa plainte la volonté de « dénigrement et l'atteinte à l'image de sa ville »... Espérons que sa condamnation à quatre ans de prison pour corruption ne lui aura pas enlevé ce culot qui est le privilège des étouffeurs *honoris causa.* Quant au procureur de Grenoble, Michel Albarède, il s'est indigné de « l'atteinte directe à la présomption d'innocence[1] » des personnes citées dans le rapport parlementaire. Sa réaction ? Il a ordonné de suspendre toutes les investigations policières sur le sujet. Précisons que M. Pagano a depuis été extradé vers Agrigente pour y être jugé. Agrigente est une jolie ville de Sicile.

Lors de cette enquête sur les implantations de la mafia en France, François d'Aubert a tout de même eu une bonne surprise (il y en a quelquefois) : Philippe Marchand, alors ministre de l'Intérieur, se propose de lui ouvrir les portes

1. *Le Monde,* 22 octobre 1996.

et les tiroirs des archives ministérielles. Le député se rend donc place Beauvau pour consulter une série de documents. Sur une note provenant des RG, il trouve inscrit, en marge, ce commentaire désabusé qui vise les membres de sa commission : « Est-ce qu'il faut même leur donner cela ? »

Quelques années plus tard, le même François d'Aubert fait partie de la commission formée sur le Crédit Lyonnais. Le nouveau P-DG, Jean Peyrelevade, refuse de lui communiquer un rapport interne rédigé par l'inspection générale de la banque. Connaissant bien ses droits, le député se rend au siège, pour enquêter « sur pièces et sur place ». Il désire consulter ce document. Là, le secrétaire général du Crédit Lyonnais, Jean-François Verny, refuse tout bonnement de le lui communiquer. « Que vouliez-vous que je fasse ? interroge le député. Le coup de poing avec lui ? Impossible. J'ai donc prévenu que je ne quitterais pas les lieux sans en avoir pris connaissance. De guerre lasse, mon interlocuteur a fini par me lire le rapport à haute voix. Mais sans jamais me le montrer. »

M. Jean-François Verny est membre du Conseil d'État.

Jérôme Cahuzac, médecin et député PS du Lot-et-Garonne, a décidé quant à lui de tester les nerfs du ministère de la Santé. Rapporteur en 1997-1998 du budget de cette administration, il veut se faire communiquer les contrats de travail de ceux qu'on appelle les « préfets sanitaires » responsables des nouvelles agences régionales d'hospitalisation (ARH) censées contrôler plus efficacement les dépenses hospitalières. Pendant trois mois, il attend en vain.

Est-ce parce que ces contrats, de droit privé, garantissent aux intéressés des rémunérations élevées (de 50 000 à 100 000 francs) ? Ce n'est pas forcément scandaleux en soi mais le directeur de l'administration générale du ministère redoute l'effet produit sur ses troupes par les chiffres. « À bout de patience, j'ai débarqué un lundi matin, raconte le député. La secrétaire, affolée, a d'abord tenté de me bloquer. Le directeur, tout aussi interloqué, a refusé dans un premier temps de me donner les documents. Il a osé prétendre qu'il devait protéger la vie privée de ses fonctionnaires ! » L'élu lui propose alors une formalité toute bête pour laquelle il a déjà préparé une lettre prête à être signée : une décharge dans laquelle le directeur reconnaît refuser de communiquer les documents et violer du même coup la Constitution. « Là, malaise. Il a blêmi puis a essayé de prétexter des problèmes de photocopieuse. Après il y a eu une histoire de tampon confidentiel brusquement introuvable. Mais je suis finalement reparti avec les contrats ! »

Dans un genre différent, l'avocat Arnaud Montebourg, un autre député PS, a aussi fait preuve d'une certaine détermination. Rapporteur de la commission d'enquête parlementaire sur les tribunaux de commerce, en 1998, il se heurte à la mauvaise volonté de certains présidents de ces juridictions, à commencer par le premier d'entre eux, Jean-Pierre Mattéi, président du tribunal de commerce de Paris. Ces gens-là, on le sait aujourd'hui, ne sont pas des partisans acharnés de la transparence. Unis par un système de cooptation qui leur permet souvent de trancher sur le devenir des entreprises à l'abri des regards, ils aiment rester entre eux. Jean-Pierre Mattéi, relayé par quelques députés de droite, hurle donc à l'avènement d'une nouvelle dictature et à la manipulation politique : à travers les tribunaux de commerce, c'est l'entreprise qu'on assassine !

Le député ne se démonte pas. Il interroge Jean-Pierre Mattéi en public, dans une ambiance glaciale. L'intéressé ne se soustrait pas à l'audition. Et pour cause. Quelques jours plus tôt, le 11 juin, Arnaud Montebourg a débarqué avec quelques collègues au tribunal de Mont-de-Marsan. Là, les seize juges et le président attendaient la délégation de pied ferme. Les juges consulaires ont lu une motion stipulant qu'ils refuseraient de répondre aux questions. Leur interlocuteur a osé alors user de ses prérogatives en demandant au procureur de la République de requérir la force publique. Ces grands résistants ont répondu finalement aux questions, après convocation par les gendarmes. Ambiance... Mais il y a des limites pour tout le monde. « Je demanderai au groupe socialiste la création d'une commission parlementaire sur les fonds secrets[1], je me ferai interner ! » s'amuse le même Arnaud Montebourg.

Parfois, comme dans le cas de l'enquête sur le financement de la vie politique, en 1991, la sagesse dicte au contraire de transgresser les tabous. Pour tenter de faire surgir des travaux une version édulcorée. Ainsi du Rwanda. En 1997, une commission d'enquête belge rend son rapport. Horreur : celui-ci met en cause la France qui, en 1994, aurait continué de livrer des armes au régime hutu après le début du génocide contre les Tutsis. Horreur plus grande encore, le rapport est public et un journaliste du *Figaro*, Patrick de Saint-Exupéry, s'en inspire pour publier une série d'articles excellents sur la question. La presse en parle. La France doit répondre. Va-t-on imiter la Belgique et s'attaquer au « domaine réservé » entre tous, l'Afrique ? Tout de même pas. L'astuce consiste à former une simple « mission d'information parlementaire », au statut beaucoup plus flou. Officiellement, cette formule est préférée pour « aller plus vite ».

Son président, Paul Quilès, a plus marqué par sa loyauté sans faille au système mitterrandien que par sa connaissance fine de l'Afrique des Grands Lacs. D'ailleurs, les journalistes

1. Voir chapitre 2 : « Cet argent qui n'existe pas... ».

qu'il reçoit très solennellement ont parfois du mal à ne pas exploser de rire. Le président Quilès leur parle en effet de l'ethnie « hutsie ». Une innovation ethnologique sortie directement du cerveau de l'ancien ministre. À moins qu'il ne s'agisse d'une regrettable confusion entre les deux peuples rivaux, les Hutus et les Tutsis. Mais, après tout, le député-président est là pour apprendre, non ? Certes, il ne distingue pas bien les auteurs des massacres des victimes, mais c'est un homme de conviction : il est révolté qu'on accuse les soldats français alors que la France est le seul pays à avoir « fait quelque chose », en l'espèce la « mission Turquoise », au moment du génocide. Voilà au moins qui donne la ligne éditoriale du rapport à venir !

Est-ce pour ne pas insulter ses convictions que Paul Quilès omet d'entendre le colonel de l'armée belge Luc Marchal, que plusieurs journalistes ont pourtant déjà interviewé ? Encore un mystère. Cet homme-là a pourtant des choses à dire. Il était responsable du « secteur Kigali » (la capitale du Rwanda) pour la MINUAR (Mission des Nations unies au Rwanda) au tout début du génocide. Et il affirme avoir vu les avions français livrer des munitions après le début des atrocités. En bon militaire, il dit les choses à sa façon : « La coopération militaire française était très tournée vers l'opérationnel. » Mais le colonel Marchal ne reçoit aucune convocation de la commission. Les seules nouvelles qui lui parviennent de France, c'est que notre beau pays ne trouve pas enthousiasmant qu'il occupe un poste de responsabilité à l'OTAN.

Cela n'empêche pas la vaillante mission de multiplier les auditions. Celles d'Édouard Balladur (alors premier ministre), de François Léotard (alors ministre de la Défense) ou de Michel Roussin (alors ministre de la Coopération). Il en ressort que le gouvernement de l'époque est, ô surprise, exempt de tout reproche. Certains universitaires convoqués se montrent plus nuancés ? Des membres de la mission n'hésitent pas à mettre en cause publiquement leur sérieux. Pour le reste, Paul Quilès se targue d'avoir obtenu la levée du secret défense pour entendre militaires et diplomates. Magnifique, sauf que les auditions se déroulent à huis clos, à la demande des intéressés. Lesquels, on s'en doute, ont reçu des consignes de leur hiérarchie en ce sens. « Ce qui est amusant dans cette avalanche de huis clos, remarque un député non membre de la mission, c'est qu'on se demande ce que des militaires français peuvent bien avoir à cacher, alors que MM. Balladur, Léotard, Roussin ou Quilès s'accordent pour saluer l'excellente attitude de la France. »

Désespérante image que celle d'institutions officiellement chargées d'œuvrer pour la transparence et accablées de tant de lourdeurs, d'interdits et d'inhibitions ? Les optimistes brandiront quelques grandes victoires : les tribunaux de commerce voient leurs pratiques mises au jour grâce au travail des parlementaires, mais aussi à une mission commune des Inspections générales de la justice et des finances. Certes. Comment expliquer, cependant, les propos tenus par Pierre Lyon-Caen, avocat général à la Cour de cassation ? Il rapporte que, lorsqu'il était procureur de Nanterre, au début des années 90, il recevait des plaintes de justiciables étonnés de voir leurs concurrents siéger dans la formation chargée de les juger[1]. Que n'a-t-il à l'époque usé de ses pouvoirs pour en savoir plus ?

D'autres s'enivreront des rapports officiels qui se sont succédé pour effectuer un « audit » de la Corse afin d'y restaurer « l'État de droit ». Fort bien. Mais il ne faut pas oublier qu'en 1980, soit dix-huit ans avant ce « grand bond en avant », l'IGAS (Inspection générale des affaires sociales) avait rédigé un rapport sur l'aide sociale fournie à l'île de Beauté. On y apprenait qu'elle recevait de Paris « l'aide sociale la plus importante de la métropole ». « Statistiquement, exposaient les auteurs, il y a en Corse dix fois plus de titulaires du statut d'infirme que sur le reste du territoire français. » Des malheureux à qui on a coupé la langue ?

1. *Le Monde,* 10 juillet 1998.

## CHAPITRE 8

# TRANSPARENCE PAR ACCIDENTS

Ce matin de 1991, Michel Lucas, chef du service de l'Inspection générale des affaires sociales (IGAS), une sorte de police de la santé, du travail et de la Sécurité sociale, attend la visite d'un journaliste important : Jean-Yves Nau, responsable de la rubrique « Médecine » au *Monde*. La rencontre est de courte durée.

— Avez-vous mon contrat de travail avec le CNTS ? demande Jean-Yves Nau, inquiet, à son interlocuteur.

— Non, répond sobrement Michel Lucas.

L'entretien, après les politesses d'usage, s'arrête là. Le journaliste se retire, visiblement soulagé. Pourquoi cette visite inhabituelle ? Parce que Jean-Yves Nau a peur.

Depuis que l'affaire du sang contaminé a éclaté, en avril 1991, *Le Monde* manifeste plus que de l'indulgence pour l'homme qui se trouve au centre du scandale : Michel Garretta, l'ancien patron du Centre national de transfusion sanguine (CNTS). Ce médecin, qui est aussi homme d'affaires, sera condamné à quatre ans de prison pour avoir sciemment distribué des produits sanguins contaminés par le virus du Sida.

Qu'un journaliste médical, qui plus est renommé, exerçant une certaine influence sur ses confrères, ait pu recevoir de l'argent du plus grand centre français de transfusion sanguine pour un travail indéterminé, fait déjà plus qu'égratigner les principes élémentaires de la déontologie. Mais que ce lien financier, certes ancien, ne l'ait pas dissuadé de couvrir l'affaire du sang contaminé, dont le pivot est le CNTS, et de prendre régulièrement la défense du Dr Garretta en le qualifiant par exemple de bouc émissaire, voilà une révélation qui, dans n'importe quel pays, aurait suscité l'indignation.

Jean-Yves Nau, en cette matinée de 1991, a donc de quoi se faire du souci. Car Michel Lucas, chargé de rédiger un rapport sur la contamination des hémophiles, passe son temps à examiner les documents internes du CNTS. Et parmi eux se trouvent des documents susceptibles de le compromettre.

Mais comment le confrère du Dr Garretta — puisque Jean-Yves Nau est aussi médecin — aurait-il pu imaginer que son second employeur allait se trouver au centre du plus grand scandale médical de l'après-guerre ? Tout avait pourtant été organisé par les principaux protagonistes pour que rien ne transpire de cet affligeant dossier où le mensonge le dispute à la lâcheté et à l'ambition.

L'hémophilie touche un garçon sur 5 000, soit environ 6 000 cas en France. Elle dote ceux qui en souffrent d'un sang trop fluide, qui rend l'hémorragie inévitable, spontanément ou à la suite d'un choc. Seul remède pour échapper à une vie de reclus, presque inévitablement soldée par une mort prématurée : la perfusion de « facteurs de coagulation » extraits du plasma sanguin.

L'apparition du Sida, au début des années 80, change une équation qui jusque-là satisfaisait tout le monde. Le système de fabrication du CNTS devient vulnérable. Les produits sanguins destinés aux hémophiles résultent en effet de « pools » de donneurs, qui vont de 30 à 5 000 selon la technologie employée. Or, il suffit d'un donneur séropositif pour que tout le lot soit contaminé. Depuis que trois ministres ont été renvoyés devant une juridiction taillée sur mesure, beaucoup de commentateurs ou d'hommes politiques ayant découvert tardivement ce drame répètent que celui-ci est avant tout le produit d'une fatalité. Qu'on ne pouvait pas imaginer le pire. Que les médecins sous-estimaient le danger et n'étaient pas d'accord entre eux. La réalité est très différente.

Assez tôt, en effet, apparaissent sur le marché mondial des moyens fiables d'inactiver le virus du Sida en chauffant les produits sanguins. Seulement, le Dr Garretta, qui vient d'arriver à la tête du CNTS, s'est engagé dans une voie industrielle qui ne prévoit pas le chauffage. Aussi reste-t-il sourd aux signaux que lui envoient ceux qui sont plus en avance que lui. Et ce jusqu'au 1er octobre 1985, date à laquelle les derniers produits contaminés sont — sciemment — distribués par le CNTS.

Plus de deux ans avant que les produits mortels ne soient retirés de la circulation, Michel Garretta a reçu une lettre du laboratoire Travenol-Hyland, qui explique dans quelles conditions cette société a été conduite à rappeler tout un lot de produits contaminés par un donneur séropositif. C'était en mai 1983. « Récemment, indiquait le laboratoire, notre firme a mis sur le marché un produit anti-hémophilique traité par la chaleur (Hémofil T) afin de réduire le risque vital. Nous ne pouvons, dès à présent, affirmer que le produit chauffé élimine le risque de transmission du Sida. Cependant, nous pensons que l'utilisation d'Hémofil T ne peut qu'accroître la sécurité des patients. En conséquence, aussi vite que possible, Travenol-Hyland va convertir toute sa production pour ne plus offrir que des facteurs anti-hémophiliques traités par la chaleur[1]. »

Un mois plus tard — nous sommes en juin 1983 —, le Dr Yvette Sultan, responsable de la consultation des hémophiles à l'hôpital Cochin, réclame à de nombreuses reprises des produits chauffés à son fournisseur obligé, le CNTS. Elle essuie des fins de non-recevoir et envoie donc une lettre au Pr Soulier, sommité de la transfusion sanguine et prédécesseur de Michel Garretta : « Ma lettre de juin 1983 suivait plusieurs refus d'importer des produits chauffés », déclare-t-elle lors de son audition dans le cadre du procès en appel, au printemps 1993, de Michel Garretta, de son adjoint Jean-Pierre Allain pour distribution de « produits corrompus et toxiques », de l'ancien directeur général de la Santé Jacques Roux et de l'ex-directeur du Laboratoire national de la Santé Robert Netter pour non-assistance à personne en danger.

Août 1983 : le Pr Luc Montagnier, codécouvreur du virus du Sida, écrit au Pr Soulier pour souligner l'intérêt du chauffage[2].

Septembre 1983 : la firme autrichienne Immuno vient de mettre au point sa propre méthode de chauffage. Elle démarche Jean-

1. Anne-Marie Casteret, *L'Affaire du sang,* La Découverte, 1992.
2. Audition du Pr Montagnier devant la cour d'appel de Paris le 26 mai 1993.

Pierre Soulier et Michel Garretta, qui gagnent du temps.

Novembre 1983 : Jean-Pierre Soulier, dans son éditorial de la *Revue française de transfusion*[1], indique parmi les solutions au risque de contamination : « recourir à des produits chauffés, en faisant l'hypothèse que l'agent inconnu du Sida serait inactivé par la chaleur »...

Juillet 1984 : au congrès de Munich, même les moins éveillés ont compris l'urgence qu'il y a à chauffer les produits sanguins. « Il est évident qu'après le congrès de Munich, le consensus était général sur la nécessité de prescrire des fractions à risque viral diminué », déclare lors du procès en appel le Pr Goudemand, directeur du CTS de Lille, qui saura le premier en France chauffer les produits sanguins, en avril 1985.

À cette question, vitale, du chauffage, s'ajoute l'autre affaire dans l'affaire : celle des tests de dépistage pour laquelle sera plus spécifiquement inquiété Laurent Fabius. D'une fiabilité encore incertaine, le test élaboré par Diagnostic-Pasteur est essayé sur des hémophiles à partir de décembre 1983. Il permet (même s'il donne des « faux positifs », c'est-à-dire des sujets sains qu'il indique à tort comme porteurs du virus) de savoir quels hémophiles sont contaminés. Ce test rend ensuite possibles les premières études sur la fréquence de l'infection parmi la population des

1. *Revue française de transfusion,* novembre 1983.

donneurs de sang. Il doit, à terme, permettre de tester tous les donneurs, pour éliminer les porteurs de virus HIV.

Dès janvier 1985, les premières estimations laissent suspecter que tous les lots du CNTS sont contaminés. En mai, c'est une certitude, énoncée comme telle dans les réunions internes, mais dans des termes édulcorés quand Michel Garretta écrit à Robert Netter, au ministère de la Santé : « La probabilité de ne pas avoir de lots contaminés est malheureusement très faible[1]. » Le bon docteur est tiraillé entre sa volonté de se couvrir et son souci de cacher son erreur industrielle.

Quant à l'homologation des tests anti-Sida, elle fait l'objet d'un autre scandale, plus politique. Les laboratoires Abbott ont leur test. Les cabinets ministériels de Georgina Dufoix et d'Edmond Hervé — avec l'aval du conseiller de Matignon — œuvrent pour différer cette homologation, afin de laisser toutes ses chances à notre industrie nationale, représentée par Pasteur. Son ancien directeur, François Gros, sommité du milieu scientifique, conseille justement le premier ministre, Laurent Fabius. Son avis l'emportera lorsque la décision sera prise de « retenir » — bloquer en jargon administratif — le test américain. La presse donne l'alerte, à la mi-juin 1985. Le premier ministre annonce alors que le dépistage du Sida sur tous les dons de sang va devenir obligatoire. Annonce ren-

1. Lettre de Michel Garretta à Robert Netter, 3 juin 1985.

due effective par l'arrêté du 23 juillet. Il était plus que temps : chaque semaine, environ 200 personnes sont contaminées par le Sida à l'occasion d'une transfusion ou d'une perfusion.

L'histoire aurait dû en rester là. Michel Garretta aurait écoulé ses lots jusqu'à l'automne pour ne pas « gâcher » la marchandise. Les médecins traitants auraient accepté d'avoir été pris pour des imbéciles, puisque le CNTS les a rassurés jusqu'au dernier moment, ne leur délivrant toujours pas, en juin 1985, cette information capitale : « Tous les lots sont contaminés. » Les responsables politico-administratifs, quant à eux, auraient pu faire mine d'avoir agi avec promptitude alors qu'il est désormais admis que des semaines, voire des mois ont été perdus à une époque, le printemps 1985, où l'urgence était absolue tandis que les ministres vaquaient à leurs occupations habituelles. Et Jean-Yves Nau aurait tranché : « Tout cela était inévitable. »

De fait, l'omertà fonctionne à merveille. Jusqu'aux premiers incidents médiatiques. En décembre 1987, Anne-Marie Casteret publie dans *L'Express*[1] un article intitulé « La tragédie des hémophiles ». Mais, en l'absence de preuves formelles, la journaliste ne peut que relever les incohérences et souligner le temps

1. *L'Express*, 4 décembre 1987.

perdu pour mettre en place des produits chauffés.

C'est Jean Garvanoff, un pianiste de jazz, qui l'a alertée. Cet hémophile contaminé fait la tournée des rédactions et des parlementaires pour tenter d'attirer l'attention sur ce qu'il est le premier à considérer comme un scandale. S'il veut briser « la loi du silence », comme il qualifie lui-même la discrétion qui prévaut alors, c'est qu'il a donné plusieurs concerts au domicile du Dr Allain, l'adjoint de Garretta. Les médecins y parlaient entre eux de la « casse » qu'il allait y avoir chez les hémophiles. Ces conversations, qui semblaient ignorer sa présence, sont restées gravées dans sa mémoire.

Début 1988, désespéré de ne pas être entendu, Jean Garvanoff porte plainte contre X pour non-assistance à personne en danger et délivrance de produits toxiques. Il est suivi par quelques malades.

Avril 1989 : *Le Canard enchaîné*[1] reproduit une note de Michel Garretta aux distributeurs qui date de fin juin 1985 et stipule que « la distribution de produits non chauffés reste la procédure normale tant qu'ils sont en stock ». Les médias ne réagissent pas.

L'administration, elle, s'agite. Et pense trouver une parade susceptible de calmer les hémophiles contaminés. En juillet 1989 est signé un protocole prévoyant leur indemnisation à rai-

1. *Le Canard enchaîné,* 12 avril 1989.

son de 30 000 à 170 000 francs selon les cas. Des chiffres dérisoires qui donnent une idée de la désinvolture que manifestent alors les grands commis de l'État. Pourtant, pour la première fois, on commence à mesurer au ministère de la Santé les répercussions possibles de l'affaire. Claude Évin est ministre des Affaires sociales depuis un an quand son conseiller, le magistrat Jean-Paul Jean, découvre, au mois de novembre 1989, peu à peu, l'étendue des dégâts. Dans une note injustement méconnue[1] ce magistrat alerte son ministre en des termes édifiants : « Le débat [...] est en train de monter dangereusement [...]. Michel Garretta insiste beaucoup pour que le ministère prenne une position officielle sur ce qui s'est passé en 1985 pour éviter d'être seul à être exposé. » Peut-on être plus clair ? Oui. « Il menace implicitement, poursuit le conseiller, de mettre en cause le ministère s'il n'est pas soutenu. » Ambiance sicilienne. Que pense le cabinet Évin de ses prédécesseurs ? « Il est vrai qu'il y a eu à l'époque des choix politiques discutables entre mars et octobre 1985 (refus d'importer massivement les produits chauffés et de détruire les stocks, retard sur la mise en place du dépistage pour favoriser le test Pasteur). » Bel esprit de synthèse. Quelles mesures préconise ce magistrat dont on ne peut pas mettre en cause la lucidité ? « Notre stratégie a toujours été de ne pas être en première ligne. »

1. Note CAB-JPJ/CH.MO du 17 novembre 1989.

Huit mois avant, Jean-Paul Jean avait déjà bien décrit, dans une autre note[1], la situation : « La solidarité des différents responsables qui s'était réalisée autour du silence [*sic*] éclate maintenant que les faits sont progressivement portés à la connaissance du public. » On ne saurait mieux dire. Dans ce contexte qu'il qualifie lui-même « d'explosif », le conseiller de Claude Évin avait dressé un plan de bataille à l'usage des médias[2]. Son idée ? Décrire l'affaire comme s'il s'agissait d'une catastrophe naturelle. « Je pense qu'il vaut mieux pour l'instant que ce soit les sommités médicales qui parlent sur ce sujet [...]. Le ministre, lui, pourrait plutôt dire : "Les experts [...] pensent qu'il était impossible à l'époque d'éviter ces contaminations." » Et d'ajouter, cynique, qu'il incombe à Claude Évin de rappeler « qu'il n'était pas ministre à l'époque ».

Mais une victime, une journaliste, cinq juges et un colonel de gendarmerie vont faire exploser cette omertà.

Car la justice, pendant ce temps, fait son chemin. Le 27 juin 1989, le lieutenant-colonel Jean-Louis Recordon a entendu Michel Garretta sur commission rogatoire du juge Sabine Foulon, chargée d'instruire les plaintes déposées en mars 1988 par les hémophiles contaminés, dont Jean Garvanoff. Rien ne filtre,

1. Note CAB. JPJ/CH.H. n° 26 du 30 mars 1989.
2. Note CAB du 17 novembre 1989.

encore, de l'enquête minutieuse menée par Jean-Louis Recordon.

Même l'attentat contre la voiture de Michel Garretta, toujours directeur du CNTS en novembre 1989, ne provoque aucun remous. La revendication est pourtant claire, puisqu'elle accuse « le criminel et trafiquant d'or rouge Michel Garretta » d'avoir « pour le profit et pour conserver un monopole de fabrication et de distribution, écoulé des médicaments en sachant parfaitement qu'ils contamineraient et condamneraient à mort des enfants innocents ».

La bombe explose le 25 avril 1991, six ans après les faits. Anne-Marie Casteret reproduit dans *L'Événement du jeudi* le compte rendu de la réunion interne du CNTS qui s'est tenue le 29 mai 1985. Celle-là même où, prenant acte que tous les lots sont contaminés, Michel Garretta décide de continuer à les écouler sans que cette décision provoque, au demeurant, la rébellion de ses collaborateurs.

Les choses, alors, s'enchaînent à toute allure. Reprise de l'article dans la presse, enquêtes complémentaires, nouvelles révélations, notamment sur la « retenue » du test Abbott.

L'émotion est si vive, le scandale si grand que Michel Garretta est acculé à la démission le 3 juin 1991. Une démission dorée, d'ailleurs, puisqu'il empoche quelque 3 millions de francs d'indemnités. Pour services rendus ? À qui ? Pas au milieu politique tout de même ?

Fin de l'omertà ? Pas du tout. La carriole des étouffeurs arrive à vive allure. Jean-Yves Nau et Franck Nouchi, passagers d'honneur, suivent l'affaire pour *Le Monde,* et s'obstinent à défendre Michel Garretta. Ainsi le second adresse-t-il, en juin 1992, des reproches, dans les colonnes de son journal, à Anne-Marie Casteret, sans qui l'affaire ne serait peut-être jamais sortie. Celle-ci est coupable, à leurs yeux, de n'avoir pas « analysé les faits et documents qu'elle révèle avec davantage de rigueur et de nuances », d'avoir « en définitive sous-estimé les responsabilités des médecins prescripteurs et des responsables politiques ». Un vrai déluge d'amabilités confraternelles ! Il est vrai que le climat, à l'époque, s'est tendu autour de l'affaire. Même au sein des rédactions, on discute ferme.

La fidélité des deux journalistes à l'ancien directeur du CNTS n'est d'ailleurs pas sans panache, tant Michel Garretta est considéré par la France entière comme l'ennemi public, le monstre froid, l'ambitieux sans scrupule. Jean-Yves Nau doit alors se demander où sont passés ses vingt-cinq autres amis de la presse, ces journalistes qui ont eux aussi bénéficié des faveurs du CNTS — ou de ses filiales — pour un montant global de 3 millions de francs en deux ans.

Garretta sacrifié, il s'agit d'éteindre l'incendie. De résumer le scandale du sang contaminé à sa personne et à ses errements. On fait donner le vieux mandarin Jean Bernard, qui exalte la pureté du sang français, caractérisé par le bénévolat du donneur. Le Pr Axel Kahn, généticien de grand renom, aurait appelé son frère (il le conteste), Jean-François, patron de *L'Événement du jeudi,* pour minimiser le rôle du Pr François Gros, le conseiller de Laurent Fabius à Matignon, plaidant que sa responsabilité n'est pas plus grande que « celle d'une mère qui lâche malencontreusement la main de son enfant dans la rue ». Le Pr Gros présidait pourtant la réunion interministérielle du 9 mai 1985, celle où il fut décidé de retarder l'homologation du test Abbott. Il a d'ailleurs reconnu, en 1999, ces faits devant la Cour de justice de la République.

La complainte des mandarins ne suffit pas ? On commande un rapport à l'IGAS. Michel Lucas, chef de service, en est chargé à la mi-juin. Mais on lui donne quinze jours pour enquêter sur la chronologie, l'enchaînement des événements et rédiger ses conclusions. Quinze jours ! Un délai bien trop court pour une recherche sérieuse. C'est bien le but recherché. Michel Lucas refuse, demande plus de temps. On le lui accorde, bien obligé, mais en le mettant en garde : le juge Sabine Foulon, qui instruit la plainte de Jean Garvanoff et d'autres hémophiles, va boucler son dossier pour le 14 juillet. Intox !

Michel Lucas se met donc au travail. Non sans avoir demandé des garanties de la part de ses deux ministres de tutelle Jean-Louis Bianco (Affaires sociales) et Bruno Durieux (Santé) : ceux-ci lui assurent que son rapport sera publié tel quel, sans omissions ni corrections. Une garantie qui, vu les circonstances, n'est pas superflue.

Par chance pour l'enquête, une équipe de l'IGAS est sur place, au CNTS, pour accomplir une mission de routine sur la tarification des produits sanguins. Le chef de service, qui ne connaît rien à la transfusion, se fait briefer par ses enquêteurs. Évidemment, il auditionne tous les acteurs du drame, Garretta compris. Jacques Roux, l'ancien directeur de la Santé, le reçoit discrètement dans sa chambre d'hôtel, à Montparnasse, où il descend pour chaque réunion du Comité central du Parti communiste, dont il est membre. Il évoque un paquet de notes qu'il aurait écrites à ses ministres de tutelle, Edmond Hervé et Georgina Dufoix, pour les alerter. En fouillant dans les archives, Michel Lucas n'en trouve pas trace. Et pour cause. À l'exception du professeur Bruno Varet, la plupart des membres du cabinet de Claude Évin ont embarqué les notes les plus sensibles chez eux ! Michel Lucas demande alors au directeur général de la Santé, le très consensuel Jean-François Girard, où sont passés ces documents. Il n'obtient pas de réponse et exige qu'on lui communique les parapheurs de la DGS pour les années 1984-1985. Eux aussi ont disparu. Un manque d'ordre vraiment contrariant !

Veut-il prendre connaissance du compte rendu de la fameuse réunion du 9 mai 1985 ? Pas de chance : ses interlocuteurs des cabinets ministériels sont, bien sûr, à sa disposition mais assurent ne pas en trouver trace dans leurs archives. Il faut que Michel Lucas explique que ce document est entre les mains de l'opposition, parce que l'équipe de Georgina Dufoix a oublié malencontreusement un dossier « Sida » récupéré par l'équipe Barzach dans une armoire du ministère de la Santé, pour que ses interlocuteurs recouvrent brusquement la mémoire et retrouvent le fameux document.

Le rapport Lucas est publié à l'automne 1991. L'intérêt des médias redouble alors, d'autant que Michel Garretta est inculpé par le juge Foulon le 21 octobre 1991.

Jean-Yves Nau et Franck Nouchi, eux, n'ont pas changé de ligne éditoriale : tout le monde était coupable, donc personne ne l'est vraiment. Ils attaquent Michel Lucas en écrivant qu'il a fait pression sur les inspecteurs de l'IGAS qui se trouvaient déjà au CNTS quand la mission sur le sang contaminé lui a été confiée afin qu'ils atténuent la responsabilité des politiques. Les deux journalistes du *Monde* assurent encore que Michel Lucas n'est pas l'auteur du rapport. Ils lui reprochent enfin de n'avoir pas publié dans le document final une note datée du 9 mai 1985, de la DGS, à l'attention du

Dr Claude Weisselberg, conseiller du ministre de la Santé Edmond Hervé.

Cette lettre de sept pages, qui fait suite à un courrier de Michel Garretta alertant (avec retard) le ministère, attire l'attention du ministre sur la nécessité de prendre d'urgence des mesures sur les tests et évoque la question du chauffage. Urgence toute relative, dans l'esprit de sa rédactrice, Marie-Thérèse Pierre, puisque ce sujet n'arrive qu'à l'avant-dernière page, après moult considérations sur l'organisation du CNTS.

Jean-Yves Nau et Franck Nouchi ont parfaitement le droit de considérer que Michel Lucas a commis une erreur en ne reproduisant pas cette note. Ils ont aussi le droit de la publier, pour éclairer leurs lecteurs et étayer leur thèse.

Mais leur stratégie devient plus discutable — c'est un euphémisme — quand ils amputent cette lettre de son dernier paragraphe. Il se trouve que c'est le plus important, puisqu'il recommande d'attendre... deux ou trois semaines. Sans ce passage, la responsabilité directe des ministres et de leurs cabinets paraît écrasante puisque ce montage laisse supposer au lecteur que l'alerte sur l'urgence sanitaire leur a été donnée. Alors qu'en conclusion il leur est au contraire conseillé de patienter. Curieuse façon d'informer.

Le CNTS a, semble-t-il, toujours représenté un « sujet réservé » dans l'esprit de MM. Nau et Nouchi. En 1989, Béatrice Bantman, médecin comme eux, vient d'entrer à la rédaction du *Monde.* À la veille d'un week-end, elle rédige un article qui évoque les menaces que subit, pour la première fois, Michel Garretta et les méthodes particulières du CNTS. Le lundi suivant, Franck Nouchi lui dit : « Tu n'aurais jamais dû faire ça. » « De ce jour, raconte Béatrice Bantman, aujourd'hui journaliste à *Libération,* ils ne m'ont plus adressé la parole et ont fait en sorte que je n'écrive plus une ligne ni sur ce dossier sensible, ni sur d'autres. »

La tension autour de ce dossier monte encore. Après son procès en correctionnelle, à l'été 1992, Michel Garretta s'est réfugié à Boston, aux États-Unis. C'est dans sa maison en brique rouge du 23, rue Prescot qu'il apprend, le 23 octobre, le verdict du tribunal : quatre ans ferme. Reviendra ? Reviendra pas ? La question obsède les rédactions, qui dépêchent des journalistes pour faire le siège de sa maison. Elle taraude aussi la Chancellerie, qui commence à examiner les accords d'extradition entre les États-Unis et la France.

Mais Michel Garretta assume, et revient en France pour purger sa peine de prison. Son avocat, Xavier Charvet, est à ses côtés tout au long de l'épreuve. Pour l'assister psychologiquement, plus que juridiquement : sur le terrain du droit, il n'y a plus grand-chose à faire. Mais sur le front médiatique, qui sait ? M^e^ Xavier Charvet entre donc en contact, depuis Boston, avec Franck Nouchi, journaliste avec lequel il est, affirme-t-il au cours de cette conversation, « complètement sur un terrain de confiance ». Ce qu'il attend de son interlocuteur ? Savoir s'il propose « quelque chose ». « Pas sur l'aspect juridique, sur l'aspect communication. »

Réponse de Franck Nouchi : « Si c'est pour faire passer l'idée que nous avons avancée longuement et qui est reprise aujourd'hui par pas mal de journalistes, l'idée du bouc émissaire [...], là, je suis d'accord avec vous... » Mais, poursuit le journaliste après diverses considérations, rendre Garretta « sympathique, ça c'est impossible ».

L'avocat en convient. Ce qu'il veut, c'est que « Michel s'exprime » : « On choisit trois interlocuteurs dans des médias différents qui connaissent le dossier ou qui ne le connaissent pas. Et puis on leur dit vous venez nous voir, ce que je vous demande c'est de me réserver la plus grande place possible parce qu'il n'y a qu'à vous que je dirai ce que je vais dire [...]. Chose promise, chose due, hein, c'est-à-dire... il faut nous aider. [...] Vous êtes le seul à pouvoir faire quelque chose d'intelligent. »

Ce dialogue, enregistré au scanner par un journaliste américain, est publié par *L'Événement du jeudi*[1] peu après le retour de Michel Garretta en France.

Il n'arrange guère les affaires du *Monde* et de ses deux journalistes déjà poursuivis par la

1. *L'Événement du jeudi*, 5 octobre 1992.

rumeur. D'autant que le nom de Franck Nouchi, qui ne figurait pas dans l'article de *L'Événement*, pas plus que celui de son journal, est révélé par M$^{e}$ Charvet qui demande la saisie de l'hebdomadaire. En vain.

La révélation de cette étrange conversation va pousser Jean-Yves Nau à la faute. Il craint en effet que *L'Événement* ne mette sur la place publique ses relations avec le CNTS. Surtout que Jean Garvanoff l'a appelé pour lui faire passer le message : « T'es foutu. » Il téléphone alors à une relation qui interroge le directeur adjoint de la rédaction de *L'Événement*, Michel Labro[1]. Faisant allusion à Anne-Marie Casteret qu'il déteste, Nau se demande si elle va revenir sur l'affaire dans le prochain numéro. Son interlocuteur répond, semble-t-il, d'une façon ambiguë. Nau croit comprendre qu'on va publier son nom. Il pense sa dernière heure venue alors que l'article évoquera un tout autre aspect de l'affaire. C'est à ce moment-là que Nau va se dénoncer à la direction du *Monde*.

Celle-ci est très embêtée. Le docteur Nau est un personnage important de la rédaction. De surcroît une partie de ses confrères l'apprécie, autant pour sa faconde que pour sa connaissance du bon vin et son art d'en faire profiter les amis. La direction du quotidien finit cepen-

1. Contacté, Michel Labro, aujourd'hui directeur adjoint de la rédaction de *L'Express*, assure ne plus se souvenir de cet incident et de faits « qui remontent à plusieurs années ». Il ajoute que « ces histoires ne l'intéressent pas » et qu'il n'aime pas évoquer le comportement de ses confrères.

dant par nommer un jury d'honneur composé de trois anciens journalistes du quotidien et chargés d'examiner la production de MM. Nau et Nouchi sur l'affaire du sang contaminé. Leurs conclusions, communiquées aux lecteurs sous une forme alambiquée, confirment l'existence de relations financières entre Garretta et Nau mais rappellent en substance une formule souvent répétée durant ces années-là : « responsables mais pas coupables ».

Si étrange que cela puisse paraître, Jean-Yves Nau est toujours responsable de la rubrique « Médecine » au *Monde.*

Franck Nouchi a bénéficié d'une promotion il y a quelques années : il dirige désormais les pages « société » du quotidien.

« Nous, scientifiques, refusons les critiques faites sous forme d'insinuations, de rumeurs, de faits non vérifiés ou de rapports n'ayant pas d'existence administrative. Compte tenu de l'importance de la recherche sur le cancer et respectueux de la liberté de la presse, nous demandons instamment que les informations fournies au public ne s'appuient que sur des faits objectifs et vérifiables. »

Ce cri du cœur est poussé en décembre 1994 par 777 chercheurs français, et non des moindres, d'Axel Kahn à Léon Schwartzenberg entre autres. Financé par l'ARC (Association pour la recherche sur le cancer), cet appel en quadrichromie sur papier glacé est envoyé à

3 millions de foyers par les soins de l'association.

Pourquoi tant d'indignation ? Parce que la gestion de l'ARC vient d'être mise en cause. Sur ces 777 scientifiques, beaucoup ignorent les détournements de fonds délirants qu'organise depuis plus de dix ans celui qui se présente comme le généreux mécène de la recherche française. Ils pensent tout simplement à l'équilibre financier de leur laboratoire ou à la pérennité de leurs travaux. L'objet de leur inquiétude ? La révélation, dans *Le Point*[1], puis la publication dans *Le Monde*[2] d'une note de synthèse adressée en 1991 par le patron de l'IGAS, Michel Lucas, au ministre des Affaires sociales Claude Évin.

Que révèle cette note ? Elle résume un long document de travail qui ne peut porter le nom de « rapport », car l'inspection opérée à l'ARC de septembre à novembre 1990 a été annulée par le tribunal administratif de Paris. C'est Jacques Crozemarie, président-fondateur de l'ARC, qui a réclamé cette annulation au motif que l'IGAS n'a pas le droit de contrôler une association ne bénéficiant d'aucune subvention publique. La vérité, c'est que ce « non-rapport » est accablant pour lui. Il détaille dans quelles conditions plus de 65 % des dons ne vont pas à la recherche contre le cancer mais aux frais de fonctionnement. L'ARC apparaît

1. *Le Point*, 29 octobre 1994.
2. *Le Monde*, 2 décembre 1994.

brusquement sous la plume des inspecteurs de l'IGAS comme une sorte de coquille vide ponctionnée par une nébuleuse complice de sociétés commerciales.

Mais nos chercheurs ne veulent pas le savoir. Pensez donc ! Un rapport « n'ayant pas d'existence administrative », comme ils disent. Des révélations hors la loi ! Une transparence « non autorisée ». Pourquoi persécuter ce pauvre président ?

Il faudra encore attendre plus d'une année pour que ces phénix de la recherche médicale acceptent de regarder la vérité en face. En janvier 1996, douze ans après les premières suspicions, un rapport de la Cour des comptes confirme ce que le document-sans-existence-administrative avait déjà exposé. Mais il complète, il précise. Crozemarie, accroché frénétiquement à son siège et ses avantages, finit par démissionner le 18 janvier 1996. Après que la justice s'est saisie de l'affaire. La situation est devenue trop grave. Les « amis chercheurs » l'ont poussé vers la sortie.

L'enquête démontrera l'ampleur des détournements : 600 millions de francs.

Encore bien plus que dans l'affaire du sang contaminé, il est impossible de dire à propos du scandale de l'ARC : « On ne savait pas. » Car « on » savait, justement, et depuis longtemps. Qui ? Comment ? C'est une longue histoire.

Jacques Crozemarie crée l'ARC (appelée à l'époque ADRCV) et parvient à la faire reconnaître d'utilité publique en 1966. Dès la fin des années 70, l'association se fait remarquer, dans les milieux « autorisés » : lors d'une opération conjointe avec sa grande concurrente, la Ligue contre le cancer, elle subtilise le fichier de donateurs, un document inestimable pour une institution qui fait appel à la charité publique.

Mais la première grosse alerte survient en 1984. Cette année-là, Michel Lucas, chef de l'IGAS, manifeste sa perspicacité : il adresse à ses ministres de tutelle Georgina Dufoix et Edmond Hervé (encore eux !) une note confidentielle de quatre pages qui résume le fonctionnement de cette curieuse association, laquelle, écrit Michel Lucas « suscite malaise et inquiétude ». Après une série d'observations pas vraiment câlines, la conclusion est sans ambiguïté : « L'ADRCV n'est pas réellement une association mais une structure qui conforte le pouvoir autoritaire et luxueux de son président, M. Crozemarie, personnalité acceptant difficilement les questions sur sa gestion, alors qu'elle repose sur l'argent public que la caution de l'État lui permet de collecter. Il est épaulé par un trésorier qui n'a pas hésité à emprunter sur cet argent collecté des sommes importantes dont la destination est sans doute d'intérêt commercial. » Une copie est envoyée à la Direction générale de la Santé, la DGS, qui exerce — théoriquement — son autorité sur les questions sanitaires. Que se passe-t-il alors aux cabinets des deux ministères et à la DGS ? Un branle-bas de combat ? Des demandes d'information complémentaires ? Au moins un léger émoi ? Non, rien. Il ne se passe rien. Aucun des « décideurs » qui ont fatalement eu cette note sous les yeux ne réagit. Nous sommes en 1984 et l'omertà commence.

Dans son bureau de l'avenue de Ségur, Michel Lucas n'est pas enchanté de cette apathie. Mais qu'y peut-il ? Il est obligé de ruser, il le sait, puisque l'ARC ne reçoit pas de subventions publiques et ne tombe donc pas automatiquement sous son contrôle. Alors, il déclenche une inspection à l'Institut Gustave-Roussy (IGR) de Villejuif, dont des secteurs entiers dépendent financièrement de l'ARC. C'est Michèle Barzach, alors ministre de la Santé, qui est commanditaire de cette mission en février 1987. Remis en décembre, le rapport accorde une large place à la « dépendance lourde et malsaine » de l'IGR envers l'ARC. Cette fois, personne ne peut plus ignorer les réserves émises par l'IGAS, puisque de larges extraits sont publiés dans *Le Monde*[1] où il est notamment question de la « manière quasi théocratique » dont le président de l'ARC exerce ses pouvoirs. Il ne se passe, pourtant, toujours rien si ce n'est que Crozemarie en appelle aux lois du silence et attaque *Le Monde* en justice.

1. *Le Monde,* 10 et 16 avril 1988.

Il commence par ailleurs à hurler à la persécution administrative.

En 1990, Claude Évin est le ministre des Affaires sociales de Michel Rocard. Il décide, ce qui n'est pas évident à l'époque, de confier à l'IGAS une nouvelle mission sur l'ARC. Michel Lucas pense qu'elle se justifie car l'association, d'une part, bénéficie de la mise à disposition de personnels payés par le CNRS, donc par l'État, et perçoit d'autre part une forme de subvention puisque les dons sont déductibles de l'impôt sur le revenu, ce qui représente un manque à gagner pour le Budget.

Après les missions de 1984 et de 1987, c'est le troisième contrôle. Las ! Dès que les inspecteurs s'approchent des sociétés sous-traitantes, donc de la vérité, Crozemarie, en as de la procédure, déclenche un référé devant le tribunal administratif de Paris. Il le gagne. Le président Jean-Louis Duvillard ordonne de surseoir à l'inspection le 30 novembre. Traduction : l'IGAS n'a, par décision de justice, plus accès aux comptes de l'association. Décision confirmée en appel par le Conseil d'État. Il faudra attendre juillet 1993 pour obtenir un jugement sur le fond. Il est à nouveau défavorable à l'IGAS, et annule définitivement la mission. Autrement dit, l'IGAS n'a même pas le droit de faire état de ce qu'elle a découvert ! Le motif invoqué par le tribunal administratif prête aujourd'hui à sourire : ce contrôle risque de porter atteinte aux intérêts de l'association !

Dès 1991, une loi permet de contourner cet obstacle imprévu. La Cour des comptes peut désormais contrôler les institutions faisant appel à la charité publique. L'ARC sera de la première fournée.

Entre-temps, Michel Lucas, obstiné, a demandé à ses inspecteurs de confectionner une « note d'étape », une sorte de brouillon sans existence juridique. Mais le chef de l'IGAS est coincé : il ne peut en faire aucun usage. Il va tout de même, oralement, informer de la situation les ministres de la Santé successifs qu'il voit passer avenue de Ségur. Bernard Kouchner est ainsi prévenu, dès sa nomination en 1991.

En 1993, le cabinet de Philippe Douste-Blazy, qui débarque au ministère, est lui aussi parfaitement au courant. La preuve : parmi la liste des nombreux rapports de l'IGAS, le directeur de cabinet, Henri Paul, en demande un seul : justement le fameux non-rapport, censuré par le tribunal administratif de Paris. Est-ce son collègue conseiller technique chargé de la recherche, le Pr Alain Bernard, qui lui a demandé de se le procurer ? Celui-ci a en effet toutes les raisons d'être particulièrement intéressé par le précieux document. Il siège au conseil d'administration de l'ARC et son laboratoire, à l'hôpital de Nice, bénéficie des subsides de l'association.

La ministre des Affaires sociales, Simone Veil, doit aussi avoir quelques doutes puisqu'elle s'oppose à ce que Jacques Crozemarie bénéficie de la cravate de la Légion d'honneur. Et, lorsqu'elle nomme le Pr Thomas Turz directeur de l'Institut Gustave-Roussy, elle y met une condition : qu'il démissionne du conseil d'administration de l'ARC. La ministre va-t-elle parler ? Non. Quand l'un des auteurs de ces lignes appelle, en 1994, son cabinet pour avoir son sentiment sur les agissements de Crozemarie, dans le cadre d'une enquête du *Point,* il lui est répondu d'un ton affolé que Simone Veil n'a rien à déclarer sur ce sujet.

Mais, peu loquaces, les ministres prennent pourtant leurs distances. Depuis le rapport censuré de l'IGAS en 1991, aucun d'entre eux n'a reçu celui qui, à l'époque, continue d'être le pivot de la recherche sur le cancer en France. L'intéressé demande cependant audience avec insistance auprès du tout nouveau ministre.

Une précision encore : la Direction générale de la Santé, sous la houlette de son patron, le Pr Jean-François Girard, prend une courageuse décision à partir de 1991, quand elle a connaissance du « non-rapport » : elle n'envoie plus personne au conseil d'administration de l'ARC, où elle dispose d'un siège permanent. Cela s'appelle la politique de la chaise vide. Habile, non ?

En 1996, après la fin de Crozemarie, ironie de l'histoire, c'est Michel Lucas qui est appelé à la présidence de l'ARC, dans une atmosphère de débâcle. Lors du premier conseil d'administration qu'il préside — la DGS[1] est d'ailleurs de retour ! —, il dit aux chercheurs : « Vous n'avez quand même pas été très curieux pendant toutes ces années. Quand j'étais à l'IGAS, je m'attendais à recevoir des coups de téléphone. » Silence gêné dans les rangs, d'autant que ceux qui ont signé deux ans plus tôt « l'appel des 777 » sont nombreux dans l'assistance.

La responsabilité des chercheurs, à commencer par ceux qui, au conseil d'administration ou dans les pseudo-conseils scientifiques, apportaient leur caution à Crozemarie est en effet indéniable. Dessillés, ils ne trouvent qu'une seule réponse : le patron de l'ARC les tenait, il leur donnait de l'argent pour leurs recherches. Alors, évidemment...

Le plus médiatique d'entre eux, Léon Schwartzenberg, s'en explique dans les médias après la (re) découverte du scandale par la Cour des comptes. « Il y avait bien sûr des rumeurs, reconnaît-il dans *Libération*[2]. Mais comme chacun sait, Jacques Crozemarie décidait de tout, et seul. » Et pourquoi ce silence ? « Mais tout simplement parce que, chaque année, les recettes de l'ARC augmentaient. D'une certaine

1. Direction générale de la santé.
2. *Libération*, 8 janvier 1996.

façon, on a laissé faire. » Indiscutablement. Le réquisitoire du Pr Schwartzenberg est terrible... contre lui-même et ses collègues.

Par effet d'un paradoxe que l'on retrouve parfois dans le sérail parisien, le cancérologue se retrouvera, après la découverte du scandale, poursuivi devant les tribunaux. Pour sa « réserve » durant toutes ces années ? Non : pour diffamation.

L'histoire a commencé quelques mois auparavant. Ce jour-là, plusieurs membres du conseil d'administration de l'ARC qui se connaissent bien discutent du scandale. L'un d'entre eux, le professeur Maurice Tubiana, cancérologue de réputation internationale, raconte que Michel Charasse, quand il était ministre du Budget, a étouffé un contrôle fiscal de l'ARC. Les Prs Frydman, Monnier et Schwartzenberg, ainsi que le conseiller à la Cour de cassation Bernard Rocca, commentent, sarcastiques, une information que Michel Charasse a toujours contestée. Quelque temps plus tard, Léon Schwartzenberg en fait état dans une interview, ce qui est audacieux. Fureur du confident de Mitterrand qui agite les lois du silence. Pour sa défense, Léon Schwartzenberg demande à Tubiana de venir témoigner à son procès. Peur de Charasse, de Crozemarie, des deux ? Son cher collègue Tubiana se défile et lui lâche, avec un incroyable aplomb : « Je l'ai dit mais je ne me souviens pas de l'avoir dit. »

La justice va rendre une décision de bon sens mais pourtant rare : Charasse est débouté.

Jacques Crozemarie, ingénieur en électricité, menait donc à la baguette ministres, chercheurs et journalistes. Un jour, le cancérologue Georges Mathé se permet de contester une décision pendant un conseil d'administration. Réponse aimable du président de l'ARC : « Toi, ferme-la, avec tout l'argent que je te donne ! » Georges Mathé a retenu la leçon. Au procès de l'ARC, en juin 1999, il est venu témoigner en faveur de Jacques Crozemarie.

Le « non-rapport » de 1991 n'y change rien. Aucun cancérologue n'accepte de parler ouvertement de l'ARC et de ses curieuses pratiques à un journaliste. Sauf un.

Robert Flamant est directeur de l'Institut Gustave-Roussy (l'IGR), en ce début des années 80. Il n'a jamais accepté les diktats de Crozemarie. Il s'oppose à lui, dénonce ses pratiques dans la presse. Les représailles pleuvent contre lui. Le « président-fondateur » coupe les vivres à l'IGR, à l'exception de subventions destinées à quelques médecins « amis ».

Sa méthode, en vérité, est une sorte de concentré des ingrédients nécessaires pour obtenir le silence. D'abord, tenir sa clientèle immédiate, en l'espèce les chercheurs, par le nerf de la guerre : l'argent. Une denrée d'autant plus précieuse qu'elle est très rare dans le secteur de la recherche médicale. Ensuite, nourrir des réseaux divers, dont beaucoup dans le cas présent trouvent leurs sources dans la franc-maçonnerie.

Jacques Crozemarie cajole aussi depuis toujours la classe politique. Certes, il n'a jamais pu être démontré qu'il avait financé les carrières d'hommes proches de lui ou certains partis. La piste de factures douteuses d'intermédiaires n'a, il est vrai, jamais été approfondie. Mais, outre l'argent, le potentat de l'ARC dispose d'une bonne arme : la peur. Quiconque lui résiste risque d'être dénoncé par lui comme indifférent à la souffrance des malades ou, pis, comme allié objectif du cancer.

Il a tout de même réussi à avoir un homme politique parmi les piliers de son conseil d'administration en la personne du sénateur socialiste Claude Estier. À chaque nouveau contrôle de l'ARC, celui-ci inonde ministres et parlementaires de complaintes sur la « persécution administrative ». Et ça marche. Souvent. Trop souvent.

Le 17 décembre 1990, au lendemain de la suspension du contrôle de l'IGAS, Gilles de Robien, député UDF de la Somme, déclare à l'Assemblée nationale : « Il semble que des associations d'aide à la recherche médicale, reconnues d'utilité publique, notamment l'Association pour la recherche sur le cancer (ARC), soient l'objet de contrôles incessants, peu justifiés, et selon des procédures indéfinies. »

Le 18 juillet, Bernard Pons, député RPR de Paris, adresse cette gentille missive à Claude Évin, ministre des Affaires sociales : « Ces inspections répétées [celles de l'IGAS], qui mettent en cause les activités, le fonctionnement, les responsables scientifiques de l'ARC, ainsi que son président et qui risquent de déstabiliser cette association desservent en définitive l'action menée pour la lutte contre le cancer. »

Le 4 février 1991, c'est au tour des communistes de venir à l'aide du malheureux. Georges Hage, député PC du Nord, exprime « son émotion à M. le ministre des Affaires sociales et de la Solidarité au sujet des conditions du contrôle que l'IGAS a entendu exercer sur l'Association pour la recherche sur le cancer ».

Le 25 mars 1991, François d'Harcourt, député UDF du Calvados à l'Assemblée nationale, s'indigne : « L'association subit toujours des interventions qui nuisent à son honorabilité et à son bon fonctionnement. »

Avec la presse, la stratégie suit la même inspiration : il y a les amis, et les autres. Et, parmi les premiers, l'ami de toujours, membre du conseil d'administration de l'ARC en la personne de Jean Miot, à l'époque un des dirigeants du groupe Hersant, et donc très écouté au *Figaro.* La ligne éditoriale du quotidien se ressent un peu de cette proximité spirituelle. « Association pour la recherche sur le cancer : où passe votre argent ? » Cet article du 24 mars 1988, signé Jean Miot, est en fait destiné à rassurer : « Il convient tout d'abord de rappeler que les comptes de l'ARC font l'objet de contrôles approfondis. » Pour ceux auxquels cette garantie ne suffit pas, l'auteur ajoute : « Enfin, pour rassurer pleinement les donateurs, si besoin est [*sic*], il faut savoir que l'ARC [...] a vu ses statuts et son règlement intérieur approuvés par arrêté du ministère de l'Intérieur [...] : le but n'est certainement pas "lucratif. » Pourquoi une telle précision ?

Le 26 avril 1986, une interview de Jacques Crozemarie par Jean Miot — entre amis on se comprend mieux — rappelle le lecteur à son devoir : « Faites le geste d'adhérer à l'ARC. Ce geste, répété des millions de fois, nous donnera les moyens de progresser dans la lutte contre les cancers. »

Le 24 janvier 1991, en pleine bataille administrative sur l'enquête de l'IGAS, Jean Miot ne faiblit pas : il qualifie l'attitude gouvernementale d'« acharnement thérapeutique » (c'est le titre de l'article) : « Qui veut la mort de l'ARC ? Qui veut la mort de l'Institut Gustave-Roussy ? Qui veut la mort de la recherche contre le cancer ? » s'emporte-t-il.

Au bataillon des journalistes médicaux, moins influents que Miot mais qui peuvent un jour publier un article — sait-on jamais ? —, Jacques Crozemarie propose des escapades touristiques. En Chine, à Venise, à la Martinique, au gré d'un symposium organisé par l'ARC ou d'un prix « scientifique » remis par son président. Le résultat est intéressant. La trentaine de journalistes qui répondent présents n'écrivent pas forcément du bien de l'ARC. À dire vrai, ils n'écrivent rien du tout. Mais le silence, dans ce cas précis, semble déjà un résultat épatant pour le président-fondateur.

Les quelques récalcitrants, insensibles aux voyages, au chantage au cancer, devront encourir les foudres des tribunaux. C'est l'ultime ingrédient de la stratégie de représailles élaborée par Crozemarie. *Le Monde,* puis *Le Point* feront pour l'essentiel l'objet de ces foudres judiciaires. Ainsi le pseudo-chercheur attaque-t-il *Le Point* à quatre reprises entre novembre 1994 et juillet 1996. La dernière fois, il demande, en référé, depuis la prison de la Santé, où il est incarcéré, la publication en couverture — en couverture ! — d'un encart indiquant que l'hebdomadaire a porté atteinte à la présomption d'innocence à laquelle il a droit. La couverture présentait, il est vrai, un titre un peu « taquin » : « L'escroc à la charité : la vraie vie de Crozemarie. » Les pages intérieures justifiaient cette une par une série d'éléments accablants. L'astuce du plaignant consiste justement à attaquer sur la présomption d'innocence où, contrairement à la diffamation, le journaliste n'a légalement pas le droit d'apporter au tribunal la preuve de ce qu'il écrit. Le président Jean-Jacques Gomez le déboute, au motif que, n'attaquant que la couverture, et non l'article, « M. Jacques Crozemarie donne l'impression de refuser le débat sur le terrain où il devrait se situer ».

Les juges — notamment au tribunal de Paris — ne se sont pas toujours montrés aussi tolérants envers les journalistes qui mettaient en cause l'ancien président de l'ARC. En décembre 1994, celui-ci obtenait de passer, dans les pages du *Point*[1], un long « droit de réponse ». « En définitive, écrivait-il au terme d'une longue récrimination, l'ensemble des informations erronées réunies par votre collaborateur, à partir d'un contrôle administratif annulé, d'un pré-rapport — non contradictoire — de faits inexacts, aboutit à un dénigrement de l'action de l'ARC, à l'encontre duquel je me dois d'élever une vive protestation. » Depuis, Jacques Crozemarie ne cesse de protester !

Alors que ce dernier était mis en examen puis incarcéré, une promotion (méritée ?) s'est produite : Jean Miot a été de 1996 à 1999 P-DG de l'une des grandes agences mondiales d'information : l'Agence France-Presse (AFP).

Malgré les efforts désespérés des étouffeurs, l'incroyable se produit donc de temps en temps : l'omertà recule. Mais les deux scandales du sang contaminé et de l'ARC ont-ils au moins permis aux hommes et au système de se réformer ? Ont-ils convaincu les rouages

1. *Le Point,* 17 décembre 1994.

du système de la nécessité d'une plus grande transparence ? Cela peut sembler invraisemblable et navrant, mais la réponse est non.

Les responsables d'aujourd'hui entreprennent tout pour ne pas devenir des coupables. Rien de plus. La capacité à « retenir » des rapports gênants, à éviter les sujets traumatisants pour le public, à enterrer des conclusions alarmistes n'a pas fléchi. L'amiante, la qualité de l'eau, la radioactivité dans une école : sur tous ces sujets, le pouvoir, des grands ministres aux petits serviteurs de l'État, répugne toujours autant à « communiquer ».

Les OGM, ces organismes génétiquement modifiés qui font peur ? En vitrine, on organise des réunions publiques, des conférences de consensus, des jurys populaires pour débattre avec les experts en toute liberté. Puis un jour on apprend[1] que la plupart des départements français autorisent en cachette la culture de plantes transgéniques. Deux associations écologistes, Les Amis de la Terre et France Nature Environnement, ont voulu dresser une carte de France des lieux de plantations. Seuls 20 départements ont reconnu en abriter. Dans 43 départements sur 96, soit près de la moitié, les autorités ont tout simplement refusé de communiquer ces données.

Martine Aubry, début 1999, a pris place dans la carriole bondée. Au milieu de la loi sur la CMU (Couverture maladie universelle), ses ser-

1. *Le Monde*, 4 mars 1999.

vices ont glissé un article, le numéro 37, qui n'a rien à voir avec l'assurance-maladie pour les plus démunis. Ce petit texte n'est rien d'autre qu'un dispositif anti-transparence mûrement réfléchi par le ministère. Son but : éviter au public de savoir combien coûte l'hôpital, quels sont les services performants et les établissements qui soignent mal. L'article 37 fixe les conditions dans lesquelles les citoyens pourront avoir accès aux données anonymisées du PMSI (programme médicalisé des systèmes d'information) : « sur décision des ministres chargés de la Sécurité sociale et de la Santé ». Martine Aubry s'arroge donc, pour elle-même et ceux qui lui succéderont, le droit de trier les demandeurs d'information.

Une sélection qui fait fi de l'égalité des citoyens devant une information à caractère public et qui rappelle, sur un autre registre, une étrange disposition prise par Roland Dumas lors de sa nomination à la présidence de l'Institut François-Mitterrand, dépositaire des archives personnelles de l'ancien chef de l'État : l'accès à ces documents, avait déclaré le président du Conseil constitutionnel, ne sera autorisé qu'aux « chercheurs, universitaires ou journalistes qui feront une recherche précise ».

Cette technique de l'article surprise a une autre caractéristique : elle est illégale. Appelée « cavalier législatif », elle est régulièrement censurée par le Conseil constitutionnel.

Mais il faut croire que la vérité sur les hôpitaux est si terrible que la ministre préfère encourir les foudres du Conseil plutôt que d'assumer la transparence. Pour justifier ce refus de vérité, les services du ministère ont inventé une gentille fable : les données concernées seraient « indirectement nominatives » dans 50 % des cas. En clair, un esprit malveillant pourrait retrouver derrière les codes un patient, la pathologie dont il souffre et le traitement dont il a bénéficié. C'est fâcheux : ces informations sont justement regroupées sous le sigle « RSA », qui signifie « résumés de sortie *anonymisés* ». En quinze ans d'existence du PMSI, les informaticiens du ministère de la Santé n'auraient même pas réussi à rendre leurs statistiques anonymes ? L'argument fait hurler de rire hauts fonctionnaires et médecins qui ont participé à la mise en œuvre du PMSI.

Car la réalité est plus prosaïque. Ministres, hauts fonctionnaires de la Santé et des Affaires sociales, personne n'a vraiment intérêt à la transparence. Les premiers redoutent qu'elle ne les oblige à prendre des décisions de restructuration impopulaires en fermant, par exemple, les établissements à risque. Les seconds détestent viscéralement que l'on mette le nez dans leurs petits tas de secrets.

Or, depuis 1997, trois journalistes se sont battus pour obtenir ces données. Elles leur ont servi à établir, pour le magazine *Sciences et Avenir,* une liste noire et un palmarès des hôpitaux repris dans un guide très documenté[1]. La direction des hôpitaux refusant de leur communiquer les résultats du PMSI, ils ont saisi la CADA (Commission d'accès aux documents administratifs) qui leur a donné raison. Cet avis favorable a provoqué un grand affolement administratif qui donne une idée du degré d'ouverture du système.

La directrice des hôpitaux, Claire Bazy-Malaurie, sollicite le 13 août 1997 des instructions des directeurs de cabinet de Martine Aubry et de Bernard Kouchner, respectivement Dominique Marcel et Martin Hirsch : la demande de *Sciences et Avenir* provoque une vive agitation au ministère des Affaires sociales et de la Santé. Le caractère « public » des données contenues dans le PMSI ne semble pas enthousiasmer Mme Bazy-Malaurie. En haut fonctionnaire responsable, elle a commencé par ignorer l'avis favorable : « Compte tenu du caractère très récent de la notification de l'avis de la CADA, je n'ai pas, à ce jour, fait droit à cette demande d'accès aux bases, mais suis d'avis qu'il nous appartient d'assurer la diffusion de ces informations, avant que la presse ne fasse état de nos réticences à les lui fournir. »

Ce qui est formidable, avec la noblesse d'État, c'est qu'elle n'imagine pas que ses écrits internes puissent tomber un jour entre les

1. Philippe Houdart, François Malye, Jérôme Vincent, *Le Guide des hôpitaux,* Le Pré-aux-Clercs, 1998.

mains de la plèbe. Elle y parle donc clair. Et ne fait pas mystère, ici, de la tentation de passer outre l'avis d'une commission dépendant du premier ministre, pour défendre l'opacité en vigueur.

Martin Hirsch, alors directeur de cabinet de Bernard Kouchner, va cependant donner son feu vert à cette diffusion. Mais, quelques jours après la parution de la première enquête sur les hôpitaux dans *Sciences et Avenir*, la machine à enterrer se remet à fonctionner. Le ministère saisit la CNIL (Commission nationale de l'informatique et des libertés) pour demander un avis à cette excellente institution sur la garantie d'anonymat des données transmises. Ses arguments : une étude réalisée par la direction des hôpitaux, et qui n'est évidemment pas communicable !

Devant la polémique naissante, en mars 1999 — même les journalistes de la presse sociale et médicale, pas spécialement vindicatifs, se sont indignés —, le cabinet de Martine Aubry produit un communiqué au ressort comique involontaire, qui évoque toutes les dix lignes la « volonté indéfectible du gouvernement d'assurer la plus entière transparence sur le système hospitalier ». L'enterrement des dossiers est un art difficile.

## CHAPITRE 9

## DES AFFAIRES BIEN ENTERRÉES ?

L'artisan s'affaire. Deux serrures à forcer, et puis une à poser : cela fait beaucoup pour un dimanche après-midi. Bon, d'accord, le monsieur était calme, poli, et bien habillé.

Le serrurier, donc, joue de la perceuse, visse, ajuste. Il n'est pas habitué à travailler devant un tel public. Sur le trottoir, là, de l'autre côté de la porte, il y a des curieux, et aussi des policiers. Mais le monsieur l'a dit, tout à l'heure, ce n'est pas dangereux.

Le serrurier a presque terminé son travail. Le monsieur avait l'air d'y tenir. Maintenant, il est au troisième, en train de fouiller dans les papiers. Il ne voulait pas qu'on vienne le déranger. D'où la nouvelle serrure.

Le monsieur, au troisième, est juge d'instruction au Mans. Encore inconnu, mais pour quelques heures seulement. Nous sommes à Paris, au 5 bis de la rue de Rochechouart, ce dimanche 7 avril 1991. Thierry Jean-Pierre va déclencher l'un des plus grands scandales des trente dernières années. Comment ? En décidant de perquisitionner les locaux d'Urbatechnic, la désormais célèbre pompe à finances du PS. Urba, c'est un sujet dont on ne parle pas, et avec lequel on ne plaisante pas. Le juge devrait le savoir. Il le sait, d'ailleurs.

Mais il est décidé à aller jusqu'au bout. Comme dans l'affaire du sang et celle de l'ARC, des circonstances extraordinaires l'ont aidé à se saisir de ce dossier. Il veut maintenant aider un peu les circonstances.

Le parquet, sa hiérarchie, tous auraient dû se méfier. Et consulter plus attentivement son dossier personnel. À l'issue de son premier poste comme juge d'instance, il était déjà repéré. La première appréciation portée sur lui par sa hiérarchie en dit long sur le profil idéal d'un bon juge au pays de l'omertà : « Ce magistrat, qui a un esprit d'indépendance très développé, n'accepte pas les observations [...]. Il ne paraît pas opportun qu'il soit chargé des fonctions de juge d'instruction. »

Mais voilà, il est juge d'instruction. Erreur de la machine bureaucratique. Et, depuis le 15 janvier 1990, Thierry Jean-Pierre est un juge d'instruction énervé. Ce jour-là, a été promulguée la « loi n° 90-95 relative à la limitation des dépenses électorales et à la clarification du financement des activités politiques ». Autrement dit, la loi d'amnistie pour les élus qui ont bénéficié de financements illégaux. En signe de protestation, plusieurs magistrats ont relâché des petits délinquants. Thierry Jean-Pierre était de ceux-là.

« Cette auto-amnistie votée par les parlementaires a été pour moi un véritable choc, explique aujourd'hui ce juge à l'itinéraire curieux, puisqu'il a été élu depuis député européen et qu'il est devenu trésorier de Démocratie libérale, l'ex-Parti républicain. C'est ce qui m'a incité à mener un combat non pas politique mais idéologique en faveur de l'indépendance de la justice. »

Ce qui l'a conduit jusqu'à la rue de Rochechouart, ce dimanche-là, ce sont initialement deux terribles accidents du travail : deux morts sur un chantier du Mans. Puis une information qui lui parvient : si les règles de sécurité n'ont pas été mises en œuvre sur ce chantier, c'est que l'on rogne sur le budget, pour compenser les pots-de-vin que l'entreprise doit verser afin d'obtenir des marchés.

L'instruction évolue donc rapidement. Et, nouvelle circonstance favorable, le juge obtient des substituts du procureur auxquels il s'adresse l'autorisation d'ouvrir une nouvelle instruction, pour « extorsion de fonds ». C'est inespéré.

Thierry Jean-Pierre n'a à sa disposition qu'un enquêteur à mi-temps. Pourtant, il remonte rapidement jusqu'à l'antenne d'Urba située à Orléans. Ce dimanche 7 avril, le responsable de cette discrète succursale dort en prison depuis deux nuits. Une pénible nouvelle qui n'a pu manquer de remonter jusqu'aux sommets du PS. Gérard Monate, le patron d'Urba, s'agite pour réclamer qu'on ne le « lâche » pas. L'instruction menée par le juge est désormais une affaire « signalée ». « Signalée », c'est un terme neutre pour signifier, entre initiés, début d'alerte rouge. Autrement dit, le ministère de la Justice — la Chancellerie, comme on dit — a été prévenu, et tous les acteurs de la pièce judiciaire — juge d'instruction, policiers, avocats éventuels des parties civiles — doivent en tenir compte.

Ce système du signalement repose sur le postulat que chacun respecte cette curieuse règle du jeu. Sinon...

Anticipant la réaction de l'adversaire, Thierry Jean-Pierre s'attend à être à tout instant dessaisi. Alors, il prend ses précautions, et mijote longuement sa perquisition parisienne. D'abord, il demande aux gendarmes avec lesquels il a l'habitude de travailler de l'assister dans son voyage vers la capitale, mais sans en avertir leur hiérarchie, qui ferait aussitôt remonter l'information jusqu'au ministère de la Défense, donc jusqu'au gouvernement. Refus de ses interlocuteurs qui, ennuyés, lui rappellent qu'un tel comportement leur vaudrait d'être barrés définitivement dans leur carrière.

Là, un petit miracle se produit : la police du Mans est en pleine réorganisation. Le directeur des polices urbaines comme le chef de la sûreté, récemment mutés, n'ont pas encore été remplacés. Les policiers n'ont pas de hiérarchie à avertir. Ils assisteront donc le juge.

Enfin, dernière astuce, la perquisition, prévue pour le lundi, est avancée au dimanche. Le juge redoute que les responsables d'Urba profitent du week-end pour détruire des archives. Et que le procureur du Mans, Henri Bertrou, trouve une parade pour le stopper. « Le dimanche matin, se souvient-il, j'ai fait mon ordonnance de transport au moment où je montais en voiture pour Paris. Sinon, le procureur ne m'aurait pas laissé partir. »

La suite de la journée oscille entre pochade et scandale. Les étouffeurs paniquent. Au bluff, on essaie de faire croire au juge qu'il est dessaisi lors d'une halte qu'il fait au commissariat de Noisy-le-Sec, près du domicile du patron d'Urba, Gérard Monate. Le juge Jean-Pierre considère que son dessaisissement n'a pas eu matériellement le temps d'être prononcé. Il exige un papier. Il ne l'obtient pas. Il continue. Mais seul. Car les policiers ont reçu entretemps ordre de la haute hiérarchie de ne plus l'assister.

Le juge arrive donc rue de Rochechouart. Il a déjà repéré les lieux. Mais il est vigilant sur la procédure : « Je dresse un PV de carence et je me fais assister de deux témoins : l'avocat

Denis Langlois, que je convaincs au téléphone, et quelqu'un qui passait par là. Restait le problème des serrures. » Thierry Jean-Pierre appelle quinze artisans sans succès. Bien innocemment, le seizième, qui accepte sans excès d'enthousiasme, ouvre une page nouvelle de la vie politique française.

Tandis que le serrurier perce, que le juge fouille, le tribunal du Mans s'agite. Le procureur est revenu précipitamment de week-end, a contacté la Chancellerie. Tout seul, il ne peut rien dans l'immédiat. Il y a quand même quelques règles formelles à respecter, même pour neutraliser un magistrat. Un membre du Parquet ne peut dessaisir un juge dans de telles conditions. À peine monté dans la carriole des étouffeurs, le procureur Henri Bertrou appelle à son secours la présidente du tribunal, Marie-Hélène Tric, qui fait le voyage d'Angers, où elle réside, jusqu'au Mans. Celle-ci rédige une ordonnance de dessaisissement sur la base de l'article 84, utilisé habituellement pour remplacer un magistrat muté ou en congé maternité. Des cas de figure assez éloignés de ceux du juge Jean-Pierre.

Le temps est compté : dès que son dessaisissement lui aura été notifié, celui-ci, assisté de sa seule greffière, devra stopper sa perquisition. « Quand je suis arrivé, les flics bouclaient le siège d'Urba. L'un d'entre eux m'a dit : "Si vous continuez, on vous met en garde-à-vue." » En France, un policier peut donc menacer d'arrestation un juge qui fait son métier. Une fois parvenu dans les bureaux d'Urba, il remarque six sacs-poubelle fraîchement remplis de fines lamelles de papier : la broyeuse a fonctionné sans relâche.

Le dénouement de cette journée est navrant. Pour la machine judiciaire et ceux qui la commandent. Une magistrate du Parquet de Paris est dépêchée pour signifier son dessaisissement au juge. Quand celui-ci sort de son camp retranché, emportant cinq cartons de scellés, il découvre l'avocat d'Urba, Yves Baudelot, accompagné de sa secrétaire. « Tout le monde était comme fou. Baudelot a exigé une fouille à corps, sa secrétaire inspectait mon sac de voyage, raconte Thierry Jean-Pierre. Il avait été prévenu indirectement par Jean-Pierre Dintilhac, le directeur de cabinet du garde des Sceaux, qui orchestrait la manœuvre. »

Le garde des Sceaux est alors Henri Nallet. Ex-trésorier de la campagne de François Mitterrand en 1988, il a toutes les raisons de connaître l'existence et l'activité d'Urba. Il traite le juge Jean-Pierre de « héros d'une équipée sauvage ». Son adjoint, l'inévitable Georges Kiejman, évoque quant à lui un « cambriolage judiciaire ». Gérard Monate le qualifie de « pervers » et de « juge vichyssois ».

Mais, surprise : la chambre d'accusation de la cour d'appel d'Angers valide la procédure du « pervers ». Les indignés professionnels doivent en rabattre. Ils ont certes neutralisé un juge encombrant, mais à quel prix !

Il faudra attendre des années pour qu'Henri Nallet tienne sur l'affaire un langage de vérité. C'est bien tard. Me Kiejman, lui, en est resté au « cambriolage ». L'ancien trésorier de la campagne de Mitterrand en 1988 déclare en janvier 1998 : « La loi doit interdire de protéger en quoi que ce soit tel ou tel de ses amis politiques[1]. » Nallet parle en spécialiste. « En 1990, lui demande Anne Chemin, du *Monde*, vous avez écrit au procureur de Marseille pour lui demander de classer l'affaire Urba. Le gouvernement avait-il le sentiment d'être dans son droit ? — Même à cette époque, répond l'ancien garde des Sceaux, donner un ordre de classement à un procureur dans une affaire de financement d'un parti politique n'allait pas de soi, mais cela paraissait possible. De nombreux juristes, y compris à la Chancellerie, soutenaient que l'exécutif avait le droit, pour protéger l'État, de donner un tel ordre à un procureur. »

L'affaire Urba, classée à Marseille sur ordre de la Chancellerie, a finalement resurgi l'année suivante au Mans. Preuve que la loi du silence est inopérante ? Il est permis d'en douter. Que de hasards pour que l'affaire ne soit pas enterrée ! La personnalité du juge, son audace et son obstination. La bonne volonté initiale du parquet du Mans, qui l'autorise (à l'insu du pro-

1. *Le Monde,* 16 janvier 1998.

cureur) à s'intéresser aux pots-de-vin. La désorganisation de la police locale, qui évite que le ministère de l'Intérieur ne soit alerté ; la bêtise des apparatchiks socialistes qui laissent le terrain libre au juge sans avoir même pris la précaution de soustraire les archives à sa curiosité. La manifestation d'indépendance, enfin, des magistrats de la cour d'appel d'Angers, qui ont permis que l'instruction se poursuive.

La réponse qu'Henri Nallet donne au *Monde* (« même à cette époque ») suggère aussi que cette pantalonnade ne serait plus possible aujourd'hui. Ce postulat correspond à une croyance de plus en plus répandue, dans la nomenklatura, bien sûr, mais aussi dans l'opinion publique : les errements du passé sont révolus, au point que les juges en font parfois trop, que leur corporation, en inquiétant ou emprisonnant ministres, élus, chefs d'entreprise, influe exagérément sur la société.

Fin 1996, au moment où sept magistrats européens lançaient depuis Genève, à l'initiative du journaliste Denis Robert, un appel contre la corruption[1], le juge Jean-Pierre assure, dans une interview à Karl Zéro, sur Canal Plus, que tous les dossiers instruits par son confrère Van Ruymbeke sur des affaires d'enrichissement personnel ont été enterrés. « Selon lui, rapporte Françoise Giroud dans *Le Nouvel*

1. Denis Robert et sept magistrats européens, *La Justice ou le Chaos*, Stock, 1996.

*Observateur*[1], 800 personnes, la privilegiatura, tiennent tout et interdisent que la France soit un État de droit. » Aujourd'hui, il se montre plus mesuré, estimant que la pression de l'opinion publique contribue à faire sortir les affaires.

Si l'ancien magistrat se félicite de cette évolution, d'autres la déplorent. Y compris des journalistes. En 1997, Éric Zemmour, qui appartient au service politique du *Figaro*, publiait un livre intitulé : *Le Coup d'État des juges*[2]. Un titre qui en dit long sur la difficulté de certains journalistes à voir mise en cause la classe politique.

La thèse a sûrement enchanté Michel Charasse. L'insubmersible sénateur du Puy-de-Dôme n'aime pas, lui non plus, les magistrats et ne s'en cache pas. Mais le mardi 23 juin 1998, lors de l'examen en séance de nuit de la réforme de la justice élaborée par Élisabeth Guigou, il « pète les plombs » (pour utiliser son langage imagé) : « Chez eux [les magistrats], on dirait qu'il y a soixante millions de pourris. C'est à croire que chez eux, il n'y a ni alcooliques, ni gens qui ne paient pas leur pension alimentaire, ni voleurs. » Selon l'ancien ministre, la corporation judiciaire se mettrait à l'abri de la loi : « C'est gratuité ou tarif réduit pour les gens de la maison car, contrairement à tous, les magistrats jugent tout

1. *Le Nouvel Observateur,* 17 octobre 1996.
2. *Le Coup d'État des juges,* Grasset, 1997.

le monde mais se jugent entre eux. Comme les mafieux. » Pourquoi le sénateur Charasse est-il à ce point effrayé par les juges ?

Parce qu'ils se sont attaqués, depuis quelques années, à des personnalités politiques en vue ? Parce que son ami Bernard Tapie est allé en prison, comme son collègue de droite Carignon ? Faut-il voir dans cette double incarcération d'anciens ministres le signe d'une brèche dans le système, l'annonce que les enterrements judiciaires ne sont plus ce qu'ils étaient ?

Voire. Pour aboutir à ces deux condamnations il a fallu, là aussi, beaucoup de hasards. Tapie, quand il « tombe » dans l'affaire OM-VA n'a pas de chance : un joueur de l'équipe de Valenciennes, Jacques Glassman, contre toutes les traditions, refuse la corruption proposée par l'OM et la dénonce : le procureur chargé de l'affaire, Éric de Montgolfier, est connu dans tout le milieu judiciaire comme un « cas ». « Quand il était en poste à Chambéry, il sortait du palais de justice pour mettre lui-même des PV aux automobilistes mal garés ! » raconte un de ses confrères. Le tribunal de Chambéry était déjà une terre d'exil pour ce rebelle qui avait affolé la Chancellerie quand il était à la Direction des affaires criminelles. Alors l'administration de la justice, prudente, avait envoyé cet élément « incontrôlable » comme procureur à Valenciennes. Valenciennes ! Qui aurait pu imaginer qu'un jour une affaire d'ampleur nationale atterrirait dans ce lointain exil ? « De surcroît, raconte un expert qui connaît de l'intérieur l'univers du football, Tapie a été lâché par les puissantes instances du foot. Il leur fallait quelqu'un pour payer la note... »

Alain Carignon aurait quant à lui continué de goûter des jours tranquilles loin de la prison sans, entre autres, l'acharnement d'un élu écologiste, Raymond Avrillier, qui s'est répandu sans succès pendant des années avant que l'opposition locale, la presse et même la justice l'entendent. Sa plainte fut, de plus, instruite par le juge lyonnais Philippe Courroye, un coriace. Pas de chance pour le maire de Grenoble !

D'ailleurs, au sein même de la magistrature, l'idée selon laquelle les affaires seraient moins enterrées qu'hier ne fait pas l'unanimité, loin s'en faut.

Il est ainsi un dossier brûlant qui a dormi pendant des années avant d'attirer de nouveau l'attention. En 1996, alors que l'affaire Dutroux traumatise la Belgique, le thème de la pédophilie commence à préoccuper les hautes sphères.

Le pouvoir veut être informé dès l'apparition de la moindre rumeur. Un « blanc », c'est-à-dire une note sur papier libre, non signée, et qu'on pourra toujours désavouer en cas de scandale, fait à l'époque l'objet d'une diffusion très restreinte. Il est vrai qu'elle s'intitule sobrement : « Prochaine relance médiatique d'une affaire de pédophilie ». Si le ministre de l'Intérieur s'y intéresse, c'est qu'on craint la mise en cause d'un homme politique de gauche et de sa femme. Ces inquiétudes seront vaines, au demeurant, car aucune « relance médiatique » ne verra jamais le jour.

De quoi s'agit-il ? Huit ans plus tôt, en 1988, un adolescent de quinze ans, pensionnaire d'un institut de danse de la Côte d'Azur, se suicide. « Il a été établi par l'enquête, écrivent les policiers, que l'un des professeurs de danse, un nommé J.D.R..., mettait des adolescents, élèves de l'institut, à la disposition d'adultes pédophiles. Et c'est parce qu'il refusait de céder aux avances de J.D.R... que l'enfant se serait suicidé. » À l'époque, ce professeur a été relaxé, en première instance puis en appel.

Une décision que le ministère de l'Intérieur jugera surprenante puisque, huit ans plus tard, il encourage une relance de l'enquête. Que constatent ceux qui travaillent sur ce dossier sensible ? « Des sources proches de l'enquête livrent des informations qui, si elles étaient vérifiées, révéleraient des dysfonctionnements accablants de la justice grassoise. »

Des dysfonctionnements ? D'après les policiers, le juge d'instruction lui-même aurait suggéré au professeur de danse de choisir pour le défendre un avocat du cabinet de l'ex-garde des

Sceaux, Robert Badinter, et le gendarme chargé de l'enquête aurait évoqué l'implication de personnalités du monde politique et culturel.

Mais ce qui inquiète le pouvoir, c'est que ce gendarme s'appuie sur ce qui pourrait se révéler être des preuves : des écoutes téléphoniques. À ce stade du récit, il est nécessaire de rappeler au lecteur que nous ne sommes ni dans le Chili de Pinochet, ni dans la Pologne de Jaruzelski mais au pays des droits de l'homme. Et en France, que se passe-t-il ? « Les écoutes, poursuit la note, n'ont pas été versées à la procédure. » Étrange. Mais alors, que sont-elles devenues ? « Il se dit que les cassettes d'enregistrement devraient en principe être enregistrées au greffe. » Le greffe du tribunal, c'est le sanctuaire où l'on enregistre, répertorie les pièces à conviction. Et alors ? « Toutefois, il paraît plausible que les instigateurs de "l'enterrement" de l'affaire auront pris soin de faire disparaître toute "mémoire" susceptible de les compromettre... » Une analyse qui ne vient pas d'un quelconque journaliste paranoïaque mais de la police du pouvoir. Inquiétant ? Non : extravagant.

« Lorsqu'on nous raconte que l'enterrement des affaires, c'est fini, que ce n'est plus possible aujourd'hui à cause de la pression de l'opinion publique, de la curiosité des journalistes d'investigation, de la fin des instructions écrites de ne pas poursuivre, c'est vrai, bien sûr, mais partiellement, très partiellement, raconte un haut magistrat qui a accepté de nous guider dans les arcanes judiciaires. Je me souviens que lorsque Jacques Toubon était garde des Sceaux, ces instructions de ne pas poursuivre n'existaient théoriquement plus puisqu'elles avaient été supprimées par son prédécesseur Pierre Méhaignerie. Eh bien, elles étaient remplacées par des instructions téléphoniques extrêmement précises contre lesquelles tous les procureurs, carrière oblige, n'ont pas su résister. En vérité, la panoplie à la disposition du pouvoir est toujours aussi fournie. Simplement, les instruments sont plus sophistiqués qu'auparavant. »

Inventaire des instruments, donc. Il est long, très long : quelle affaire, en France, est allée à son terme sans qu'elle fasse l'objet d'au moins une tentative d'étouffement ?

« Le moyen le plus classique, le plus usité, poursuit ce magistrat, c'est de "s'en remettre à la sagesse du parquet" en comptant sur sa discrétion et sa docilité implicite. On attend de lui qu'il classe sans suite ou, si cela semble trop gros, qu'il ouvre une enquête préliminaire, conduite et contrôlée par lui. Dans ce dernier cas, il est conseillé de la faire traîner en longueur en attendant des jours meilleurs. Puis, longtemps après, il est planifié de classer sans suite en espérant que cette opération de clôture passe inaperçue. »

Dans l'échelle de difficulté, le plus simple est encore de ne rien faire. Ce fut longtemps le cas à Marseille, où l'inspecteur Gaudino traquait les fausses factures tandis que le parquet s'asseyait placidement sur ses rapports. Ce fut le cas, en vérité, dans presque tous les tribunaux de France. « Je me souviens, raconte le juge Jean-Pierre, d'une perquisition à Montluçon, dans un bureau d'études lié au Parti communiste, cette fois. Nous avons saisi trois mille fausses factures en une journée. Je n'avais jamais vu ça. Nous avons tout transmis au procureur de Montluçon, puisqu'il s'agissait de son ressort. Il a enfermé les documents dans un placard pendant trois ans. » Dénouement : on ne les a jamais revus à ce jour.

Mais il y a aussi des hommes courageux. Des magistrats qui ne craignent pas d'enterrer des affaires médiatisées ! C'est ainsi que Gabriel Bestard, procureur de la République de Paris, nommé par Jacques Toubon et remercié par Élisabeth Guigou, est réputé pour ses capacités. Sa spécialité[1] ? Enchaîner les classements sans suite en cadence.

À peine nommé procureur de Paris, il neutralise, le 22 novembre 1995, l'affaire de la maison louée à un prix d'ami par Chirac rue du Bac.

Puis, très vite, ce sont des histoires de femmes de ménage, d'achats de produits

1. Voir son portrait par Denis Demonpion, *Le Point*, 29 juin 1996.

d'entretien et de linge de maison qui viennent empoisonner la vie quotidienne du procureur.

C'est en effet triste pour lui mais c'est ainsi, le monde est laid : Camille Cabana et Robert Pandraud, respectivement ex-secrétaire général de la Ville de Paris et ancien directeur de cabinet de Chirac à la mairie, ont utilisé pour leurs besoins personnels des employés municipaux, comme d'habitude payés par le contribuable parisien.

Tout cela est bien contrariant. Car, sur des faits similaires, l'ancien maire de Levallois, le souriant Patrick Balkany, a été condamné à quinze mois de prison avec sursis et deux ans d'inéligibilité pour « prise illégale d'intérêt ». Mais Gabriel Bestard estime que les deux affaires n'ont rien à voir, et méritent donc des traitements différents : en tant que maire, Patrick Balkany a lui-même embauché les employés qu'il a ensuite annexés. Les sieurs Cabana et Pandraud, eux, n'étaient pas maires. Nuance. Affaire classée donc.

Juste un court moment de répit, et la Mairie de Paris se rappelle au bon souvenir de M. Bestard. Cette fois en la personne du nouveau maire, l'excellent Tiberi. Sa bonté paternelle l'a perdu. Il a attribué à son fils Dominique un appartement de la Ville alors qu'il était président de l'Office des HLM. Certains contribuables parisiens, vicieux, y voient une « prise illégale d'intérêt ».

Le procureur de la République de Paris ne partage pas du tout cette analyse. Classement. Mais le sort s'acharne sur le procureur. Deux mois plus tard, en juin 1996, le juge Halphen, qui instruit à Créteil l'affaire des HLM de la Ville de Paris, transmet à Gabriel Bestard le même dossier « Tiberi et fils », qui lui est arrivé par une autre voie. Ce magistrat de bon sens va-t-il trahir sa réputation naissante ? Le classement sans suite semble en effet bien plus difficile que la première fois. D'une part, ce n'est pas une association de contribuables, mais un juge d'instruction qui lui soumet ce dossier. D'autre part, le juge Halphen lui a adressé de nouvelles pièces, qui laissent penser que des travaux dispendieux ont été réalisés dans l'appartement attribué à Dominique, fils de Jean. Le samedi 29 juin 1996, pourtant, Gabriel Bestard montre son attachement aux traditions : il classe sans suite, pour la seconde fois en deux mois, cette exaspérante affaire Tiberi.

Son prédécesseur avait, lui, inventé un nouveau concept judiciaire : celui du « classement sous conditions ». Bruno Cotte avait été confronté à une situation qui requérait assurément doigté et subtilité.

Nous sommes en 1995. L'homme qui ignorait tout des mœurs de l'office des HLM de sa ville, vient d'être élu président de la République. Son premier ministre, Alain Juppé, occupe — lui aussi — un appartement de la Ville de Paris, et pas exactement un F3. Il paie un loyer qui comblerait de bonheur n'importe quel locataire parisien et a, en outre, réduit le loyer du logement (Ville de Paris, bien sûr) attribué à son fils alors qu'il était maire adjoint chargé des finances. Pas besoin d'être Bruno Cotte pour soupeser le problème : classer sans suite, c'est se ridiculiser ; ouvrir une information, c'est contraindre un premier ministre à la démission pour cause de mise en examen. Cruel. Créatif, Bruno Cotte choisit de classer le dossier, mais à condition que les Juppé déménagent. La République est sauvée !

Sa trouvaille fait rapidement école dans toute la France.

Jean-François Mancel, en juillet 1997, crée lui aussi quelques tourments à la justice de son pays. L'homme est président du conseil général de l'Oise. À ce titre il a un peu abusé des notes de frais. C'est la chambre régionale des comptes qui l'a démasqué. Avec l'aval de la Chancellerie, le procureur Odile Valette a ouvert une enquête préliminaire. Courageux ? Pas sûr. L'entourage du garde des Sceaux, Jacques Toubon, a su jouer du téléphone pour suggérer d'arrêter de persécuter un de ses amis, par ailleurs secrétaire général du RPR. Odile Valette classe l'affaire, mais là aussi sous condition : Mancel et ses amis devront rembourser les Pampers, yaourts et autres côtes de bœuf qui ont pourvu à l'entretien de leurs familles. C'est beau, le pardon.

Mais on peut s'interroger. Qu'adviendrait-il de la justice si tous les délinquants étaient tenus pour quittes à la seule condition qu'ils rendent l'argent ?

Cette question, René Pech, procureur à Colmar, ne se l'est manifestement pas posée. Comme le révélait Gilles Gaetner dans les colonnes de *L'Express*[1], dans un courrier adressé à l'ensemble des conseillers généraux du Haut-Rhin, ce magistrat annonçait aux intéressés qu'il renonçait à les poursuivre pour abus de confiance, violation du Code des marchés publics, favoritisme. Les infractions n'étaient pas avérées ? Si, au contraire, le procureur les détaille d'ailleurs consciencieusement dans son courrier. Alors ? Le procureur Pech explique son geste de clémence par « un extrême souci d'apaisement pour que le ministère public ne puisse être taxé de participer à une injuste campagne de dénigrement envers les élus ». On ne peut, en effet, lui reprocher de les traiter trop durement. Le magistrat réclame-t-il au moins une contrepartie, un effacement des délits, un remboursement ? Non. Soucieux de ne pas participer au « dénigrement » ambiant, il se contente d'exiger que « de telles pratiques ne se renouvellent pas ». On laisse à chacun le soin d'imaginer les conséquences d'une généralisation de cet « esprit d'apaisement » sur les vocations de futurs délinquants.

1. *L'Express,* 19 février 1998.

La « panoplie de l'étouffeur judiciaire » fournit en effet un instrument de rêve pour qui ne veut ou ne peut, en parquetier obéissant, s'en tenir au simple classement d'un dossier embarrassant : l'enquête préliminaire. « Celle-ci présente, explique un magistrat, un avantage majeur : c'est le parquet — c'est-à-dire le pouvoir bien souvent — qui la diligente. Il peut donc l'orienter, la freiner, la recadrer sans devoir composer avec un quelconque contre-pouvoir. »

Exemples ? Ils foisonnent. Le plus burlesque, le plus médiatique, c'est bien sûr « l'affaire Xavière ». Résumé : le parquet d'Évry a reçu un rapport sur la francophonie saisi par le juge Halphen lors d'une perquisition au domicile des époux Tiberi. L'épouse du maire aurait reçu 200 000 francs pour rémunération de cette rédaction, dont il semble admis qu'elle ne méritait pas tant. Y aurait-il emploi fictif, salaire de complaisance ? Cela semble devenu une coutume au conseil général de l'Essonne.

Quand il reçoit le dossier Xavière, que fait le procureur de la République, Laurent Davenas ? Enquête préliminaire. Autrement dit, il se contente de laisser les policiers mener une brève enquête de routine qui, normalement, ne devrait pas aller bien loin. Nombre de magistrats considèrent que l'ouverture d'une information judiciaire aurait constitué la réponse idoine, afin qu'un juge d'instruction puisse lancer des commissions rogatoires que personne ne peut ordonner à sa place. L'attitude de Laurent Davenas est d'autant plus commentée, dans le petit milieu, que le procureur entretient une relation confiante avec une collaboratrice de Xavier Dugoin, le président du conseil général. Rien de condamnable à cela, si ce n'est que les faits et gestes du magistrat, à qui le conseil général a par ailleurs accordé une voiture de fonction, un mobilier de bureau flambant neuf et même une douche attenante à son bureau pour qu'il puisse faire son jogging entre midi et deux, sont scrutés avec intérêt par ses pairs.

Pourtant, impavide, Laurent Davenas n'ouvre toujours pas d'instruction. C'est alors qu'intervient l'empêcheur de tourner en rond, le rabat-joie. À peine Laurent Davenas est-il parti pour une randonnée au Népal, dont il raffole, que son adjoint, Hubert Dujardin, ouvre cette information judiciaire à sa place. C'est le grain de sable.

Stupéfaction à la Chancellerie : tout cela a malheureusement l'air tout à fait légal. « J'ai observé une certaine réticence de la part du patron de la PJ de Versailles qui voulait avoir une conversation avec moi avant de me remettre les dossiers, raconte Hubert Dujardin. J'ai bien senti que je venais semer la pagaille dans un scénario déjà écrit : on entendait Mme Tiberi, on demandait l'original du rapport au conseil général, puis on classait sans suite en estimant qu'il y avait eu un travail, et qu'il avait été rémunéré. Mais je ne croyais pas que cette histoire irait aussi loin. »

Aussi loin dans le ridicule. Car, sur instruction du garde des Sceaux Toubon, on fait dépêcher un hélicoptère dans l'Himalaya, afin de trouver le procureur et de lui faire stopper la machine infernale.

Double fiasco : le randonneur est introuvable dans les délais et l'histoire se retrouve dans la presse, les étouffeurs sont démasqués. À la suite de cette équipée ratée, le prudent Gabriel Bestard fait d'ailleurs passer une stricte consigne aux substituts de la section financière du parquet de Paris : « rendre compte » à leur hiérarchie avant toute initiative, afin d'éviter d'autres aventures aussi navrantes.

Son supérieur hiérarchique, Jean-François Burgelin, s'est montré plus technique et plus précis. Il a écrit une note à l'attention de tous les parquets dépendant de la cour d'appel de Paris. Son objet ? Recommander de toujours privilégier l'enquête préliminaire pour les affaires « sensibles ». Il est vrai que le garde des Sceaux Toubon avait été constamment préoccupé par le respect de la présomption d'innocence dont doivent pouvoir bénéficier tous les militants du RPR.

Car ce qui hante depuis des années les cauchemars des nomenklaturistes, c'est la perspective d'être un jour mis en examen. Au parti, on prend la chose avec philosophie. Mais il y a la famille, les amis qui ne comprennent pas toujours... Les manœuvres les plus tordues sont alors de mise pour éviter ce désastre. Gérard Longuet, lorsqu'il a dû pour cette raison démissionner du gouvernement Balladur, où il était ministre de l'Industrie, a ainsi laissé quelques souvenirs place Vendôme. « Dans un premier temps, lui et son entourage ont cru qu'ils allaient pouvoir stopper la machine, se souvient un politique de l'entourage de Pierre Méhaignerie, alors garde des Sceaux. Il a tout essayé. Il venait lui-même au ministère. Puis il y envoyait sa femme, son avocat. Le message était simple : à cause de vous, la majorité va exploser, à moins que vous ne fassiez partie du complot. Longuet appelait sans cesse le directeur de cabinet du garde des Sceaux pour savoir où on en était. Et quand il a vu qu'il n'échapperait pas à la mise en examen, il a fait un dernier forcing. Alors qu'on lui expliquait qu'un communiqué de la Chancellerie allait l'annoncer, il gémissait : "Mais tant que c'est pas publié, rien n'est fait !" Il a bien fallu qu'il l'accepte quand même... »

Deux ans plus tard, une malheureuse trésorière occulte du RPR se fait coincer. Cette femme de confiance, surnommée « La Cassette », doit ses ennuis judiciaires au fait qu'elle a perçu de plusieurs entreprises, toutes en contrat avec la Ville de Paris, des salaires fictifs. Mais voilà, Louise-Yvonne Casetta a bien prévenu : elle ne supportera pas d'aller en prison. Elle préférerait même tout raconter. Alerte rouge.

Le parquet de Nanterre, où a atterri le dossier, reçoit quelques coups de fil de la Chancellerie. Toubon, le garde des Sceaux, n'est certainement pas au courant. « Le procureur de la République, Yves Bot, a bien résisté aux instructions téléphoniques, pourtant précises, raconte un magistrat qui a vécu l'aventure depuis la place Vendôme. Il a fait fort en leur laissant quinze jours pour le muter, faute de quoi il ouvrirait une information. Il a joué cartes sur table et il a gagné : ils n'ont pas eu le courage de le faire, par peur du scandale et des représailles médiatiques ». Quels que soient les efforts de certains pour étouffer les affaires il suffit parfois de laisser faire... le droit. C'est ce qui arrivera au président Chirac en mars 1999. Le délit qui lui était reproché était identique à celui de Juppé : prise illégale d'intérêt. Mais le vide juridique obligera le procureur Bot, qui constate que les faits sont matériellement établis, à ne pas engager de poursuites. Le déroulement : Louise-Yvonne Casetta, présumée innocente, a été mise en examen. Chirac a eu plus de chance : il ne peut même pas être entendu comme témoin.

Du point de vue du pouvoir, la justice, pour simplifier, a deux faces : la bonne, celle du parquet qui en général enterre sur ordres. La mauvaise : celle du juge d'instruction qui commence à croire à l'indépendance que lui attribuent les textes. Mais tout espoir n'est pas perdu.

Ancien procureur général de Paris, Paul-André Sadon fut une figure redoutée du monde judiciaire. Parce qu'il a appartenu au cabinet de quatre gardes des Sceaux successifs, il est longtemps passé pour le Raspoutine du palais de justice. Dans *Les juges parlent*[1], cet homme de droite mis au placard par la gauche s'exprime avec une étonnante liberté de ton. L'affaire où le pouvoir a donné ordre au procureur de Marseille de ne pas ouvrir d'information judiciaire et de s'en tenir à une enquête préliminaire ? « Je vous garantis qu'il y avait des moyens de ne plus en entendre parler, de l'affaire Urba. Mais ce sont des cloches ! Ils ont été d'une maladresse folle ! [...] Il suffisait d'ouvrir une information judiciaire. Vous savez : il y a une vingtaine de juges d'instruction à Marseille. Vous deviez bien en avoir un qui n'aime pas travailler ! Il y a longtemps qu'on n'en parlerait plus. Ce ne serait pas la première instruction qui traîne. Ils auraient confié le dossier à un bon vieux juge tranquille qui aurait mené ça tranquillement. »

1. Laurent Greilsamer, Daniel Schneidermann, *op. cit.*

Voilà l'un des grands secrets de fabrication des meilleurs enterrements : nommer un mauvais, ou un paresseux, ou un malade, ou un dépressif, ou un pas courageux pour mener une instruction délicate. Ou tout simplement un juge que ces affaires dites « sensibles » ne font pas vibrer.

Mireille Filippini, juge d'instruction à Paris, s'est chargée, notamment, d'un dossier délicat.

C'est un sitcom politico-financier compliqué. Pourquoi ? D'abord parce que son héros, Gérard (Longuet), a obtenu de la justice de son pays, à laquelle il n'a jamais cessé de faire confiance, un non-lieu. Il est donc in-no-cent. Il s'agit d'autre part d'une histoire à tiroirs. Résumons. 1) La justice découvre des commissions occultes versées au Parti républicain (trésorier : Gérard). 2) Elle tombe alors sur la villa de Saint-Tropez. Gérard a eu la bonne idée de confier les travaux de cette maison à un ami entrepreneur (la société Céréda). 3) Celui-ci habite dans la Meuse, ce qui est assez loin de Saint-Tropez. 4) À cause de fins de mois difficiles, Gérard n'a pas pu payer tous les travaux. 5) Gérard a brusquement des liquidités... 6) ... grâce à un autre ami P-DG (Michel Mauer, de la Cogedim) qui lui rachète à un bon prix des rapports pas plagiés mais pas originaux non plus. 7) La Générale des Eaux lui donne aussi un coup de main. 8) Mireille (Filippini) a, de l'avis de Gérard, parfaitement rempli sa mission. 9) Même au parquet, on trouve que ça fait beaucoup. 10) Gérard, pendant toute l'affaire, est resté président du conseil général de Lorraine. 11) C'est normal puisque Gérard est in-no-cent.

Il y a, chez certains magistrats instructeurs, une louable préoccupation. Celle de « laisser du temps au temps ». Un dossier l'illustre bien. La Fédération nationale de la mutualité française (FNMF) a déposé, en 1993 et 1994, trois plaintes pour tentative d'escroquerie visant son ancien directeur financier. C'est le juge Marie-Pierre Malignier-Peyron qui est chargé de les instruire. L'un des dossiers concerne la participation de la FNMF dans le rachat de Néopost, la branche de traitement du courrier d'Alcatel. Cette opération, assure la FNMF, est entachée de nombreuses irrégularités.

Vrai ? Faux ? Le dossier devient sensible à cause de la personnalité qui a organisé le tour de table pour le rachat de Néopost : Jean-Marie Messier, alors associé-gérant chez Lazard, aujourd'hui P-DG de l'ex-Compagnie-générale-des-Eaux-qui-a-changé-de-nom-il-faudra-vous-le-dire- combien-de-fois ! Il est un des hommes les plus puissants de France. Quatre ans plus tard, l'instruction n'a pas vraiment avancé. Ou plutôt si : elle s'achemine lentement mais sûrement vers un heureux dénouement : le non-lieu pour tous.

Mais les apparences sont sauves. La brigade financière a procédé à des perquisitions chez Lazard, ainsi qu'au domicile et au bureau de Jean-Marie Messier. « Enfin, perquisitions est un grand mot, s'amuse un magistrat qui a suivi l'affaire de près. On prévient l'intéressé, on débarque à deux et pas à six, on arrive à son bureau sur le coup de midi, et non aux aurores, et on déplace à peine une chaise. Chaque procès-verbal est on ne peut plus concis et fait une demi-page. C'est la preuve que l'on n'a pas cherché beaucoup. »

Mais, dans les lieux de détente fréquentés par les étouffeurs, on ne commente évidemment jamais ces sujets. Les conversations tournent plutôt autour de ce qu'ils appellent « les juges fous ». Les ennuis judiciaires d'Alain Juppé, en août 1998, ont ainsi été l'occasion d'un déferlement de propos délirants : « Avec Alain Juppé, c'est la France politique tout entière qui est mise en examen », s'indignait l'éditorialiste Paul Guilbert, camarade de classe de Chirac — qu'il rencontre souvent et sur lequel il écrit peu — et verrouilleur en chef de la politique au *Figaro*[1]. Dans la même édition de ce quotidien, le journaliste politique Éric Zemmour fait acte de candidature à la succession d'Alain Duhamel en comparant cette mise en examen à la traque du procureur indépendant Kenneth Starr contre Bill Clinton.

1. *Le Figaro,* 26 août 1998.

Quand par malchance un juge « enragé » — comme disent certains éditorialistes — hérite d'un dossier sensible, les moyens de le calmer ne manquent pourtant pas. L'une des techniques les plus courantes inventée par la magistrature française s'appelle, dans le jargon du milieu, le « saucissonnage ». Principe : le juge d'instruction est saisi de certains faits ; si ses découvertes débordent du cadre de sa saisine, il doit solliciter du parquet un acte, le « réquisitoire supplétif », qui l'autorise à étendre le champ de ses investigations. Mode d'emploi : ne pas le lui accorder pour le bloquer. Impossible ? Alors, découper l'affaire en plusieurs morceaux, les confier chacun à un juge d'instruction différent, afin que personne ne possède une vision globale du dossier. C'est ce qui s'est passé, dans l'Ain, avec l'affaire « Maillard et Duclos », une entreprise du BTP située à Bourg-en-Bresse, qui aurait usé de fausses factures à grande échelle, notamment au profit du RPR. Même scénario dans le dossier des HLM de la Ville de Paris, instruit par Éric Halphen à Créteil, ou dans l'affaire du réseau de prostitution de luxe prise en main, à Paris, par Frédéric Nguyen. Ce juge s'est vu refuser sept réquisitoires supplétifs. Sept. Est-ce parce que le dossier, outre quelques personnalités du spectacle, pouvait aussi — surtout — importuner des émirs amateurs de chair fraîche et d'armes made in France ?

L'affaire remue encore ? Il faut envisager la manière forte : la promotion. À Saint-Denis de la Réunion, au début des années 90, le juge Jean-Michel Prêtre enquête ainsi sur une sombre affaire de corruption. Ses recherches le conduisent à interroger Guy Dejouany, le prédécesseur de Jean-Marie Messier à la Compagnie générale des Eaux. « Incontrôlable », ce jeune magistrat ordonne une perquisition dans le bureau de ce P-DG réputé froid et secret. Il le convoque même à La Réunion. Dix heures de vol pour un homme si respecté et qui, en plus, déteste l'avion. À peine son dossier bouclé, le pouvoir s'empresse d'accorder à Jean-Michel Prêtre la promotion dont il rêvait. Le voici sous-préfet de Langres, loin des cocotiers et des fausses factures.

Le juge Courroye a lui aussi juste eu le temps de renvoyer Alain Carignon et ses complices devant le tribunal correctionnel. Mais il eût été contrariant qu'il récidive et se prenne de passion pour la distribution de l'eau dans les grandes villes ! Le voici donc promu au parquet général de Lyon. « La promotion est une excellente recette pour paralyser une instruction, remarque ce haut magistrat. Elle ne fait pas de mécontents, donc pas de vagues. La vérité, c'est qu'un autre juge, qui ne connaît rien à l'affaire, doit tout reprendre de zéro. Si on le choisit bien, il y mettra moins de zèle que son prédécesseur. Qui se souvient, par exemple, que le juge Floch, chargé d'instruire l'affaire de Broglie[1], a connu une brusque accélération de sa carrière, en devenant conseiller à la cour d'appel de Paris ? » Il s'était mis, l'étourdi, à interroger responsables et exécutants du ministère de l'Intérieur, et commençait à tomber sur de curieux dysfonctionnements. Son successeur, lui, a su ne pas importuner les policiers. « À supposer même, poursuit notre interlocuteur, que le remplaçant se montre obstiné, on a toujours gagné quelques années. Or, le temps est un facteur essentiel, car il permet de faire disparaître les preuves, de se concerter entre personnes menacées. Le temps joue toujours contre l'enquête. »

Jouer la montre donc. Justement, les orfèvres ne manquent pas dans les différents parquets de France.

En février 1993, le procureur de Nanterre, Pierre Lyon-Caen, est alerté par les commissaires aux comptes de la Française des Jeux, entreprise publique grâce à laquelle, entre autres, l'argent de la questure de la Ville de Paris distribué par Chirac dans les DOM-TOM revient à l'État. Ils ne peuvent en effet certifier des comptes qu'ils jugent douteux. Depuis plus d'un an, le contrôleur d'État Michel Bégon, qui représente Bercy dans la société, a déjà donné l'alerte. Le ministre de tutelle Michel Charasse, qui n'est pas un étouf-

1. L'assassinat mystérieux, le 24 décembre 1976, de Jean de Broglie, ancien ministre et député, cofondateur des Républicains indépendants, le parti de Valéry Giscard d'Estaing.

feur mais un ami du P-DG de la société, Gérard Colé, ancien conseiller en communication de Mitterrand, ne remarque rien. En 1994, c'est au tour d'une mission de l'Inspection des finances de dénoncer la gestion, plus qu'opaque, du P-DG. Que fait Pierre Lyon-Caen, homme de gauche qui a été l'un des cofondateurs du Syndicat de la magistrature ? Il se hâte lentement. Il finit par ouvrir une enquête préliminaire. Toujours pas de juge nommé à ce stade. Les résultats des investigations policières sont encourageants (loteries gabonaises, comptes à l'étranger...). Face à ces informations, comment réagit le procureur ? Il faudra à cet homme, qu'on a connu plus vif, près de deux ans pour désigner un juge d'instruction, et encore l'information n'a-t-elle été ouverte que sur ordre écrit de la Chancellerie. Ce délai procurera un répit à Gérard Colé qui sera finalement mis en examen pour abus de biens sociaux, faux en écriture, ingérence et obstacle aux vérifications des commissaires aux comptes. *In extremis,* l'affaire échappe à l'étouffement.

Gérard Colé est bien entendu présumé innocent.

Michel Barrau, le procureur de Créteil, n'est pas un homme pressé non plus. Un jour de janvier 1997, le juge Halphen lui confie une lettre signée Didier Schuller, l'ancien directeur des HLM des Hauts-de-Seine en fuite depuis février 1995, qui met en cause Patrick Balkany, l'ancien maire de Levallois. La transmet-il au parquet de Nanterre, dans les Hauts-de-Seine, département où est situé Levallois ? Non. Il sait pourtant que cette transmission est indispensable si on veut déclencher une procédure judiciaire. Mais il attend. Quoi ? Lui seul le sait. Toujours est-il que ladite lettre mettra cinq mois à traverser Paris d'est en ouest.

Un étrange phénomène apparaît aussi lorsque éclate un scandale menaçant pour le pouvoir : des pièces importantes du dossier disparaissent. Dans l'indifférence générale. Ce climat peut avoir des répercussions très concrètes sur le déroulement de l'enquête. L'affaire Yann Piat l'a tragiquement prouvé. Comment ? Des preuves, des indices qui auraient peut-être permis de s'approcher des commanditaires du meurtre, ont disparu au fur et à mesure. Plaisanterie ? Pas exactement. Dès que la nouvelle de l'assassinat est connue, un très haut responsable des services du conseil général du Var prend une curieuse initiative : il demande à une secrétaire de récupérer les archives de la députée à son secrétariat. À quel titre un fonctionnaire départemental n'étant pas, jusqu'à preuve du contraire, officier de police judiciaire, décide-t-il d'interférer ainsi dans le déroulement d'une enquête judiciaire ? On ne le saura pas. En tout cas, certains documents et des disquettes d'ordinateur — une vingtaine — sont récupérés. Quelqu'un en prend-il connaissance ? L'enquête n'a pas permis de l'établir avec certitude.

On ne sait pas non plus pourquoi ces pièces cruciales pour l'instruction se retrouvent entre les mains de Philippe de Canson, à l'époque député et maire d'une petite commune du Var, La Môle-les-Maures. Impossible aussi de comprendre dans quelles circonstances celui-ci les transmet à la police en février 1995. C'est-à-dire un an après le meurtre de Yann Piat. À la police judiciaire chargée officiellement de l'enquête ? Pas du tout : au service départemental des RG ! De plus, il apparaît, d'après le témoignage du successeur, socialiste, de Philippe de Canson[1], que certaines disquettes — dont l'une intitulée « Italie » — ont disparu. Qui s'en émeut parmi les juges, les policiers ou les journalistes ? Personne.

Mais ce n'est pas tout. Des lettres ont disparu. Ces lettres, ce sont celles que Yann Piat avait adressées quelques mois avant son assassinat à Michel Mouillot, à l'époque maire de Cannes. Or, ces deux élus entretenaient des relations de grande confiance.

D'après Michel Mouillot lui-même, c'est à la suite d'une perquisition de la police chez lui qu'elles se sont évaporées. Où ? Personne n'en sait rien. Qui s'en soucie ? Pas grand monde. Enfin, des faux figurent, semble-t-il, dans le dossier d'instruction. C'est le cas d'une lettre qu'envoya la députée à Charles Pasqua. Elle

1. *Yann Piat, l'histoire secrète d'un assassinat, op. cit.*

avait abordé lors d'un entretien avec Bernard Tomasini, son chef de cabinet, les principaux dossiers sulfureux du Var qui lui tenaient à cœur. Or, la lettre, qui est au greffe du tribunal, a été frappée sur un ordinateur différent de celui qu'utilisait la députée. Et alors ? Rien, si ce n'est qu'une phrase, simplement, aurait disparu. Yann Piat écrivait : « Si j'ai bien compris, il faut se taire ou y passer. » Encore une énigme qui ne passionne pas grand monde.

La justice fonctionne avec des instances d'appel. L'omertà judiciaire aussi. En 1994, à l'aéroport de Genève, les douaniers français fouillent un homme âgé. Ils ne perdent pas leur temps : ils trouvent 1 million de francs, en coupures de 500 francs, cachés dans sa chemise et dans ses chaussettes. Cet homme sera jugé par le tribunal de Bourg-en-Bresse, seul dans le box des accusés. Pourtant, à partir de ce passeur, le juge d'instruction Philippe Assonion, avec l'aide de la brigade financière, découvre que 60 millions de francs ont ainsi transité entre la Suisse et la France. 60 millions ! L'enquête remonte jusqu'à un financier suisse, prend de l'ampleur, menace des personnalités jusqu'à l'obstacle fatal. Le parquet demande l'annulation de l'instruction pour vice de forme, et l'obtient de la chambre d'accusation. Pour qui ce « passeur » travaillait-il ? La question n'a pas résisté au vice de forme, et l'affaire s'est soldée par le maigre procès d'un exécutant subitement coupé de ses sources.

Mais même quand procureur et juge d'instruction sont complices pour faire éclater la vérité, rien n'est perdu. On sait que Pierre Bérégovoy avait acheté son appartement du XVI^e arrondissement grâce à ses économies. Mais aussi avec l'aide de l'ami Pelat. On sait également que cet homme d'affaires versait à François Mitterrand chaque mois des honoraires importants. Il continuera après 1981. Mais cette fois le bénéficiaire sera son fils Gilbert alors que celui-ci, contrairement à son père, n'a jamais été avocat. On sait enfin qu'il s'était montré généreux envers Anne Pingeot, la mère de Mazarine. Si on a pu avoir un aperçu des actions de mécénat politique de M. Pelat, c'est grâce à l'entente cordiale entre le remuant Thierry Jean-Pierre et celui qui était son procureur au Mans, Yves Bot. En 1992, quand débute cette instruction judiciaire, Roger-Patrice Pelat est mort depuis trois ans. François M. ne risque rien non plus (il est à l'Élysée). Restent Pierre B., Gilbert M., Anne P. et les autres qui pourraient être inquiétés. La hiérarchie, soucieuse de ne pas être accusée de protéger les puissants, s'active en coulisse pour essayer de bloquer les investigations. Faute de résultats, elle procède autrement. Au bout de deux ans et demi, la chambre d'accusation, chargée de veiller à la régularité des poursuites, annule toute la procédure. Une décision rare et pourtant confirmée en cassation où l'avocat général qui requiert contre l'instruction s'appelle Jean-Pierre Dintilhac. Il était le directeur de cabinet d'Henri Nallet lors de la perquisition du juge dans les locaux parisiens d'Urba.

Il est aujourd'hui procureur de la République de Paris. Un poste clé où il a succédé à Gabriel Bestard.

En Italie, la traque de l'argent-qui-n'existe-pas et la lutte contre la mafia doivent beaucoup à une petite réforme : les policiers chargés d'assister les juges spécialisés dans les affaires financières leur sont hiérarchiquement rattachés. En France, ils ne dépendent, *in fine,* que d'une personne, le ministre de l'Intérieur. C'est plus qu'une nuance. Cette organisation se révèle fort utile. Car les inspecteurs sont censés informer à tout instant leur hiérarchie de l'avancement de leurs enquêtes. On l'a constaté le 27 juin 1996. Lorsque le juge Halphen rend une visite surprise à Jean et Xavière, place du Panthéon, il déclenche la panique. Sur ordre, les policiers qui doivent perquisitionner l'appartement avec lui l'abandonnent.

Pourquoi ? Ont-ils fait preuve de lâcheté ? La vérité c'est que, s'ils avaient obéi à Éric Halphen, ils auraient été sanctionnés. Le couple

Tiberi exerçait en effet, à l'époque, un réel pouvoir d'intimidation. Ce genre d'audace laisse plus de traces dans une carrière que quelques coups de Bottin assenés sur un suspect ordinaire. C'est d'autant plus vrai que les soixante-dix hommes de la brigade financière de Paris sont sous haute surveillance. Ils héritent en effet de la quasi-totalité des affaires qui font la une de la presse, de Tapie à Dumas, de l'ARC au Crédit Lyonnais. Ils sont dirigés par un homme qui ne doit pas être maladroit : nommé par Balladur, Éric Lacour a depuis été confirmé dans ses fonctions par Juppé puis Jospin. Depuis quelque temps, les nerfs de ces policiers expérimentés sont soumis à rude épreuve. Parce qu'ils sont, comme les juges de la « galerie financière » avec lesquels ils travaillent, surchargés de travail. Et parce qu'ils ont parfois le sentiment de n'être guère soutenus en haut lieu. « Après le vol d'un carton de scellés concernant des factures suspectes payées par Elf en liaison avec la villa de Tarallo [l'ex-dirigeant d'Elf-Gabon, grand connaisseur de l'Afrique], six d'entre nous ont été placés en garde à vue. Une autre fois, toujours à propos de l'affaire Elf, six inspecteurs ont été convoqués par l'IGS [l'Inspection générale des services, la "police des polices"] à cause de fuites dans la presse, raconte un des "anciens" de la brigade. Or, parmi nous, certains soupçonnent la hiérarchie d'organiser elle-même les fuites pour maintenir une sorte de pression et de suspicion sur nous. Par exemple, un autre groupe, au printemps 1998, a été convoqué par l'IGS pour s'expliquer sur la parution d'informations concernant Paul-Loup Sulitzer et une trouble affaire de commissions. Quand l'écrivain avait été entendu par nous, il avait été mieux traité que mes anciens collègues par l'IGS. On a été perquisitionner chez lui avec les croissants, ou presque. Même prévenance à l'égard d'André Tarallo... »

Camarade de promotion de Chirac à l'ENA, ami de Pasqua, l'homme d'Elf en Afrique est, avec Alfred Sirven, au cœur des circuits financiers franco-africains. À la brigade financière, la règle est d'ailleurs simple : dès qu'on tombe sur une personnalité dans une enquête, il faut avertir la hiérarchie. Alors, les plus frondeurs tardent un peu à faire part de certaines découvertes. S'ils se font prendre, ils risquent de « retourner en commissariat », ce qui n'est pas exactement une promotion.

De l'assassinat du prince de Broglie à l'affaire Carrefour du Développement, en passant par les Irlandais de Vincennes, le principe est toujours le même : les seconds couteaux paient pour les caïds et les ministres (ce sont parfois les mêmes).

Le mot de la fin revient à Michel Charasse. Soupçonné d'avoir transmis le dossier fiscal d'un fournisseur de la Mairie de Paris à la justice pour mettre en difficulté Chirac et ses amis, le sénateur socialiste avait eu, en 1996, cette extraordinaire réponse : « Si j'avais flairé la piste du financement politique, j'aurais agi comme d'habitude, en dehors de la justice. J'aurais négocié le paiement d'une forte amende, et personne n'en aurait entendu parler[1]. »

1. *L'Événement du jeudi,* 17 octobre 1996.

## CHAPITRE 10

# QUAND LES ENNUIS COMMENCENT...

C'est une rumeur tenace. Une légende ? Pas sûr. Parce qu'il fut près de quinze ans ministre des Finances et qu'il connaissait le plus obscur de ses services, Giscard, une fois à l'Élysée, fut crédité d'une drôle d'invention : l'usage du contrôle fiscal comme arme de dissuasion. La perquisition musclée que subit à la fin de son mandat le service de gestion privée de Paribas contribua à entretenir la rumeur. À cette occasion, la DNED[1] fit d'intéressantes découvertes sur les comptes à l'étranger que manipulait la banque au profit de quelques privilégiés. La presse évoqua l'affaire mais sans tapage. Des années après la fin du règne giscardien, Jean-Yves Lhomeau racontera dans *Le Monde* comment un patron qui avait refusé de verser son obole à la campagne présidentielle

1. Direction nationale des enquêtes douanières.

a été la cible d'agents des impôts dûment actionnés par leur hiérarchie.

Les successeurs de VGE ne se priveront pas toujours de cet instrument. Le plus direct, de ce point de vue, fut certainement — eh oui ! — Michel Charasse. Ministre du Budget, il déclara un jour à deux journalistes de la défunte Cinq que leur mauvais esprit, s'il persistait, leur vaudrait un jour un contrôle fiscal. Jamais de telles menaces n'avaient été aussi clairement énoncées par un responsable ministériel. Il est vrai que Charasse a toujours eu un sens un peu particulier du rapport de force. Un jour, il dit ainsi à Patrick Poivre d'Arvor : « Tu sais, moi, je suis fidèle. Mon boulot, c'est de protéger Mitterrand. Si Mitterrand me demande de tuer Rocard, je tue Rocard. S'il me demande de te tuer, je te tue[1]. »

Le contrôle fiscal, espérons-le, n'a jamais tué personne. Mais il peut se révéler éprouvant. Surtout lorsque la victime sait que ce désagrément est la conséquence de son insolence. Ghislaine Ottenheimer, une journaliste politique redoutée du microcosme, a ainsi eu droit à un traitement musclé. Son crime ? Elle publie dans son journal — elle est à l'époque au *Nouvel Économiste* — un papier critique envers Nicolas Bazire, directeur de cabinet de Balladur à Matignon et Nicolas Sarkozy, le jeune ministre du Budget. Ce dernier lui tient alors des propos menaçants. Elle n'hésite pas et sug-

1. Christophe Nick et Pierre Péan, *TF1, un pouvoir,* Fayard, 1997.

gère alors à Olivier Orban, le patron de Plon, d'en tirer un livre. L'affaire est vite conclue. L'exaspération des balladuriens, à l'époque au faîte de la gloire, est renforcée par le fait que le mari de l'auteur, Thierry Lefébure, était au cabinet d'Édouard, aux Finances, entre 1986 et 1988. Pour eux, à l'époque si susceptibles, tout cela sent la trahison. L'ouvrage, impertinent, s'appelle *Les Deux Nicolas, la machine Balladur*[1]. Le couple Lefébure-Ottenheimer va avoir tout le loisir de réfléchir sur les conséquences funestes de la liberté de ton. Un contrôle fiscal très sérieux est déclenché sur la situation personnelle de la journaliste. Mais la punition doit paraître insuffisante aux offensés de Matignon. On lance donc la brigade financière aux trousses de l'entreprise de conseil montée par Thierry Lefébure. La brigade financière, rien de moins ! Celle-là même qui traque les grands scandales, qui épluche les comptes de Tapie et du Crédit Lyonnais. Évidemment, une telle incursion donne quelques sueurs froides à ses victimes. Énervé par ce qui ressemble à de la persécution, Thierry Lefébure saisit un jour son téléphone. Il appelle Patrick Suet, le directeur adjoint de cabinet de Balladur chargé des affaires financières, qu'il connaît assez bien. Le message qu'il fait passer est limpide : « Arrêtez vos conneries, sinon... » Patrick Suet, qui sait que Lefébure a une bonne mémoire, le rappelle rapidement. Il lui fait savoir que tout est

1. *Les Deux Nicolas,* Plon, 1994.

arrangé et qu'il s'agissait d'un « épouvantable malentendu ». On réalise brusquement à Matignon que ce contrôle pourrait tourner à l'incident médiatique. Et puis, dans six mois, ce sera l'Élysée, alors pourquoi se presser ? Mais la victoire se dérobera finalement. *Happy end,* pour une fois.

Les présidents changent, mais rien ne bouge. À peine élu, Chirac décide de créer un musée voué aux arts premiers, à l'Afrique et aux civilisations les plus anciennes. Pourquoi pas ? Mais le projet commence à être critiqué. Deux paléontologues se distinguent par leur discours virulent. L'idée leur paraît absurde, ils le disent et l'écrivent. Ils agacent. Encore des coïncidences ? Peut-être. Tous deux auront, en tout cas, droit à un contrôle fiscal. Et ils sont encore plus énervés qu'avant !

Cette toute-puissance du pouvoir — dont on parle peu — est à ce point intégrée dans les mœurs que l'écrivain Patrick Besson, dans une chronique pour *Le Figaro Magazine*[1], s'inquiétait d'écrire tout le mal qu'il pensait de « Un mois, une heure », une émission animée un temps par Anne Sinclair sur TF1 : « Que pourrais-je ajouter pour ne pas avoir de contrôle fiscal dès lundi matin ? » interrogeait-il, imaginant implicitement que le mari d'Anne Sinclair, le ministre des Finances Dominique Strauss-Kahn, pourrait avoir ainsi le loisir de

1. *Le Figaro Magazine,* 7 février 1998.

la venger. Figure de style ? Sûrement. Mais cette hypothèse est venue spontanément à l'esprit de l'écrivain. « Après avoir travaillé pour Chirac, je suis devenu critique, raconte cette personnalité de l'establishment. J'ai publié quelques articles assez durs, notamment pour Juppé. J'ai eu droit à un contrôle musclé quelques mois plus tard. Coïncidence ou non ? Je ne le saurai jamais. »

L'omertà française ne serait pas ce qu'elle est sans une sérieuse panoplie de dissuasion. Cibles : les bavards et les imprudents. Lorsqu'ils ne respectent pas les connivences qui régulent en temps normal le système, il leur arrive de vrais ennuis. Comme dans toute stratégie militaire, il existe une graduation des sanctions. Pas de loi du silence possible en effet sans représailles efficaces. D'abord les avertissements. Ça ne suffit pas ? Au placard. Des fortes têtes ? Licenciées ou révoquées. On continue à parler ? Les étouffeurs conseillent l'hôpital psychiatrique. On s'entête ? Des coups de fil menaçants. Toujours pas de résultats ? On sort les gros bras et les calibres.

Tout commence par les avertissements sans frais. Ces mises en garde n'émanent pas forcément du supérieur hiérarchique. Un collègue, voire un délégué syndical, peut jouer les messagers. Elles prennent souvent la forme d'un conseil plus que d'une menace. Si l'intéressé fait mine de ne pas comprendre, elles se précisent. À EDF, il est difficile d'intimider le personnel à cause de son statut en béton armé. La preuve : même ceux qui se sont livrés, en décembre 1995, à des sabotages sur des sites nucléaires ont échappé à toute sanction significative. En revanche, les intérimaires, qui ne disposent d'aucune protection juridique ou syndicale, constituent une cible de choix. En 1997, Jean-Marie Cavada consacre une « Marche du siècle » aux conditions de vie et de travail, sur les sites nucléaires, de ceux qu'EDF appelle pudiquement des « travailleurs extérieurs ». Le moins que l'on puisse dire, c'est que ceux qui ont bien voulu venir témoigner sur le plateau de l'émission ont dû y réfléchir à deux fois. « Longtemps avant la diffusion, EDF a exercé des pressions sur nos témoins, a raconté le réalisateur Nicolas Jacobs aux auteurs du livre *Ce nucléaire qu'on nous cache*[1]. Certains ont été convoqués par la directrice d'une centrale, qui les a menacés de ne plus leur fournir de travail. Curieusement, EDF savait exactement qui les journalistes avaient rencontré, où et quand. EDF a ensuite entrepris en interne une campagne d'intoxication : nos témoins avaient été payés, ils n'étaient finalement que des acteurs professionnels... »

1. Hélène Crié et Michèle Rivasi, *Ce nucléaire qu'on nous cache*, Albin Michel, 1998.

« Nous avons découvert au cours de notre enquête que les syndicats avaient obtenu de la direction que les agents EDF ne fassent pas eux-mêmes les travaux de réparation sur les réacteurs nucléaires, ajoutent Christophe Labbé et Olivia Recasens, les deux journalistes qui ont réalisé ce périlleux reportage. EDF était tout à fait d'accord car ses agents sont très bien suivis médicalement. Il se pouvait donc qu'apparaissent dans leurs analyses des taux de radiation anormalement élevés qu'il aurait été difficile de dissimuler. Disons qu'il y avait toujours un risque de fuite. Tandis que les intermittents, eux, ne bénéficient pas de ces contrôles. Ils ne risquaient donc pas de compromettre, à long terme, les statistiques sur le cancer. » Les travailleurs intermittents, qui se surnomment amèrement « viande à rem », ne sont pas seulement bon marché et flexibles. Leur vertu, pour EDF, consiste aussi à ne pas laisser de traces dans les dossiers médicaux.

Jusqu'au jour de la diffusion, EDF va exercer d'énormes pressions. Le plus souvent indirectes, afin de ne pas apparaître en première ligne. C'est le patron d'une des entreprises sous-traitantes qui invite un responsable de la production à déjeuner, pour lui faire croire que les journalistes ont payé les intermittents afin qu'ils racontent ce qu'ils souhaitaient, ou encore qu'ils ont offert des caméscopes à certains... Finalement, EDF a été contrainte d'envoyer ses représentants sur le plateau de l'émission. Ils avaient compris que leur absence n'entraînerait pas sa suppression. Les obstacles n'avaient pas manqué. « Notre travail n'a été possible, à l'origine, qu'en restant très évasifs, pour ne pas dire plus, sur le sujet réel de notre reportage, expliquent Christophe Labbé et Olivia Recasens. De même, c'est grâce à quelques syndicalistes marginalisés, écœurés par le système de deal entre syndicats et direction, que nous avons pu avoir accès aux intermittents. Sinon, tout était bien verrouillé : les syndicats majoritaires n'ont aucun intérêt à parler car ils profitent d'un énorme gâteau ; les intermittents, eux, étaient sensibles au chantage à l'emploi. Beaucoup d'entre eux nous ont d'ailleurs rappelés pour nous demander, après réflexion, de ne pas les passer à l'antenne. »

Voilà le schéma typique de l'avertissement sans frais : aucune mesure n'est prise à l'encontre des intéressés ; mais on leur fait savoir qu'ils sont repérés, et on leur rappelle par diverses gesticulations que l'on a tout pouvoir sur eux. Dans cette atmosphère de grande liberté, à chacun, ensuite, d'assumer ses choix. Mais c'est justement l'incertitude dans laquelle sont placés les suspects sur leur propre sort qui rend souvent efficace cette forme d'étouffement. Évidemment, on n'en connaît l'existence qu'à condition qu'elle échoue. Quand elle se montre efficace, elle ne laisse aucune trace : les audacieux que l'on a dissuadés savent tenir leur langue.

Dans le domaine judiciaire, la technique est éprouvée depuis longtemps. Elle est d'une admirable simplicité. Un procureur peut toujours ouvrir une information judiciaire. Mais s'il le fait, qu'il ne vienne pas se plaindre du piétinement de sa carrière.

Certains hiérarques de la magistrature ont même raffiné la méthode pour l'appliquer aussi aux avocats. Me Arnaud Montebourg en a fait la désagréable expérience. Début 1996, il est l'avocat de l'association de Parisiens qui poursuit la Mairie de Paris de ses foudres pour ses libéralités en matière immobilière. Me Montebourg s'impatiente : malgré la plainte déposée, le parquet de Paris n'ouvre pas d'information sur les appartements HLM que l'excellent Tiberi avait accordés à chacun de ses enfants, après d'appréciables travaux de réaménagement. L'avocat écrit donc au procureur de la République de Paris, Gabriel Bestard — déjà croisé dans de précédentes aventures — pour s'enquérir du destin que celui-ci réserve à son dossier. Pas de réponse. Il écrit donc une seconde missive, dont le ton ne peut laisser ignorer son impatience, et son scepticisme sur la détermination du procureur à donner l'impulsion nécessaire pour que la justice suive son cours. Son impertinence, on s'en doute, ne sera pas récompensée. Non seulement Gabriel Bestard décide de classer l'affaire, mais il se plaint auprès du Conseil de l'ordre des avocats de l'irrévérence du jeune avocat.

L'irrévérence, dira-t-on, n'est pas un délit ? Et un avocat ne peut, théoriquement, pas être inquiété dans le cadre de son activité ? Eh bien, si l'on suit le raisonnement de celui qui était alors procureur de la République de Paris, il en va autrement.

Affaire de contexte. Arnaud Montebourg s'est rendu célèbre, dans le petit milieu de la justice, pour son goût de la fronde. S'il agace Gabriel Bestard, il ne séduit pas non plus l'ensemble des notables du barreau parisien. Beaucoup d'entre eux ne se sentent guère l'âme de justiciers. Et pour cause : les cabinets prospères sont aussi ceux, coïncidence, qui défendent grands patrons et anciens ministres. Les juges d'instruction ne leur inspirent aucune sympathie. Or, ces cabinets, une vingtaine à Paris, sont bien sûr fort écoutés du bâtonnier, le représentant élu par les avocats, pour discuter avec la Chancellerie de leurs intérêts.

Arnaud Montebourg va être obligé de prendre lui-même un avocat, Me Christian Charrière-Bournazel, pour se défendre devant ses pairs. Ensuite, selon la tradition, il demande à être placé sous la protection du bâtonnier. Manque de chance, Me Bernard Vatier, qui occupe alors cette fonction, est l'avocat de... Jean Tiberi soi-même. Après un échange de lettres perfides, le dossier est finalement classé. On espère que le jeune avocat a reçu le message : il y a des limites à ne pas franchir. Ces menaces pitoyables n'auront en définitive aucun effet.

Cette volonté de faire taire toute opinion critique est, hélas, chez nous, largement partagée. Droite et gauche, même combat sur ce plan. En 1981, l'arrivée de la gauche au pouvoir avait aussi, dans les rangs socialistes, ravivé l'envie de sortir les couteaux. Inconnu en dehors du microcosme parisien, Georges Liébert dirigeait à l'époque une collection aux éditions Robert Laffont — « Liberté 2000 », fondée par son ami Jean-François Revel — où il publiait des ouvrages jugés sévères pour la gauche. Avec le recul, on peut considérer qu'ils n'avaient pourtant rien de très violent. « Ils dénonçaient surtout les méfaits de l'idéologie socialiste, raconte Liébert. Et ils se vendaient gentiment. Les journalistes, de surcroît, les lisaient avec intérêt, je crois. Cela a fini par inquiéter l'entourage de Mitterrand, ce qui est invraisemblable. J'ai appris un jour par des indiscrétions qu'Attali serait intervenu via l'IDI[1] pour faire comprendre que ces livres constituaient un geste inamical envers le gouvernement. » L'omertà ne l'emporte pas à coup sûr. Là encore, l'éditeur ne change pas de ligne et il ne se passe rien. Mais on a essayé, pour le principe. Et dans un autre contexte, que se serait-il passé ?

1. L'Institut de développement industriel était alors une société publique destinée à soutenir des entreprises en difficulté. L'IDI avait pris après 1981 une importante participation dans le capital de Robert Laffont.

Dans le cas du procès intenté en février 1999 par Papon à Jean-Luc Einaudi, un éducateur du ministère de la Justice qui l'avait accusé d'avoir organisé un « massacre » lors de la manifestation des Algériens de Paris en octobre 1961, les représailles n'ont pas été dramatiques. Mais on a tout de même menacé de sanctions deux archivistes courageux. Brigitte Lainé et Philippe Grand avaient tous deux donné des précisions sur le nombre de personnes tuées par la police parisienne placée sous la responsabilité du préfet Papon. Courrier quelques jours plus tard leur reprochant d'être sortis du « devoir de réserve ». Quelques articles dans la presse et leur dossier était classé. Pour combien de temps ?

Car les mises en garde prennent parfois une vilaine tournure. On joue de plus en plus sur une corde devenue très sensible en ces années de crise : le chantage à l'emploi. Dans un pays qui compte 3 millions de chômeurs et 1 million de Rmistes, il n'est pas toujours facile de résister.

On pourrait — une fois n'est pas coutume — se réjouir que la France compte autant de fonctionnaires et assimilés : ceux-là, au moins, bénéficient de la garantie de l'emploi et sont donc moins vulnérables que les salariés du secteur privé. Ils peuvent donc dénoncer ce qui leur semble scandaleux.

Mais les choses ne se passent pas ainsi. Ceux à qui on ne peut promettre la porte se voient en effet voués au placard. Et dans l'administration, cela peut durer longtemps ! C'est dans la magistrature et dans la police, deux secteurs exposés, que l'on peut rencontrer ceux qui possèdent au moins une certitude dans la vie : ils ne feront jamais carrière.

Quand Hubert Dujardin, premier substitut au tribunal d'Évry, demande à consulter son dossier personnel à la Chancellerie, il est atterré : « Mon dossier n'était pas coté, explique-t-il. Cela signifie que l'on pouvait ajouter des documents, en retirer d'autres à tout moment. Je ne pouvais en tout cas avoir aucune certitude sur le fait qu'on m'ait présenté mon dossier complet. »

Paranoïaque, Hubert Dujardin ? Non, trop agité au goût de sa hiérarchie. S'il demande, en cette fin 1996, à consulter son dossier, c'est qu'il vient de créer l'événement médiatique le plus burlesque de l'année : en ouvrant une information judiciaire visant directement Xavière (Tiberi), il a suivi l'esprit de la loi mais contrevenu aux usages[1], en profitant de l'absence de son supérieur hiérarchique, le procureur de la République Laurent Davenas, pour prendre une telle décision. Tant d'audace plonge dans un état second le ministère de la

1. Voir chapitre 7 : « Des affaires bien enterrées ».

Justice. Le grotesque épisode de l'Himalaya a fait bien rire la France. Mais Hubert Dujardin, involontairement à l'origine du gag, est prévenu : « Vous ne serez jamais procureur », lui a-t-on lancé à la Chancellerie. Et quand Laurent Davenas est redescendu des cimes, il a lancé à son adjoint : « J'ai le sentiment que vous vous êtes davantage comporté en juge d'instruction qu'en membre du parquet. » Dans sa bouche, ce n'était pas un compliment.

Albert Lévy ne semble pas promis non plus à une grande carrière. Il était substitut lui aussi, mais à Toulon. Avant que le ciel ne lui tombe sur la tête. Pour en arriver là, Albert Lévy a multiplié les inconvenances. Il a tout d'abord enquêté sur les relations que des juges d'instruction toulonnais semblaient entretenir avec l'appareil du Front national. L'un d'entre eux, André Fontaine, aurait été jusqu'à remettre des documents confidentiels à l'entourage du maire FN, Jean-Marie Le Chevallier. Albert Lévy s'est ensuite intéressé au meurtre de Yann Piat, ce qui n'est pas aberrant pour un membre du parquet de Toulon. Mais il n'a pas ménagé ses critiques sur le déroulement de l'instruction menée par le juge Thierry Roland. Il est même venu témoigner au procès, début 1998, pour relancer l'idée d'une piste politique et dire qu'on n'avait, selon lui, pas trouvé le (s) vrai (s) coupable (s). Pour tous ceux qui ont suivi, de près ou de loin, cette ténébreuse affaire, Albert Lévy est perçu comme un reproche vivant. Une poignée de juges qui dirigent le tribunal de Toulon et entretiennent d'amicales relations avec Thierry Roland, sont fort irrités. Pour qui se prend-il, ce substitut ? Le patron du SRPJ de Marseille, qui, lors de l'enquête sur le meurtre de Yann Piat, n'a pas transmis à la justice toutes les informations en sa possession, est lui aussi énervé. Certains de ses adjoints ne sont pas de meilleure humeur.

C'est dans ce contexte qu'Albert Lévy est brusquement suspecté de parler à des journalistes. Un crime aux yeux des notables locaux et des nomenklaturistes parisiens. Filatures, écoutes téléphoniques, on lance le grand jeu. On trouve peu après chez un journaliste de *Var Matin*, Claude Ardid, au cours d'une perquisition, des documents couverts par le secret de l'instruction. C'en est trop. Trop en tout cas pour la juge d'instruction parisienne Marie-Paule Moracchini, chargée d'enquêter sur une éventuelle violation du secret professionnel. Descendue spécialement de Paris pour cette tâche, elle soumet son confrère à un contrôle judiciaire extraordinaire. Albert Lévy est suspendu de ses fonctions. Une sanction qui n'est jamais agréable. Il est, de surcroît, interdit de séjour au tribunal de Toulon. Dans le but, sans doute, « d'apaiser les esprits ». Mais surtout, il est contraint de se faire soigner pour « troubles psychiatriques ». Dans l'ex-URSS, la psychiatrisation des dissidents était monnaie courante. Mais en France ! Albert Lévy est certainement le premier magistrat à faire l'objet d'une injonction thérapeutique. Cette mesure surréaliste sera en définitive levée par la chambre d'accusation. Mais le mal est en partie fait. Le magistrat a depuis été envoyé à Lyon où on espère sans doute qu'il tirera les leçons de ses mésaventures.

L'incontrôlable voué au placard apprend souvent son triste destin en lisant la presse. Ce fut le cas, en septembre 1995, du procureur général Bernard Challe, directeur du Service central de prévention de la corruption (SCPC). Cette structure, rattachée au premier ministre, avait été chargée par le procureur de la République de Paris, Bruno Cotte, de donner un avis sur le sujet de l'actualité estivale de cette année-là : les appartements de la Ville de Paris dont Juppé et certains de ses proches avaient bénéficié. « Droit dans ses bottes », le premier ministre assurait sur toutes les chaînes télévisées du pays qu'il n'avait rien à se reprocher. Mais le SCPC ne l'entendit pas de cette oreille. Il considéra que les faits reprochés nécessitaient bien — comme le bon sens semblait le suggérer — l'ouverture d'une information judiciaire. Le magistrat apprit sa démission par la presse. Il se défendit, répliquant qu'il n'était en aucun cas démissionnaire. Quelques mois plus tard, il s'est retrouvé à la Cour de cassation. Rien d'infamant. Juste un poste honorifique où il n'aura plus l'occasion de nuire au pouvoir.

Ce qui est vrai dans la magistrature l'est plus encore dans la police, où les déviants ne font jamais une longue carrière dans les services sensibles. En moins de deux ans, la brigade financière, chargée au sein de la police judiciaire d'enquêter sur la délinquance en col blanc, s'est ainsi séparée de deux de ses éléments. Avaient-ils commis une faute grave ou démontré une incompétence certaine en matière financière ? Non, ils avaient simplement tendance à interpréter à leur manière les ordres de leur hiérarchie, surtout quand on leur conseillait de ne pas s'acharner sur une affaire. Bref, des fortes têtes. Pour l'exemple, ils ont été mutés en commissariat. Ceux qui restent auront tout le loisir de méditer sur ce qui attend les récalcitrants. « Avant d'en arriver là, il y a des avertissements, raconte un ancien de la "financière". Si vous manifestez trop d'indépendance, si vous êtes considéré comme trop proche de juges, comme Éva Joly par exemple, et pas assez de votre hiérarchie, on vous change d'équipe et on vous met sur ce qu'on appelle les "dossiers de merde", escroqueries à la petite semaine et autres banqueroutes sans intérêt. Vous n'avez plus le droit de toucher aux affaires prestigieuses. »

Placardisation. Mutation. Quelquefois, les représailles vont plus loin encore. Il existe dans la fonction publique une procédure lourde, exceptionnelle : la révocation. C'est la plus lourde sanction qui puisse être infligée à un fonctionnaire. Un inspecteur de police, rattaché à la brigade financière de Marseille, en a fait l'expérience au début des années 90. Son crime ? Antoine Gaudino a fait son métier : découvrant, à Marseille, dans l'entreprise du BTP SORMAE, l'existence de fausses factures, il a défilé la pelote jusqu'au financement occulte du Parti socialiste, via le bureau d'études Urba. Ses découvertes successives ont fait l'objet de rapports précis au parquet de Marseille. Le magistrat destinataire, affolé par ces lectures compromettantes, préférait les enfermer dans un placard plutôt que de les transmettre à la Chancellerie. Le jour où l'affaire est remontée jusqu'au ministère de l'Intérieur, l'imprudent s'est vu retirer l'enquête et avec elle toutes les pièces du dossier. Candide, il n'avait même pas fait de photocopies ! Il lui a donc fallu tout reprendre de zéro pour réunir à nouveau les éléments accablants qu'il avait collectés. Il en a fait un livre, devenu un best-seller[1]. Antoine Gaudino a été révoqué sous le règne de Mitterrand (puis réintégré sous le ministère de Pasqua) pour avoir écrit une vérité que chacun devinait mais qui faisait honte au pouvoir.

Bernard Bonnet a fait l'objet d'une mesure administrative moins sévère puisqu'il a seulement été suspendu de ses fonctions. En apparence. Car en réalité le lynchage médiatique et la réprobation du milieu politique qui se sont

1. *L'Enquête impossible,* Albin Michel, 1992.

abattus sur lui ont tout de l'exécution symbolique. L'ancien préfet de Corse, maintenu en prison deux mois comme un dangereux malfaiteur, a-t-il donné l'ordre d'incendier la fameuse paillote ? Y a-t-il eu malentendu comme il le dit ? En tout cas, il est traité par la justice comme un coupable. Beaucoup d'assassins et de racketteurs qui sévissent dans l'île ont eu droit à un traitement autrement plus indulgent. Il est vrai qu'ils ont eu le talent de pratiquer, au besoin par la violence ou le chantage, l'omertà, au lieu de la combattre comme le préfet.

Un gendarme s'est lui aussi retrouvé en mauvaise posture. Il a eu en effet l'infortune d'être mêlé à deux affaires d'État. Il s'appelle Candela, mais personne ne le connaît, à l'exception de ses collègues, de quelques journalistes et d'une poignée d'Excellences à Paris. La cause de ses ennuis ? D'abord, ce que la presse a désigné sous le terme de « double suicide », à savoir la disparition dans des circonstances rocambolesques de deux frères ayant approché de trop près le milieu politique du midi de la France. L'aîné, Fernand Saincené, avait longtemps travaillé pour la région PACA dirigée par l'UDF Jean-Claude Gaudin. En liaison avec son directeur de cabinet, Claude Bertrand, il rendait de multiples services au président de la région : des goûters d'enfants à la collecte de renseignements confidentiels, c'était l'homme de main débrouillard dont rêve tout homme politique. Lorsque Saincené, en 1994, se suicide donc selon la version officielle, le gendarme est l'un des enquêteurs. Que découvre-t-il exactement ? Lui seul le sait. Ce qui est sûr, c'est que des informations compromettantes lui parviennent. À peu près à la même période, éclate dans le Midi le scandale[1] de l'institut de danse qui sera encore plus vite étouffé. Un homme de gauche mêlé à cette sordide affaire de pédophilie, un professeur traité par la justice de l'arrière-pays niçois avec une exceptionnelle mansuétude, un avocat qui meurt mystérieusement, des juges qui parlent à des journalistes qui n'écrivent rien, un procureur saisi des faits mais qui hésite à agir : tous les ingrédients d'un incroyable scandale sont réunis. Le gendarme, lui, a fait son métier, interrogeant notamment des victimes et leurs familles et répercutant à sa hiérarchie ce qu'il apprend. C'en est trop pour l'institution. Le fonctionnaire zélé voulait être muté pour échapper à un climat local qui lui pesait ? Ses vœux sont exaucés. Au-delà de ses espérances même puisqu'il est désormais exilé dans les DOM-TOM. L'homme en sait trop : il ne lui reste plus qu'à se faire oublier.

La politique en France s'accommode souvent d'une règle non écrite : le dénonciateur est éliminé avec plus de vigueur que le coupable. Claude-Annick Tissot était présidente de la

1. Voir chapitre 7 : « Des affaires bien enterrées ».

commission des marchés du conseil régional RPR d'Île-de-France. Elle ose dénoncer en 1996 le trucage de la plupart des marchés publics passés par le conseil général d'Île-de-France présidé par le RPR Michel Giraud. Elle a été démissionnée de sa présidence. Sans compter, bien sûr, les coups de fil inquiétants et les menaces. Plus grave : aux législatives de juin 1997, son nom est rayé de la liste des investitures. Aux régionales de 1998, elle ne figure pas non plus parmi les candidats. L'intègre Balladur en a décidé ainsi. Par un paradoxe curieux, c'est Tiberi, soucieux d'améliorer son image, qui en a fait l'un de ses principaux adjoints à Paris.

Journaliste expérimenté et écrivain à succès, Philippe Meyer n'est pas précisément un débutant dans le sérail médiatique. Mais il n'est chroniqueur sur France 2, à « L'Heure de vérité », que depuis quelques mois lorsque les dignitaires de l'État prennent la mouche. Le ton de ses portraits agace. Il paraît « incontrôlable ». L'expression qui vous condamne à Paris. C'est le secrétaire général de l'Élysée sous Mitterrand, Hubert Védrine, qui deviendra le ministre des Affaires étrangères de Jospin, qui se charge de la besogne. « Virieu m'a appelé un jour, explique le journaliste. Il m'a expliqué en peu de mots la situation : impossible de continuer notre collaboration. J'étais *persona non grata*. Malgré tous les éloges dont la presse l'a couvert lors de son décès, il faut dire que Virieu avait l'honnêteté de ne pas cacher d'être aux ordres. On lui demandait de me couper la tête, il en était désolé, il trouvait ça absurde mais il le faisait, un point c'est tout ! »

Véronique Richebois ne bénéficiait pas du même capital de notoriété quand elle a dû quitter, fin 1997, *Le Figaro*, victime d'un licenciement précipité. Cette jeune journaliste du service « Médias » couvrait notamment le secteur de la publicité. L'un de ses articles, dans lequel elle raconte les déchirements de la famille Bleustein-Blanchet autour du capital de Publicis, a le don de mettre en rage Maurice Lévy, le P-DG. Celui-ci aurait été tenté d'utiliser la brouille familiale à son profit. Mais il tient sa revanche. Car la régie qui gère les pages de publicité du *Figaro,* source considérable de revenus pour le quotidien, appartient justement... à Publicis. La journaliste est convoquée : on lui explique qu'on va se séparer d'elle. Pourquoi ? L'article ? Pas du tout. Elle manque, paraît-il, « d'esprit d'équipe ». Le responsable des pages « Médias », Emmanuel Schwartzenberg, loin de la défendre, lui trouve brusquement des faiblesses. Quant à Franz-Olivier Giesbert, à l'époque rédacteur en chef, croisé dans un couloir, il accélère le pas en bredouillant que cette histoire ne le regarde pas. Le licenciement de Véronique Richebois, dès lors, devient simple comme un coup de fil.

On parle souvent du corporatisme des journalistes. En ce qui concerne cette incroyable intervention, le « lobby », pour peu qu'il existe, ne s'est pas démené. Cinq lignes dans *Le Monde,* une brève dans *Le Canard enchaîné.* Et un article du *Monde diplomatique*[1] qui y fait allusion un an après. Son auteur ? Une journaliste spécialisée qui signe sous un pseudonyme ! C'est *Arrêt sur image,* magazine diffusé sur la Cinquième, qui fait le plus de bruit. En fin d'émission, l'animateur Daniel Schneidermann interroge son invité du jour, Maurice Lévy, sur l'affaire : la journaliste a-t-elle ou non été licenciée du *Figaro* sur son intervention ? Le publicitaire à l'éternel sourire bronzé change soudainement de visage et de ton. Il ne comprend pas pourquoi une conversation jusqu'alors convenable prend une telle tournure. Il tempête, s'emporte, mais... ne répond pas à la question. Est-ce le temps qui lui a manqué ? Maurice Lévy qui, de sa vie, n'avait jamais imaginé pareille question, n'a pas parlé, à l'antenne, d'éventuelles représailles contre Daniel Schneidermann. C'est heureux car Publicis est aussi la régie du *Monde* où officie par ailleurs le journaliste.

Au tribunal des étouffeurs, on a la main lourde. Le chômage ne suffit pas ? On prononce

1. *Le Monde diplomatique,* janvier 1999.

alors la radiation à vie. S'ils ne sont pas durablement neutralisés, les bavards ou les insolents risquent en effet de continuer à s'agiter. Il faut donc les discréditer.

Le procédé est connu. Et toujours efficace. Quand Jacques Mellick s'enfonce dans ses pitoyables mensonges en voulant jouer les témoins de moralité pour Tapie, il trouve un obstacle en la personne de sa directrice de cabinet à la mairie de Béthune, Corinne Krajewski. Cette jeune femme est censée couvrir le mensonge de son patron, en affirmant qu'elle l'accompagnait au prétendu rendez-vous parisien qu'il aurait eu avec Bernard Tapie, et qui doit servir d'alibi à l'ancien ministre. Durant toute l'instruction, elle s'exécute. Mais le jour du procès, elle craque, revient sur ses déclarations et raconte comment elle a subi des pressions — notamment un chantage à l'emploi — pour faire un faux témoignage.

Après ce rebondissement, Jacques Mellick est poursuivi pour subornation de témoin envers son ancienne collaboratrice. Ce 31 mars 1995, il passe en jugement au tribunal de Béthune. À la sortie, sa claque est là. Pour l'acclamer, mais surtout pour faire payer Corinne Krajewski. Les affidés du maire l'insultent et lui crachent dessus. Pour avoir rompu la loi du silence.

Les anciens premiers ministres ne sont pas mieux traités. Quand Michel Rocard estime, dans une interview à la *Revue de droit public*, en novembre 1998, que François Mitterrand n'était pas un « honnête homme » et lève un peu le voile sur les rapports du premier cercle mitterrandien avec l'argent, éventuellement public, le trio infernal Charasse-Dumas-Lang — ça ne s'invente pas ! — ne tarde pas à réagir. C'est Jack Lang qui va le plus loin, utilisant l'inusable thèse « psychiatrique » : « Michel Rocard a manifestement pété les plombs. J'ai de la peine pour lui. C'est un homme de valeur qui s'égare dans le ressentiment. Quelques jours de repos lui permettront sans doute de retrouver le chemin de la sérénité. » Et pourquoi pas des électrochocs tant qu'on y est ?

Les détracteurs d'Éva Joly, qui a eu l'occasion de se faire quelques ennemis ces dernières années, ne procèdent pas autrement. « En fait, les politiques de tous les horizons souhaiteraient que soit stoppée l'affaire Elf, qui éclabousse tout le monde, explique un journaliste spécialisé dans les affaires judiciaires. Mais comment arrêter Éva Joly ? Les menaces en tout genre n'ont eu aucun effet sur elle. Elle a même semblé prendre un certain plaisir à se promener dans quelques soirées entourée de ses gardes du corps. Alors, on tente de la décrédibiliser. Des avocats bien payés distillent des rumeurs sur elle dans les couloirs du palais de justice et auprès des journalistes : elle est d'origine norvégienne et joue contre les intérêts de la France ; elle est alcoolique et manifeste un sérieux penchant pour la vodka ; elle sait profiter pleinement des services de son garde du corps, etc. » Calomnies ridicules ? Évidemment. « Ça n'a pas marché en l'occurrence mais c'est tout de même efficace dans beaucoup de cas », poursuit cet observateur éclairé.

C'est ce que pense également Jean Lesieur. En 1995, il est directeur adjoint de la rédaction de *L'Express*. Ce journaliste s'en prend à plusieurs reprises aux méthodes de Jean-Charles Marchiani, un homme venu des services secrets et devenu préfet par la grâce de Charles Pasqua, dont il est le bras armé le plus musclé. Jean Lesieur devient donc un « agent de la CIA ». Coïncidence : un journal algérien, propriété du général Betchine, publie en même temps une prétendue fiche de police faisant état d'un séjour prolongé en Allemagne, à la fin de ses études, séjour durant lequel il aurait été « recruté ». D'ailleurs, n'a-t-il pas épousé une Américaine ? Ne passe-t-il pas toutes ses vacances d'été aux États-Unis ? Ces éléments sans rapport avec l'accusation centrale sont fondamentaux : ils sont vrais, eux, et servent donc à crédibiliser cette désinformation. Jean-Charles Marchiani ne peut être qu'à demi satisfait. Certes, quelques journalistes répètent niaisement ce qu'ils ont entendu mais cela ne va pas plus loin.

C'est alors qu'un paparazzi est approché. Il a besoin des tuyaux du ministère de l'Intérieur pour trouver son gibier. Eh bien, des tuyaux, on lui en donnera. En échange ? Oh ! il faudrait juste qu'il file pendant quelques jours un certain Jean Lesieur, et qu'il n'hésite pas à prendre des clichés en cas de situation compromettante, extraconjugale ou autre par exemple. Le photographe revient bredouille. Il oublie cette affaire. Puis il fait, dans un tout autre contexte, la connaissance de sa « cible ». Les deux hommes sympathisent. Il finit par lui raconter cet épisode peu glorieux. Là encore, le coup est raté. Mais certains hommes publics sont obligés de tirer un bilan moins positif de leurs démêlés occultes avec Jean-Charles Marchiani. Nommé préfet du Var par Charles Pasqua juste avant la débâcle balladurienne, celui-ci ne cesse de s'en prendre à François Léotard. L'ancien ministre de la Défense n'en sortira pas complètement indemne. Certes, son honneur a été lavé par les condamnations encourues par ceux qui l'ont, à tort, impliqué dans le meurtre de Yann Piat. Mais sa carrière en a, à l'évidence, souffert.

Il suffit quelquefois d'une petite remarque, d'une incise, d'une précision *a priori* innocente pour tenter de semer le doute. À quelques jours du procès de Laurent Fabius, Georgina Dufoix et Edmond Hervé devant la Cour de justice de la République sur le sang contaminé, quelques intellectuels se relaient pour prendre la défense de l'ancien premier ministre dans les journaux. Parmi eux, la moins pugnace n'est pas la philosophe Blandine Barret-Kriegel qui fait rempart de sa science dans une libre opinion à *Libération*[1]. Après avoir déroulé plusieurs arguments visant à démontrer qu'en 1985, on ne savait presque rien sur le Sida, et que les ministres ne pouvaient donc rien deviner, elle décoche cette flèche : « La légitime colère des hémophiles, laissés-pour-compte, a été attisée par l'hebdomadaire *Minute* qui, en 1988, a lancé le "scandale" repris par Anne-Marie Casteret dans *L'Événement du jeudi* et par l'ensemble des médias, pour conduire l'enquête vers la recherche d'une responsabilité pénale éventuelle des hommes politiques. »

La phrase mérite une analyse approfondie. Là où tous ceux que ce dossier intéresse voyaient en Anne-Marie Casteret la journaliste qui, à la suite d'une difficile enquête au long cours, avait révélé l'affaire, Mme Barret-Kriegel la démasque : elle avait plagié un confrère. Et pas n'importe lequel : *Minute.* Le message est double. Un journal d'extrême droite l'aurait donc inspirée ! Et son enquête ne serait donc que le relais d'une obsession antisémite de *Minute* contre Laurent Fabius ! CQFD. Voilà comment, en quatre lignes scandaleuses, une « intellectuelle » peut tenter de discréditer une journaliste, son travail d'enquête, et tous ceux qui l'ont relayé. Car tout est faux évidemment, à commencer par la date du premier papier de l'intéressée, publié dans *Le Matin,* en juin 1985.

1. *Libération,* 25 janvier 1999.

La marginalisation de ceux qui violent la loi du silence n'est pas un fantasme. Michel Legris en a fait lui aussi la cruelle expérience. En 1976, il publie un livre sur les coulisses du *Monde* qui n'a rien de complaisant. Il raconte notamment les prises de position délirantes du quotidien du soir lors de l'arrivée au pouvoir des Khmers rouges au Cambodge. Il s'offusque de ce qu'écrivait alors Patrice de Beer. Le correspondant trouvait normale la déportation de la population de Phnom-Penh. Il ajoutait à propos des malades évacués de force des hôpitaux par les communistes qu'ils étaient de toute façon condamnés à une mort prochaine. Tant de compassion touche. La plupart des éditeurs, terrorisés par le magistère exercé alors par le prestigieux quotidien, se défilent. C'est la maison Plon qui accepte finalement. Mais au dernier moment, ils hésitent. Se faire du *Monde* un ennemi pour toujours à cause d'un seul livre au succès incertain ? L'ouvrage devra finalement sa publication à Gérard de Villiers, le père de « SAS ». Celui-ci menace de quitter la maison si l'on censure Legris. SAS est un juteux filon. On publie donc Legris. Mais sans excès de zèle : un premier tirage faible, et surtout des réimpressions au compte-gouttes quand l'ouvrage commence à se vendre. Évidemment, les autres journaux ne se ruent pas pour signaler cette nouvelle parution. En vérité, il ne se trouve sur la place de Paris que deux intellectuels courageux pour en parler. Il ne s'agit même pas d'en dire du bien. Non. Le simple fait d'y faire allusion est sacrilège. Jean-Marie Domenach, en publiant un article dans la revue *Esprit* dont il est alors directeur, sait qu'il met fin à une époque : celle de la proximité intellectuelle et affective entre *Le Monde* et *Esprit*. Quant à l'historien Pierre Nora, éditeur chez Gallimard, il ose prendre la plume pour évoquer l'ouvrage maudit dans *Le Nouvel Observateur*.

Hubert Beuve-Méry, fondateur du quotidien, et Jacques Fauvet, qui en est alors le directeur, signent, eux, un article à la une où ils distillent la thèse du complot. À partir de cet instant, Michel Legris est professionnellement mort. Pendant des années, il ne trouvera pas un journal non seulement pour l'embaucher, mais simplement pour publier ses articles. Cette disgrâce dure près de vingt ans. André Pautard réussit à l'intégrer un moment à la rédaction de *L'Express*. Mais l'homme reste infréquentable.

Patrice de Beer, lui, est aujourd'hui correspondant du *Monde* à Washington, l'une des affectations les plus prestigieuses pour un journaliste.

Serge Halimi a eu, pour l'instant, plus de chance. Il est vrai que dans son pamphlet très enlevé consacré aux *Nouveaux Chiens de garde*[1], ce journaliste du *Monde diplomatique*

1. *Les Nouveaux Chiens de garde*, Liber, 1997.

ne s'en prenait pas directement au *Monde*. Il ridiculisait néanmoins, avec parfois une once d'exagération, beaucoup d'amis du journal. À part *Le Canard enchaîné* et *Télérama*, la presse a été, sur le moment, d'une admirable discrétion. Dans les mois qui ont suivi, les accusations, au fil des papiers, ont fusé : poujadisme, démagogie, sectarisme, archaïsme. Malgré quelques remarques désagréables, et une courte polémique au sein du journal, Halimi n'a pas été inquiété. Mais la quasi-totalité des journaux n'auraient guère envie de l'accueillir au cas où il souhaiterait changer d'employeur.

Dénoncer les mœurs indignes d'une démocratie n'est pas non plus conseillé aux cœurs sensibles. En 1990, un professeur à l'Institut de géographie de la Sorbonne veut bien aider l'un de ses amis italiens, entrepreneur de travaux publics et désireux de s'implanter en France. Michel Carmona accepte donc de lui servir d'interprète lors d'un rendez-vous avec Campenon-Bernard, l'une des filiales BTP de la Compagnie générale des Eaux. Là, il est le témoin d'une proposition de trucage d'appel d'offres : 75 millions pour l'entrepreneur italien, à condition qu'il accepte de concourir dans le cadre du marché TGV-Nord à des prix élevés, se mettant ainsi hors course.

Michel Carmona refuse la loi du silence. Il alerte la Direction générale de la concurrence (DGCCRF). Le Conseil de la concurrence, saisi de l'affaire, met au jour la plus grosse entente illicite de l'histoire du BTP. Et inflige 380 millions de francs d'amende aux trente et une entreprises séduites par ce petit jeu. Parmi elles : Bouygues, la Générale et la Lyonnaise des Eaux. Au total, les surfacturations ont coûté plus de 2 milliards de francs à la SNCF, donc au contribuable.

Depuis ce scandale — toujours ces coïncidences —, Michel Carmona a perdu les contrats de consultant qu'il avait avec des collectivités locales. Il a aussi été prié de déguerpir sans préavis de la BERD (Banque européenne pour la reconstruction et le développement) dont il était conseiller. Tout cela, bien sûr, sans parler des innombrables coups de fil anonymes et des conseils d'amis qui se multiplient brusquement.

Des menaces ? C'est l'étape suivante dans l'échelle de la dissuasion. Le système fonctionne si bien qu'il est souvent devenu inutile non seulement de les mettre à exécution, mais même de les exprimer ouvertement.

Jacques Michel en sait quelque chose. Sa retraite prise, cet ancien cadre dirigeant de la Lyonnaise des Eaux a mis ses connaissances du très opaque marché de l'eau au service des collectivités locales. Saint-Raphaël, Fréjus, Saint-Tropez, toutes ces cités balnéaires parviennent à réviser leurs contrats d'affermage grâce à lui : il connaît les ficelles et rompt donc l'omertà ambiante sur le prix réel de l'eau pour le plus grand bénéfice du contribuable.

La Méditerranéenne des Eaux, filiale de la Générale des Eaux — entreprise décidément maudite ! —, est moins satisfaite : fini le bon temps des généreuses facturations ! Et ce n'est pas terminé : Jacques Michel s'apprête à récidiver à Sainte-Maxime. Il est temps de l'empêcher de nuire.

Il sera la cible d'une expédition punitive en gare de Lyon, à Paris. La police interpelle deux jeunes gens qui ont entassé dans leurs sacs de voyage matraque, coup-de-poing américain, fusil à canon scié et grenades fumigènes. Très vite, ils avouent se rendre à Béziers, au domicile de Jacques Michel, dont ils ont déjà effectué un « repérage » durant l'été. C'est le patron d'une officine de sécurité qui les a recrutés. Pendant l'enquête, l'un des accusés mettra en cause un proche de Guy Dejouany, alors P-DG de la CGE. Mais il s'est vite rétracté. L'initiative ne pouvait venir que d'employés subalternes imbéciles.

« Kovacs et ses complices sont en liberté. Les assassins de M. Lemaigre-Dubreuil sont libres. Libres aussi les auteurs de l'attentat contre Mendès France. La vie politique française dégage une odeur de crime, voilà le fait. » Quel est le dangereux paranoïaque qui tient ce genre de propos, qui les écrit même ? François Mauriac, tout simplement, dans son *Bloc-*

*notes*[1], en 1959. Il remarquait que les auteurs de l'attentat au bazooka contre le général Salan, tout comme les exécuteurs de l'homme d'affaires Jacques Lemaigre-Dubreuil, un anti-gaulliste farouche, n'avaient pas eu à se plaindre des foudres excessives de la République.

Ceux qui prennent le plus de risques sont pourtant les complices des hommes politiques. Au moins lorsqu'ils se retournent contre le pouvoir qu'ils ont servi, désignent les commanditaires haut placés et décrivent en détail les opérations auxquelles ils ont participé.

Qui connaît aujourd'hui le nom de Robert Pesquet ? Ceux qui se souviennent du faux attentat de l'Observatoire savent que c'est cet ancien député gaulliste qui a pris contact avec François Mitterrand. Que c'est lui encore qui dirige la manœuvre le soir de la fusillade d'opérette, tandis que son jardinier tire dans la Peugeot 403 du futur président de la République. Si Robert Pesquet accepte cette besogne, c'est qu'il est alors dans la gêne. Il appartenait au petit parti des Républicains sociaux mais s'est fâché avec son leader, Jacques Chaban-Delmas. S'il veut retrouver une place dans l'hémicycle aux prochaines législatives, il doit rendre quelques services... Qui le lui fait comprendre ? Michel Debré, futur premier ministre du Général et un autre gaulliste, Christian de La Malène.

1. *Bloc-notes*, t. II, Le Seuil, 1993 (nouvelle édition).

Ce qui n'était pas prévu, c'est que Pesquet se défende. Qu'il s'envoie des lettres en poste restante expliquant les supercheries en chaîne qui jalonnent la préparation et l'exécution du faux attentat. Il paiera cher ce petit moment de vérité. On l'oblige à prendre la fuite avec un pécule tiré des fonds secrets. Mais, chaque fois qu'il envisage de parler, on vient jusqu'en Suisse, à Lausanne, où il s'est réfugié, pour le menacer de mort. Lorsqu'il revient clandestinement en France, à la fin des années 60, les gaullistes le font tomber pour une histoire ubuesque de cache d'armes dans une ferme, histoire à laquelle il n'est en rien mêlé. Robert Pesquet finira sa vie dans la misère, méprisé par tous sans avoir jamais pu se faire entendre.

Vingt ans plus tard, Roger Delpey, un baroudeur auteur de polars à ses heures, va lui aussi faire connaissance avec le système. Avec ce que lui a raconté l'empereur Bokassa, il a de quoi faire exploser la République giscardienne. Mais alors qu'il commence à travailler à un livre, il commet une imprudence : il accepte un rendez-vous à l'ambassade de Libye. En sortant, il se fait coffrer par la DST. L'accusation tombe avec une rapidité foudroyante : intelligence avec une puissance ennemie. Les diamants de Giscard sont, il est vrai, une affaire sérieuse. Roger Delpey est jugé par la Cour de sûreté de l'État, charmante institution qui sera supprimée par la gauche. Il sera mis près de neuf mois au secret. Le livre qu'il essaiera ensuite de publier, *Prisonnier de Giscard,* trouvera avec difficulté un éditeur. Mais personne ne le prend au sérieux. Il avait déjà, avant 1981, proposé aux radios des cassettes où on entendait Bokassa expliquer qu'il avait comblé son « cousin » Giscard de diamants. Aucune station à l'époque ne diffusera ces enregistrements. Quelques patrons de radio les jugeront cependant fort instructifs et les passeront. Cela s'est produit en Belgique et au Canada.

Yves Chalier, lui, entre en scène en 1985. Ce n'est pas un petit saint. Il a détourné de l'argent public, un peu pour lui, beaucoup pour ceux qui le commandaient : une partie de ces « fuites » a réglé les factures compromettantes (voiture blindée du Président, tracteur pour le Concorde, rallongement de la piste, toujours pour le Concorde...) du sommet franco-africain de Bujumbura. Mais voilà l'alternance qui, en 1986, se produit.

Le chef de cabinet du ministre de la Coopération, Christian Nucci, comprend que tout cela va mal tourner, qu'il est urgent de faire disparaître les preuves des malversations. Yves Chalier commence donc à faire le tour de Paris avec des liasses de papiers dans son coffre de voiture. Mais à l'Élysée comme dans les ministères, personne ne veut de ce colis explosif. Chalier commence à s'agiter. Deux motards le ramènent un jour à la raison. À un feu rouge, ils sortent de gros calibres en lui suggérant de ne plus se faire remarquer. Un avertissement sans frais. Chalier s'enfuira au Brésil où il donnera juste après une interview retentissante au *Figaro Magazine*. Il sera ensuite jugé pour faux en écritures publiques et condamné aux assises. Il passera un an en prison et aura droit à un contrôle fiscal sans indulgence. Christian Nucci, lui, a bénéficié d'une loi d'amnistie taillée à ses mesures.

Les menaces de mort ne viennent pas toujours du pouvoir. Certains hommes d'affaires, quelques mouvements politiques violents aiment les méthodes musclées. Un week-end, la façade d'une maison à Orsay est redécorée à coups de tirs de mitraillette. La cause de représailles aussi graves ? Dans ses articles, à l'époque pour *Libération,* Guy Benhamou décrivait la Corse telle qu'elle était. Il écrivait les noms, décortiquait les dérives mafieuses des organisations indépendantistes. Les principaux intéressés n'aimaient pas cela et l'ont prouvé. Ces papiers, bien informés, agaçaient aussi les ministres de l'Intérieur, de Joxe à Debré sans oublier Pasqua, qui négociaient à l'époque avec ces petites bandes en achetant tous les six mois des trêves jamais respectées. Il a fallu l'assassinat du préfet Érignac, en février 1998, pour mettre fin à cette lâcheté permanente. Après l'avoir laissé complètement libre, son propre journal a fini par s'inquiéter de son acharnement. Mais surtout, Guy Benhamou, passé depuis à *L'Express,* a dû se protéger. Le ministère de l'Intérieur lui a attribué des gardes du corps. Quatre, en permanence, pendant près de deux ans.

En matière de représailles, Jean-Edern Hallier avait tout vu, tout connu. Tout avait commencé peu après 1981. Le polémiste perd sa chronique du *Matin* pour insolence caractérisée (il s'est moqué de la célébration grandiloquente du Panthéon). Puis le ton monte à partir de 1984. Il révèle dans un manuscrit l'existence de Mazarine et quelques autres facettes méconnues de la vie de François Mitterrand. Le manuscrit brûle les doigts des éditeurs. Ils seront dix-huit à le refuser. Les plus hardis trouveront dans les contrôles fiscaux dont ils se croient menacés une précieuse aide à la décision. Renonçant à trouver un éditeur, Jean-Edern Hallier cherche plus modestement un imprimeur, avec lequel il traiterait lui-même. Ils sont quatorze à refuser.

Puis vient l'époque des écoutes téléphoniques, des cambriolages, des surveillances policières jour et nuit. « Il m'est arrivé une fois de ne pas payer ma note de téléphone à temps, raconte Laurent Hallier, le frère de Jean-Edern. On me l'a coupé, puis tout de suite rétabli sans même que j'aie réglé mon dû. Sinon, comment continuer à nous écouter, nous qui nous appelions plusieurs fois par jour ? »

Les deux frères finissent par monter des gags. Se sachant écoutés, ils inventent de fausses histoires d'imprimeur prêt à prendre le manuscrit maudit. Ils donnent une adresse, de préférence en grande banlieue. Et savent qu'ils vont occuper ainsi deux de leurs anges gardiens pour la journée.

L'arme fiscale est employée avec vigueur. Il est vrai que l'écrivain n'est pas des plus scrupuleux en matière de déclaration de revenus. Mais c'est surtout la carriole des étouffeurs qui est lancée à fond de train contre lui. Grâce aux lois du silence, M$^{e}$ Kiejman (qui dispose d'une créance de 370 000 francs), Tapie (elle est de 2,5 millions) et quelques autres vont lui faire payer cher ses extravagances puisque l'écrivain finira sa vie ruiné et poursuivi par les huissiers.

Un journaliste, récemment, a lui aussi connu quelques épreuves. Il travaille à *Var Matin*. Il sort des affaires. C'est un journaliste d'investigation apprécié. Puis il publie un livre, sur l'affaire Yann Piat. Une erreur ? Le livre est prudent mais ne néglige pas la piste politique pour expliquer l'assassinat de la députée du Var. Alors les ennuis commencent. Il est convoqué par son rédacteur en chef, qui lui demande d'où vient ce besoin de toujours tout dénigrer. Il serait temps, pour lui, de devenir po-si-tif, non ? Toutes ces histoires sordides d'ailleurs, le public en a assez, ne le sent-il pas ? Il est muté à *Nice Matin*, qui appartient au même groupe. Explication de texte de sa hiérarchie : « L'enquête, ce n'est pas trop notre truc... »

Si, toutefois, le message n'était pas assez clair, Claude Ardid a aussi reçu des menaces de mort. On l'a fait chanter, ou du moins on a essayé. Son domicile a été perquisitionné afin qu'il puisse être convaincu de recel de pièces appartenant à un dossier d'instruction. Et il est bien sûr mis en examen.

Il y a pire. On n'en parle jamais. Mais c'est cette « odeur de crime » qu'évoquait François Mauriac à propos de la politique française. Comment ne pas remarquer qu'on s'interroge depuis quelques années sur les disparitions de personnages mêlés à des affaires d'État ? Paranoïa ? Peut-être. Mais alors, elle est partagée dans le pays par les conseillers d'État comme par les plagistes, par les avocats comme par les boulangers. Il y a bien sûr d'authentiques suicides, et puis d'autres qui ressemblent étrangement à des meurtres. C'est le cas des deux frères Saincené qui, paraît-il, décident de se supprimer ensemble — une situation rarissime — dans un garage fermé de l'extérieur après avoir clamé qu'ils allaient se confier à la justice. Ceux qui découvrent les corps constatent des traces de sang et de coups. Ces indices vont pourtant disparaître au fil de l'enquête. Des témoins de la première heure vont se rétracter. L'affaire, qui fait peur, est classée par la presse. On n'en saura pas plus sur la mémoire de l'ordinateur de Fernand Saincené, agent intermittent de la région PACA et ex-indicateur de police, et la nature exacte de ses relations avec l'institution aux mains de l'UDF Jean-Claude Gaudin.

Le cas de Daniel Voiry, brigadier de police mêlé à l'affaire de la Tour BP et impliqué dans la distribution de commissions, est analogue : encore un suicide qui arrange beaucoup de monde. Dans l'affaire de Broglie, on ne compte pas moins d'une demi-douzaine de morts dans l'entourage de l'ancien député et des intermédiaires suspects qui l'entouraient. La famille de Delphine Capel attaque en justice — et gagne ! — l'ouvrage[1] suggérant que la disparition de cette jeune fille, qui connaissait bien la bande du Macama — jugée et condamnée pour l'assassinat de Yann Piat — était plus que suspecte. Il faut bien, ici aussi, se satisfaire de formulations prudentes. Mais, sur place, à Hyères, le moins qu'on puisse dire est que la thèse de l'accident de santé responsable de son décès est accueillie avec scepticisme.

Parfois, le doute subsiste des années après les faits. Xavier de La Fournière fut longtemps proche de Giscard. Sa charge d'agent de change connaît des difficultés dans les années 80. On l'accuse de détournements de fonds appartenant à ses clients. Lui parle de financements politiques. Il est incarcéré, en pré-

1. *L'Assassinat de Yann Piat, op. cit.*

ventive. Il est malade. On le soigne dans une prison de la région parisienne. Mal, apparemment. Il meurt, quelques jours plus tard, en 1994. Autour de lui, le temps des questions sans réponses a commencé.

Si le suicide de Pierre Bérégovoy — malgré le malaise d'une partie de son entourage — semble incontestable, celui de François de Grossouvre fait beaucoup parler. Il se produit alors que l'ami de toujours met en cause Mitterrand. Il parle. Et à qui ? À la plupart des journalistes d'investigation qui comptent et le rencontrent en se cachant à peine dans son appartement de fonction du quai Branly. Là, Grossouvre vide son sac et accuse le président de la République, allant jusqu'à mettre en cause son intégrité. Pour les policiers qui ont mené l'enquête sur cette mort douteuse, il semble établi que l'ancien responsable des chasses présidentielles s'est supprimé. Certains, dans son entourage, assurent même qu'il a délibérément choisi l'Élysée pour placer le maître des lieux dans l'embarras. Mais ce qui est extraordinaire, avec les étouffeurs, c'est que même avec un « vrai suicide », ils sont tentés par des opérations de camouflage.

Première initiative contestable : quand on découvre le cadavre, dans son bureau, certains conseillers ont une idée de génie : il faut déplacer le corps, afin que le « Château » ne soit pas souillé par le sang. Et pour éviter rumeurs et questions gênantes. C'est Michel Charasse, bien inspiré ce jour-là, qui arrête à temps la grotesque mise en scène.

L'enquête va souffrir en revanche du zèle de certains fonctionnaires. Les policiers demandent, comme il est d'usage dans ce genre de circonstances, à aller perquisitionner au domicile de François de Grossouvre. Délicat. D'autant plus que l'immeuble abrite aussi à l'époque Mazarine et Anne Pingeot. Au bout de quelques heures, les enquêteurs passent outre les consignes élyséennes. Mais quand ils arrivent sur place, quai Branly, les hommes du président sont passés avant eux. Les tiroirs sont vides. Ils ont même prié la jeune femme qui y était de déguerpir au plus vite.

Troisième aspect d'un décès placé sous haute surveillance, le plus inouï : conseiller à l'Élysée, le magistrat Louis Joinet ordonne au parquet de ne pas demander d'autopsie, comme c'est pourtant l'usage en cas de mort violente. Une instruction incompréhensible : elle ne pouvait que renforcer les soupçons au lieu de les atténuer. Mais l'autopsie n'aura pas lieu.

Quant à René Bousquet, on a le droit de trouver là aussi sa disparition opportune. Un désaxé, Christian Didier, se procure son adresse et vient tuer à domicile l'ancien secrétaire général de la police sous Vichy qu'il n'a jamais vu et avec lequel il n'a aucun contentieux. Étrange. Voilà un homme perturbé mais qui a au moins le sens du calendrier. Plus de Bousquet, plus de procès de l'Occupation !

Dix ans après, la disparition du pasteur Doucé en 1990 n'a pas non plus été éclaircie. Une seule certitude : il s'agit bien d'un meurtre. L'enquête n'a pas permis d'identifier des commanditaires ou des suspects. Un inspecteur de police, Jean-Marc Dufourg, a été révoqué mais pour des faits officiellement indépendants de l'affaire. Rien ne sortira sur la pédophilie dans les cercles du pouvoir. Il ne reste que des rumeurs.

Le capitaine Pierre-Yves Guézou était responsable de l'informatique à la cellule « écoutes » de l'Élysée. Quelques années après que le scandale eut éclaté, il se suicide lui aussi. Personne ne comprend vraiment pourquoi. On évoque la convocation d'un juge, un geste d'égarement, une dépression. Mais le malaise persiste.

Sylvain Loewinsky travaillait également dans un monde risqué. Il montait des sociétés-écrans. Il semble que des inspecteurs des RG les utilisèrent pour compromettre des truands. Donc pour la bonne cause. Mais ses relations avec ses interlocuteurs se dégradent. Un jour, une embrouille l'oppose à un fonctionnaire de police. L'informateur dépose plainte. Il se sent menacé. Ses affaires vont mal. Le voilà un soir descendu devant sa famille par un commando de tueurs. En dépit des déclarations inquiétantes de son avocat, M$^{e}$ Thierry Lévy, qui mettent en cause la police, ce meurtre ne provoquera qu'un intérêt limité. Quelques papiers et la messe est dite.

Il aura finalement fallu le meurtre à Ajaccio en février 1998 du préfet Claude Érignac pour que l'évidence s'impose : s'il y a bien un endroit où l'assassinat en toute impunité est possible, c'est en Corse. Or il se trouve que des grandes entreprises qui travaillent pour l'État aux apparatchiks des partis politiques, des grandes villes à certains ministères, une partie des réseaux mafieux de la politique est tenue par les descendants de Paoli, fameux artisan de l'indépendance de l'île à la fin du XVIIIe siècle.

Mais bien sûr, l'omertà française n'a rien à voir avec tout cela.

# ÉPILOGUE

« Aujourd'hui, écrire et publier sont devenus plus difficiles que jamais. Cette affaire de "liberté", qui devrait être classée depuis longtemps, brûle encore comme les vieux bûchers des sorcières. Éditeurs, directeurs, écrivains, journalistes craignent les procès, les subissent, s'autocensurent. Médias et justice s'observent, se comprennent mal, se manipulent. Ou se mettent d'accord dans un consensus désolant.

« Finalement, *l'événement de ces décennies n'est pas une avancée. C'est une reculade.* Allons-nous demeurer la nation la plus "censurée" d'Europe, avec la presse la plus craintive ? Allons-nous accepter que notre liberté d'expression, ce soit ce peu qui nous reste après le bulldozer des réglementations[1] ? » L'homme qui parle ainsi fut pendant plus de vingt ans le patron de *Match.* Un magazine

1. *L'Express*, 3 juin 1999.

« people » à grand tirage, qui n'a rien de subversif. Pourtant, sa thèse est très pessimiste.

Au terme de cette enquête dans le monde du silence à la française, est-il possible de se montrer plus optimiste ? On nous dit que les « affaires », désormais, sont rendues publiques, que les procureurs, demain, ne prendront plus leurs ordres auprès du pouvoir politique. Tant mieux... si c'est vrai. Si quelques juges décrits comme « fous » (mais qui connaissent, eux aussi, les limites à ne pas franchir) ne mobilisent pas l'avant-scène pour mieux cacher un quotidien judiciaire toujours aussi verrouillé. Si la réforme du parquet est autre chose qu'une subtile progression dans l'hypocrisie, où le gouvernement ferait semblant de ne plus intervenir dans les affaires, et où la plupart des procureurs mimeraient la comédie de l'indépendance pour jouer plus à fond que jamais le jeu de la carrière. On nous explique que les grands groupes qui contrôlent désormais la quasi-totalité des médias n'ont guère d'influence sur l'information. Que seul compte « le professionnalisme ». Certes. Mais quels sont au juste les critères retenus pour en juger ?

Et puis il y a la déontologie. Elle fait fureur depuis peu à Paris. Et notamment dans les salles de rédaction. Les compléments de rémunération du type « ménages » commencent à faire l'objet de règles précises. Pas partout, mais la tendance est indéniable !

La transparence est désormais un mot à la

mode. Presque un mot d'ordre. Est-elle une réponse au malaise soulevé par l'omertà, ou bien un nouveau thème de communication ? Car le pouvoir, quel qu'il soit, a besoin d'une dose de secret pour s'exercer. La transparence absolue, nos étouffeurs ont raison sur ce point, serait insupportable. Mais en sommes-nous vraiment là ? Nous rapprochons-nous seulement de la cote d'alerte ?

« Seul un monstre peut se permettre le luxe de voir les choses telles qu'elles sont. Mais une collectivité ne subsiste que dans la mesure où elle se crée des fictions et s'y attache. S'emploie-t-elle à cultiver la lucidité et le sarcasme (...) ? Elle se désagrège, elle s'effondre. » On reconnaît à son pessimisme légendaire le philosophe Cioran dans cette citation[1]. La société française est bâtie sur des mythes si puissants que toute analyse critique s'apparente à une transgression. D'où un système de connivences institutionnalisées et de lois répressives destinées à décourager les remises en cause.

Il reste un fait : les hommes politiques jouissent chez nous d'une grande longévité dans leur carrière. On regarde les « 20 heures » des journaux télévisés, on achète quotidiens (beaucoup moins qu'à l'étranger cependant) et hebdomadaires. Il y a donc une illusion dont le secret ne tient pas seulement au talent des étouffeurs. Et ce n'est pas une

1. *Histoire et Utopie,* Gallimard, 1960.

bonne nouvelle. Car les vrais responsables de la loi du silence ne se recrutent pas seulement dans le cercle en vue des *happy few* : comment le système pourrait-il continuer à fonctionner sans l'accord, au moins tacite, de la majorité des Français ? Ils ont entre leurs mains, mais semblent l'ignorer, le pouvoir de briser les derniers tabous. C'est une tâche immense et si simple en même temps. Elle consiste juste à transformer, à l'aube du troisième millénaire, la France en une démocratie digne de ce nom.

# TABLE

*Imprimé en France sur Presse Offset par*

BRODARD & TAUPIN

GROUPE CPI

12752 – La Flèche (Sarthe), le 17-04-2002
Dépôt légal : avril 2002

POCKET – 12, avenue d'Italie - 75627 Paris cedex 13
Tél. : 01.44.16.05.00